국가공인자격시험

신용 관리사

기출문제해설

한권으로 끝내기

끝까지 책임진다! 시대에듀!
QR코드를 통해 도서 출간 이후 발견된 오류나 개정법령, 변경된 시험 정보, 최신기출문제, 도서 업데이트 자료 등이 있는지 확인해 보세요!
시대에듀 합격 스마트 앱을 통해서도 알려 드리고 있으니 구글 플레이나 앱 스토어에서 다운받아 사용하세요.
또한, 파본 도서인 경우에는 구입하신 곳에서 교환해 드립니다.

편집진행 노윤재 · 장다원 | **표지디자인** 김지수 | **본문디자인** 장성복 · 김기화

2026 시대에듀 신용관리사 기출문제해설 한권으로 끝내기

Always with you

사람의 인연은 길에서 우연하게 만나거나 함께 살아가는 것만을 의미하지는 않습니다.
책을 펴내는 출판사와 그 책을 읽는 독자의 만남도 소중한 인연입니다.
시대에듀는 항상 독자의 마음을 헤아리기 위해 노력하고 있습니다. 늘 독자와 함께하겠습니다.

자격증 · 공무원 · 금융/보험 · 면허증 · 언어/외국어 · 검정고시/독학사 · 기업체/취업
이 시대의 모든 합격! 시대에듀에서 합격하세요!
www.youtube.com ➔ 시대에듀 ➔ 구독

머리말 PREFACE

국가공인 신용관리사 자격시험은 2003년 민간자격증에서 출발하여 2006년 국가공인자격증으로 격상되었습니다. 신용정보협회가 채권추심 및 채권관리의 전문화와 선진화를 위하여 주관하는 자격시험으로, 합격한 수험생은 신용관리 분야의 전문가로 활동할 수 있습니다.

신용관리사는 금융권이나 신용정보업계 등에서 신용관리업무를 전담합니다. 이를 위해 채권추심업무 및 신용조사업무, 채권회수업무 등 실무 능력을 겸비해야 할 뿐만 아니라 관련 법령, 고객관리 및 민원예방, 금융·경제상식 전반에 대한 지식을 두루 갖추어야 합니다.

본서는 최근 4개년의 기출문제와 문제별 해설을 통해 수험생의 효율적인 학습을 돕고자 합니다.

본서의 특징

❶ 최근 4개년(2022년~2025년)의 기출문제를 통해 수험생이 출제유형 및 맥락을 파악하여 실전에 철저히 대비할 수 있도록 하였습니다.

❷ 기출문제의 지문을 바탕으로 구성한 기출문제 OX마무리를 통해 앞서 익힌 내용을 복습하고 부족한 부분을 보완할 수 있도록 하였습니다.

❸ 핵심이론 및 최신 법령·판례를 반영한 해설을 통해 충분한 학습이 이루어질 수 있도록 하였습니다.

본서와 함께 신용관리사 자격시험을 준비하는 모든 수험생의 도전이 합격으로 이어지기를 진심으로 기원합니다.

편저자 씀

시험안내

INFORMATION

국가공인 신용관리사란?

'국가공인 신용관리사'는 신용정보협회가 주관하고 신용정보사 임직원 및 기타 금융기관과 기업체의 채권관리자를 대상으로 시행하는 자격제도로서, 부실채권을 사전에 예방하고 부실채권 발생 시 신속하고 효율적으로 대처할 수 있는 채권추심 능력을 갖춘 채권관리 전문가입니다. 또한 신용조회, 신용조사, 채권추심 및 신용평가업에 대한 기본 실무 능력과 전문 지식을 겸비하며, 윤리성과 서비스 정신을 갖춘 신용관리의 전문가입니다.

학점인정

❶ 「학점인정 등에 관한 법률」에 따라 국가공인 신용관리사 자격시험이 국가평생교육진흥원으로부터 2008년 2월 28일 학점인정(14학점) 대상으로 선정됨

❷ 학점은행제
  ㉠ 「학점인정 등에 관한 법률」에 의거하여 학교에서뿐만 아니라 학교 밖에서 이루어지는 다양한 형태의 학습 및 자격을 학점으로 인정받고, 학점이 누적되어 일정 기준을 충족하면 학위 취득이 가능한 제도를 말함
  ㉡ 학사학위는 전공 및 교양학점을 포함하여 140학점 이상, 전문학사는 전공 및 교양학점을 포함하여 80학점 이상(3년제는 120학점 이상)의 학점인정 등 법령에서 정한 학위요건을 모두 충족할 경우 학위를 취득할 수 있음

❸ 국가공인 민간자격 학점인정기준

대분류	중분류	직무번호	학 점	학 사		전문학사	
				전공필수	전공선택	전공필수	전공선택
2. 금융, 보험	금 융	01	14	경영학, 법학	–	경영학	–

시험일정 및 장소

원서접수	시험일	합격자 발표	시험지역
2025.06.02.~2025.06.30.	2025.08.10.	2025.09.10.	서울, 부산, 대구, 대전, 광주

※ 시험장소는 수험표를 통하여 개별 확인

접수방법

신용정보협회 홈페이지(www.cica.or.kr)에 접속하여 온라인 접수

❖ 다음 사항은 시행처인 신용정보협회에 게시된 '2025년도 국가공인 신용관리사 자격시험 시행 공고'를 바탕으로 작성되었습니다. 시험 전 최신 공고사항을 반드시 확인하시기 바랍니다.

시험과목 및 시간

시험과목	시험내용	시험시간 및 방식
채권일반	채권에 대한 이해	• 10:00~11:40(100분) • 객관식 5지 선다형 • 과목당 25문항
채권관리방법	채권회수 관련 법률에 대한 이해	
신용관리실무	채권추심 실무 및 신용정보법에 대한 이해	
고객관리 및 민원예방	• 고객관리 및 민원예방에 대한 이해 • 금융 및 경제상식에 대한 이해	

응시자격

제한 없음

합격기준

매 과목 40점(100점 만점) 이상으로 전 과목 평균 60점 이상인 자

응시수수료

❶ 총비용 및 세부내역별 비용
  ㉠ 총비용 : 55,000원
  ㉡ 세부내역별 비용 : 응시료 50,000원, 자격증 발급비 5,000원
❷ 환불규정
  ㉠ 응시료 : 원서접수 기간에는 전액 환불(100%), 접수 마감 다음 날부터 시험 시행일 10일 전까지 부분 환불(50%). 단, 온라인 결제 수수료는 본인 부담
  ㉡ 자격증 발급비 : 자격증 제작 및 발송 이전 취소 시 100% 환불 가능, 이후 취소 시 환불 불가

수험자 유의사항

❶ 수험자 지참물 : 수험표, 신분증, 컴퓨터용 사인펜
❷ 시험시간 30분 전 입실 완료
❸ 시험장소 주차 불가/대중교통 이용
❹ 장애인 수험자는 원서접수 시 장애유형에 따라 편의제공을 신청할 수 있으며, 접수 마감일까지 증빙서류를 협회에 제출
❺ 기타사항은 신용정보협회 홈페이지 또는 전화(02-3775-2761)로 문의

최신 기출문제 분석

ANALYSIS

📌 과목별 세부영역에 따른 출제빈도 분석

출제연도 및 과목명 과목별 세부영역	2022년 채권일반	2022년 채권관리방법	2022년 신용관리실무	2022년 고객관리 및 민원예방	2023년 채권일반	2023년 채권관리방법	2023년 신용관리실무	2023년 고객관리 및 민원예방	2024년 채권일반	2024년 채권관리방법	2024년 신용관리실무	2024년 고객관리 및 민원예방	2025년 채권일반	2025년 채권관리방법	2025년 신용관리실무	2025년 고객관리 및 민원예방	세부영역별 합계
1. 총설	11	–	–	–	7	–	–	–	9	–	–	–	8	–	–	–	35*
2. 채권일반	6	–	–	–	8	–	–	–	9	–	–	–	10	–	–	–	33*
3. 금융채권	2	–	–	–	4	–	–	–	1	–	–	–	2	–	–	–	9
4. 어음	2	–	–	–	3	–	–	–	2	–	–	–	2	–	–	–	9
5. 채권의 확보	4	–	–	–	3	–	–	–	4	–	–	–	3	–	–	–	14
6. 채권의 보전 및 관리	–	8	–	–	–	3	–	–	–	2	–	–	–	2	–	–	15
7. 임의회수	–	8	–	–	–	7	–	–	–	9	–	–	–	7	–	–	31*
8. 채권보전	–	4	–	–	–	3	–	–	–	2	–	–	–	3	–	–	12
9. 소송실무	–	3	–	–	–	3	–	–	–	4	–	–	–	4	–	–	14
10. 민사집행	–	2	–	–	–	9	–	–	–	8	–	–	–	9	–	–	28
11. 신용정보 총설	–	–	2	–	–	–	7	–	–	–	8	–	–	–	11	–	28
12. 신용정보 관리	–	–	10	–	–	–	5	–	–	–	5	–	–	–	4	–	24
13. 채권상담·행불관리	–	–	3	–	–	–	4	–	–	–	3	–	–	–	2	–	12
14. 채무자 신용회복지원 관련 제도	–	–	3	–	–	–	5	–	–	–	1	–	–	–	3	–	12
15. 신용관리 관련 법규 및 제도	–	–	7	–	–	–	4	–	–	–	8	–	–	–	5	–	24
16. 고객관리 및 민원예방	–	–	–	21	–	–	–	19	–	–	–	20	–	–	–	19	79*
17. 금융·경제상식	–	–	–	4	–	–	–	6	–	–	–	5	–	–	–	6	21

※ 위 분류는 절대적인 기준에 의한 것이 아니므로 관점에 따라 일부 문항은 다른 영역에 속할 수 있습니다.
※ ★ : 빈출 영역

합격수기

REVIEW

eoruut＊＊＊

안녕하세요. 저는 경제학을 전공하고 현재 금융기관에 취직하기 위해 관련 자격증 취득을 준비 중인 취업준비생입니다. 저는 대학 재학 시절 은행에서 인턴으로 근무한 적이 있는데요. 그때 친하게 지냈던 몇 선배님들께 은행 업무에 대한 이야기를 들으며 자연스레 고객 신용관리 및 상담에 관심을 갖게 되었습니다.

시험을 준비하며 처음 6개월 정도는 책을 정독하면서 이론을 공부하였습니다. 제4과목은 일반적인 상담이론과 상식이 대부분이라서 가벼운 마음으로 학습할 수 있었습니다. 특히 상식은 책뿐만 아니라 뉴스나 신문을 보며 익혔습니다. 경제 분야를 중심으로요. 모르는 용어가 나오면 책을 찾아보기도 하고 인터넷 검색을 하면서 따로 스크랩한 것을 들고 다니며 외웠습니다. 나머지 과목은 법령과 관련된 부분이 많아 책을 분철하여 들고 다니며 수시로 읽었고, 문제는 거의 풀지 않았습니다. 각 챕터 학습을 마칠 때마다 OX 문제 정도만 풀었습니다. 이때 헷갈리거나 틀린 문제는 따로 표시해 두고 나중에 다시 푸는 과정을 반복했습니다.

이후 4개월 정도는 문제 위주로 공부하였습니다. 이때는 문제를 많이 풀고 틀린 문제나 어려웠던 문제의 관련 이론을 다시 공부했습니다. 별도의 요약집을 만들기도 했습니다. 마지막 2개월은 기출문제를 중심으로 공부했는데, 실제 시험은 이 기출문제에서 많이 출제됩니다. 문제를 약간 변형하여 응용하는 방식으로 매해 비슷한 문제가 출제되는 듯합니다. 따라서 이론학습이 어느 정도 마무리되면, 기출문제를 중심으로 공부하는 것도 좋은 방법이 될 것입니다.

zmcvb＊＊＊

신용관리사 자격시험에 합격하고 이렇게 합격수기를 남기니 꿈만 같습니다. 저는 대학에서 상담학을 전공했고 졸업 후에도 몇 년간 상담 관련 업무를 했습니다. 그러던 중 이직을 위해 신용관리사 자격시험에 응시하게 되었습니다.

저는 기본서에 수록된 이론 중 '기출'이 표시된 이론을 중심으로 공부했습니다. 해당 이론을 공부하고 그와 관련된 다른 이론을 찾아 공부하다 보니 처음엔 책이 너무 두꺼워 부담스러웠는데, 점차 익숙해졌습니다. 또, 이론학습과 문제풀이를 병행했습니다. 이러한 방식으로 학습하니 자연스레 복습도 되고 이론이 어떻게 문제로 출제될지 예상할 수 있게 되어 좋았습니다. 이외에 틀린 문제는 따로 표시하고 정리하여 오답노트를 만들어 시험 직전에는 이 오답노트만 보았습니다.

문제 바로 아래의 해설과 함께 관련 이론을 참고해 학습하는 방법도 추천합니다. 또, 신용관리사 자격시험에는 이전에 나왔던 문제가 비슷하게 출제되니 이 부분을 참고하세요. 제 수기가 시험을 준비하시는 수험생 여러분께 조금이나마 도움이 되었으면 좋겠습니다.

이 책의 구성과 특징   STRUCTURES

2025년도 기출문제 수록

2025년도 신용관리사 자격시험의 기출문제를 수록하였습니다. 최신 기출문제를 통해 출제경향을 파악하고 시험이 앞으로 어떻게 출제될지 가늠하여 효율적으로 학습할 수 있습니다.

최근 4개년의 기출문제로 탄탄한 실전 대비

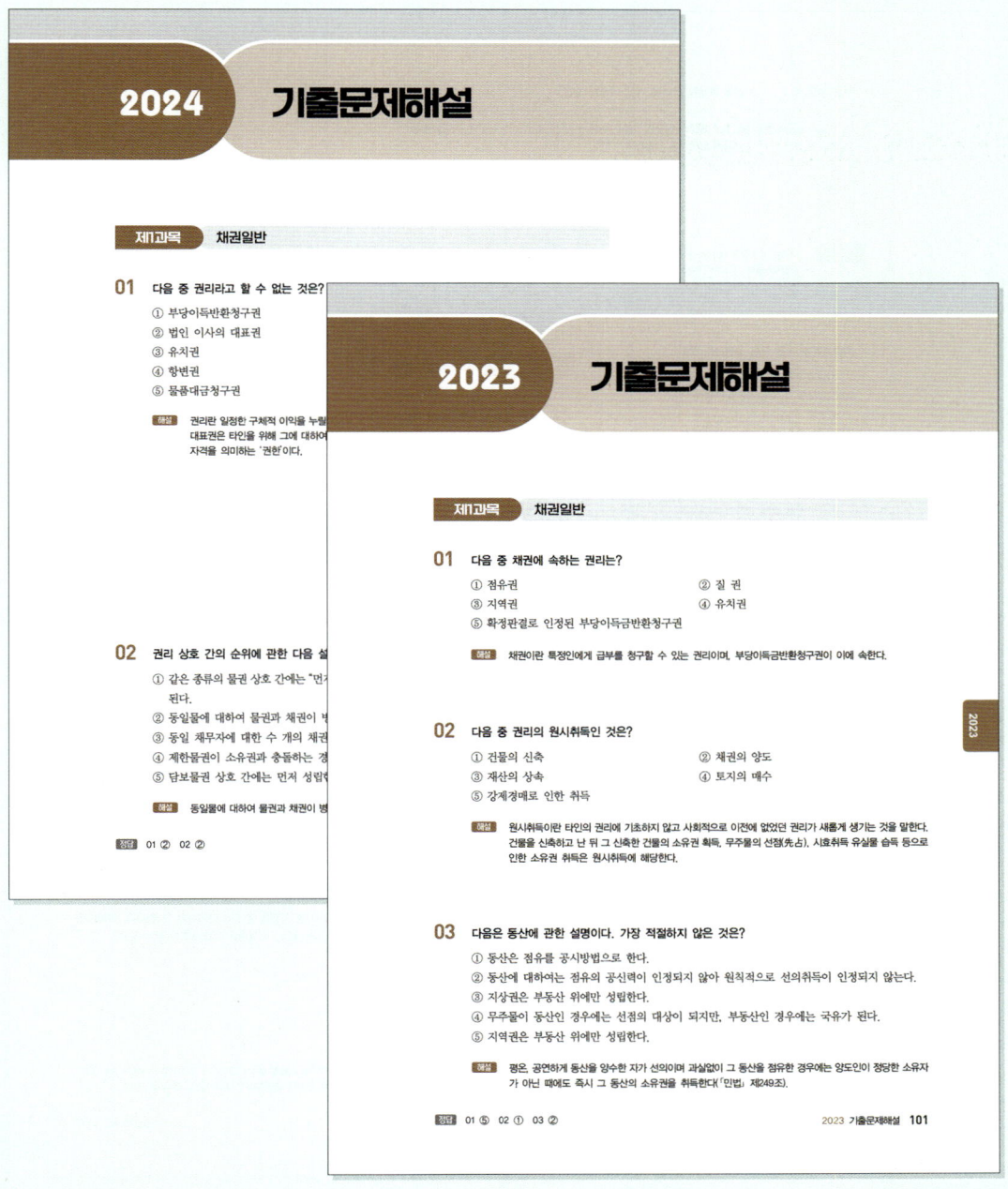

시험 대비의 첫걸음은 기출문제를 반복해서 풀어보는 것입니다. 2025년도 기출문제를 비롯한 최근 4개년의 기출문제를 통해 시험의 난이도, 유형, 이론 등을 완벽하게 숙지하세요.

이 책의 구성과 특징

STRUCTURES

꼼꼼하고 친절한 문제별 해설

꼼꼼하고 친절한 문제별 해설을 통해 헷갈리는 개념이나 틀렸던 문제를 빈틈없이 보완할 수 있습니다. 최신 법령과 판례를 반영하여 학습의 정확성을 높였습니다.

확실한 실력 점검을 위한 기출문제 OX마무리

이 책의 차례

CONTENTS

2025 기출문제해설   3

2024 기출문제해설   51

2023 기출문제해설   101

2022 기출문제해설   149

기출문제 OX마무리   195

2025

기출문제해설

제1과목   채권일반
제2과목   채권관리방법
제3과목   신용관리실무
제4과목   고객관리 및 민원예방

합격의 공식
시대에듀

많이 보고 많이 겪고 많이 공부하는 것은 배움의 세 기둥이다.

– 벤자민 디즈라엘리 –

끝까지 책임진다! 시대에듀!

QR코드를 통해 도서 출간 이후 발견된 오류나 개정법령, 변경된 시험 정보, 최신기출문제, 도서 업데이트 자료 등이 있는지 확인해 보세요! **시대에듀 합격 스마트 앱**을 통해서도 알려 드리고 있으니 구글 플레이나 앱 스토어에서 다운받아 사용하세요. 또한, 파본 도서인 경우에는 구입하신 곳에서 교환해 드립니다.

2025 기출문제해설

> **참고**
> 2025년도 신용관리사 자격시험의 출제에는 「개인금융채권의 관리 및 개인금융채무자의 보호에 관한 법률」(약칭 : 「개인채무자보호법」, 시행 : 24.10.17.)이 다수 활용되었습니다. 또한, 이전 연도까지 출제에 활용되었던 「채권추심 및 대출채권 매각 가이드라인」이 직접적으로 언급된 문항이 없어졌으나, 문항의 세부적인 내용을 보면 출제에 간접적으로 활용된 것으로 보입니다.

제1과목 채권일반

01 다음 중 '종(從)된 권리(다른 권리에 대하여 종속관계에 있는 권리)'는?

① 점유권
② 계약의 해지권
③ 소유권
④ 이자채권
⑤ 사해행위 취소권

해설 다른 권리에 의존하는 권리를 종된 권리라 하고, 그 다른 권리를 주된 권리라고 한다. 원본채권은 주된 권리이며, 이자채권은 원본채권에 종된 권리이다.

권리의 분류

내용에 따른 분류		작용에 따른 분류		기타에 따른 분류	
재산권	• 소유권, 전세권, 저당권 등의 물권 • 매도인의 대금청구권 등의 채권 • 특허권, 실용신안권, 저작권, 상표권 등의 지식재산권	지배권	물권, 준물권, 지식재산권, 친권, 인격권 등	절대권과 상대권	• 절대권 : 물권 • 상대권 : 채권
		청구권	채권, 소유물반환청구권, 상속회복청구권 등	일신전속권과 비전속권	• 일신전속권 : 부양청구권 등 • 비전속권 : 대부분의 재산권
비재산권	상속권, 부양청구권, 인격권, 가족권	형성권	취소권, 추인권, 상계권, 계약의 해지·해제권, 예약완결권, 약혼해제권, 상속포기권, 채권자 취소권, 재판상 이혼권, 재판상 파양권 등	주된 권리와 종된 권리	• 주된 권리 : 원본채권, 피담보채권 • 종된 권리 : 이자채권, 저당권, 질권, 유치권, 보증인에 대한 권리
		항변권	보증인의 최고·검색 항변권, 동시이행의 항변권, 상속인의 한정승인의 항변권 등	기대권	조건부권리, 기한부권리

정답 01 ④

02 다음 중 권리의 원시취득인 것은?

① 재산의 상속
② 건물의 신축
③ 저당권의 설정
④ 무허가 건물의 매수
⑤ 경매로 인한 소유권의 취득

해설 권리의 원시취득으로는 건물의 신축, 취득시효(「민법」 제245조 이하), 선의취득(「민법」 제249조), 무주물귀속(「민법」 제252조), 유실물습득(「민법」 제253조), 매장물발견(「민법」 제254조), 첨부(「민법」 제256조) 등이 있다.

03 능력에 관한 다음 설명 중 가장 적절하지 않은 것은?

① 사람은 19세로 성년에 이르게 된다.
② 미성년자가 법정대리인으로부터 허락을 얻은 특정한 영업에 관하여는 성년자와 동일한 행위능력이 있다.
③ 사람은 생존한 동안 권리와 의무의 주체가 된다.
④ 법정대리인이 범위를 정하여 처분을 허락한 재산은 미성년자가 임의로 처분할 수 있다.
⑤ 미성년자가 법률행위를 함에는 법정대리인의 동의를 얻어야 하나 권리만을 얻거나 의무만을 면하는 행위는 그러하지 아니하다. 이에 위반한 행위는 무효이다.

해설 미성년자가 법률행위를 함에는 법정대리인의 동의를 얻어야 한다. 그러나 권리만을 얻거나 의무만을 면하는 행위는 그러하지 아니하다. 이에 위반한 행위는 취소할 수 있다(「민법」 제5조).

04 매매계약에 관한 다음 설명 중 가장 적절하지 않은 것은?

① 매매의 일방예약은 상대방이 매매를 완결할 의사를 표시하는 때에 매매의 효력이 생긴다.
② 매매의 당사자 일방이 계약 당시에 금전 기타 물건을 계약금, 보증금 등의 명목으로 상대방에게 교부한 때에는 당사자 간에 다른 약정이 없는 한 당사자의 일방이 이행에 착수할 때까지 교부자는 이를 포기하고 수령자는 그 배액을 상환하여 매매계약을 해제할 수 있다.
③ 매매의 목적물의 인도와 동시에 대금을 지급할 경우에는 매매대금의 수령권자인 매도인의 주소지에서 이를 지급하여야 한다.
④ 매매의 목적이 된 권리가 타인에게 속한 경우에는 매도인은 그 권리를 취득하여 매수인에게 이전하여야 한다.
⑤ 매매계약에 관한 비용은 당사자 쌍방이 균분하여 부담한다.

해설 매매의 목적물의 인도와 동시에 대금을 지급할 경우에는 그 인도장소에서 이를 지급하여야 한다(「민법」 제586조).

05 다음 중 무효에 해당하는 것은?

ㄱ. 착오로 인한 의사표시
ㄴ. 사기에 의한 의사표시
ㄷ. 통정한 허위의 의사표시
ㄹ. 불공정한 법률행위
ㅁ. 강박에 의한 의사표시

① 1개
② 2개
③ 3개
④ 4개
⑤ 5개

해설
ㄷ. 통정한 허위의 의사표시란 예를 들어 강제집행을 면하기 위하여 친구와 짜고 자기 소유의 부동산에 대한 소유권을 그 친구에게 넘긴 경우에서와 같이 상대방과 통정하여 하는, 자기의 진의와 다른 의사표시를 말한다. 허위표시를 한 표의자뿐만 아니라 처음부터 그 의사표시가 진의 아님을 알고 통정한 상대방 역시 보호가치가 없으므로 원칙으로 돌아가 진의와 일치하지 않은 표시에 따른 효과가 발생하지 않는다. 즉, 법률행위는 무효가 된다.
ㄹ. 상대방의 궁박, 경솔 또는 무경험을 이용하여 자기의 급부에 비하여 현저하게 균형을 잃은 반대급부를 하게 함으로써 부당한 재산적 이익을 얻는 행위를 불공정한 법률행위라고 한다(「민법」 제104조). 이는 절대적 무효가 되며, 선의의 제3자도 보호받을 수 없고 추인할 수도 없다.
ㄱ. 표의자가 의사와 표시가 불일치함을 알지 못하고 의사표시를 하는 경우 표의자에게 중과실이 없는 한 이를 취소할 수 있다(「민법」 제109조).
ㄴ·ㅁ. 사기나 강박이란 남을 속이거나 위협하여 그로 하여금 의사표시를 하게 하는 것을 말한다. 이와 같이 불법한 수단에 기하여 행하여진 의사표시는 표의자의 자기결정에 기한 것으로 볼 수 없으므로, 의사표시를 한 자가 이를 취소할 수 있다(「민법」 제110조 제1항).

06 다음 설명 중 ( ) 안에 들어갈 가장 적절한 것은?

법률행위의 취소권은 추인할 수 있는 날로부터 ( ) 내에 법률행위를 한 날로부터 10년 내에 행사하여야 한다.

① 1년
② 2년
③ 3년
④ 4년
⑤ 5년

해설 취소권의 소멸(「민법」 제146조)
취소권은 추인할 수 있는 날로부터 3년 내에 법률행위를 한 날로부터 10년 내에 행사하여야 한다.

정답 05 ② 06 ③

07 조건과 기한에 관한 다음 설명 중 가장 적절하지 않은 것은?

① 정지조건 있는 법률행위는 조건이 성취한 때로부터 그 효력이 생긴다.
② 해제조건 있는 법률행위는 조건이 성취한 때로부터 그 효력을 잃는다.
③ 당사자가 조건성취의 효력을 그 성취 전에 소급하게 할 의사를 표시한 때에는 그 의사에 의한다.
④ 종기 있는 법률행위는 기한이 도래한 때로부터 그 효력이 생긴다.
⑤ 기한의 이익은 이를 포기할 수 있다. 그러나 상대방의 이익을 해하지 못한다.

해설 종기 있는 법률행위는 기한이 도래한 때로부터 그 효력을 잃는다(「민법」 제152조 제2항).

08 기간에 관한 다음 설명 중 가장 적절하지 않은 것은?

① 월 또는 연으로 정한 경우에 최종의 월에 해당일이 없는 때에는 그 월의 말일로 기간이 만료한다.
② 나이는 출생일을 산입하지 아니하고 만(滿) 나이로 계산하고, 연수(年數)로 표시한다. 다만, 1세에 이르지 아니한 경우에는 월수(月數)로 표시할 수 있다.
③ 기간을 일, 주, 월 또는 연으로 정한 때에는 기간 말일의 종료로 기간이 만료한다.
④ 기간의 말일이 토요일 또는 공휴일에 해당한 때에는 기간은 그 익일로 만료한다.
⑤ 기간을 시, 분, 초로 정한 때에는 즉시로부터 기산한다.

해설 나이는 출생일을 산입하여 만(滿) 나이로 계산하고, 연수(年數)로 표시한다. 다만, 1세에 이르지 아니한 경우에는 월수(月數)로 표시할 수 있다(「민법」 제158조).

09 저당권에 관한 다음 설명 중 가장 적절하지 않은 것은?

① 저당권자는 채무자 또는 제3자가 점유를 이전하지 아니하고 채무의 담보로 제공한 부동산에 대하여 다른 채권자보다 자기채권의 우선변제를 받을 권리가 있다.
② 저당권은 그 담보한 채권과 분리하여 타인에게 양도하거나 다른 채권의 담보로 할 수 있다.
③ 저당권의 효력은 저당부동산에 대한 압류가 있은 후에 저당권설정자가 그 부동산으로부터 수취한 과실 또는 수취할 수 있는 과실에 미친다. 그러나 저당권자가 그 부동산에 대한 소유권, 지상권 또는 전세권을 취득한 제3자에 대하여는 압류한 사실을 통지한 후가 아니면 이로써 대항하지 못한다.
④ 저당권은 원본, 이자, 위약금, 채무불이행으로 인한 손해배상 및 저당권의 실행비용을 담보한다. 그러나 지연배상에 대하여는 원본의 이행기일을 경과한 후의 1년분에 한하여 저당권을 행사할 수 있다.
⑤ 저당권은 그 담보할 채무의 최고액만을 정하고 채무의 확정을 장래에 보류하여 이를 설정할 수 있다. 이 경우에는 그 확정될 때까지의 채무의 소멸 또는 이전은 저당권에 영향을 미치지 아니한다.

해설 저당권은 그 담보한 채권과 분리하여 타인에게 양도하거나 다른 채권의 담보로 하지 못한다(「민법」 제362조).

정답 07 ④ 08 ② 09 ②

10 채권의 목적에 관한 다음 설명 중 가장 적절하지 않은 것은?

① 채권의 목적을 종류로만 지정한 경우에 법률행위의 성질이나 당사자의 의사에 의하여 품질을 정할 수 없는 때에는 채무자는 중등품질의 물건으로 이행하여야 한다.
② 채권의 목적이 다른 나라 통화로 지급할 것인 경우에는 채무자는 자기가 선택한 그 나라의 각 종류의 통화로 변제할 수 있다.
③ 채권의 목적이 어느 종류의 다른 나라 통화로 지급할 것인 경우에 그 통화가 변제기에 강제통용력을 잃은 때에는 그 나라의 다른 통화로 변제하여야 한다.
④ 채권의 목적이 수 개의 행위 중에서 선택에 좇아 확정될 경우에 다른 법률의 규정이나 당사자의 약정이 없으면 선택권은 채권자에게 있다.
⑤ 채권액이 다른 나라 통화로 지정된 때에는 채무자는 지급할 때에 있어서의 이행지의 환금시가에 의하여 우리나라 통화로 변제할 수 있다.

해설 채권의 목적이 수 개의 급부 중 선택에 의하여 확정되는 채권은 선택채권이다. 이 경우에 다른 법률의 규정이나 당사자의 약정이 없으면 선택권은 채무자에게 있다(「민법」 제380조 참조).

11 다음 중 1년의 단기소멸시효에 해당하는 채권인 것은?

① 상인의 대여금채권
② 상인의 물품대금채권
③ 건축업자의 공사대금채권
④ 판결에 의하여 확정된 채권
⑤ 학생의 교육에 관한 교사의 채권

해설 ①·② 상행위로 인한 채권은 본법에 다른 규정이 없는 때에는 5년간 행사하지 아니하면 소멸시효가 완성한다(「상법」 제64조). 당사자 일방에 대하여만 상행위에 해당하는 행위로 인한 채권에도 적용되고, 상인이 영업을 위하여 하는 보조적 상행위도 포함한다.
③ 도급받은 자, 기사 기타 공사의 설계 또는 감독에 종사하는 자의 공사에 관한 채권은 3년의 단기소멸시효에 해당한다(「민법」 제163조 참조).
④ 판결에 의하여 확정된 채권은 단기의 소멸시효에 해당하는 것이라도 그 소멸시효는 10년으로 한다(「민법」 제165조 제1항).

1년의 단기소멸시효(「민법」 제164조)
다음의 채권은 1년간 행사하지 아니하면 소멸시효가 완성한다.
• 여관, 음식점, 대석, 오락장의 숙박료, 음식료, 대석료, 입장료, 소비물의 대가 및 체당금의 채권
• 의복, 침구, 장구 기타 동산의 사용료의 채권
• 노역인, 연예인의 임금 및 그에 공급한 물건의 대금채권
• 학생 및 수업자의 교육, 의식 및 유숙에 관한 교주, 숙주, 교사의 채권

정답 10 ④ 11 ⑤

12 채권의 효력에 관한 다음 설명 중 가장 적절하지 않은 것은?

① 채무이행의 확정한 기한이 있는 경우에는 채무자는 기한이 도래한 때로부터 지체책임이 있다.
② 채무이행의 불확정한 기한이 있는 경우에는 채무자는 기한이 도래함을 안 때로부터 지체책임이 있다.
③ 채무이행의 기한이 없는 경우에는 채무자는 이행청구를 받은 때로부터 지체책임이 있다.
④ 채무자의 법정대리인이 채무자를 위하여 이행하거나 채무자가 타인을 사용하여 이행하는 경우에는 법정대리인 또는 피용자의 고의나 과실은 채무자의 고의나 과실로 본다.
⑤ 다른 의사표시가 없으면 손해는 원칙적으로 금전으로 배상하는 것이 아니라 원상회복의 방법으로 하여야 한다.

해설 다른 의사표시가 없으면 손해는 금전으로 배상한다(「민법」제394조).

13 손해배상액의 예정에 관한 다음 설명 중 가장 적절하지 않은 것은?

① 당사자는 채무불이행에 관한 손해배상액을 예정할 수 있다.
② 손해배상의 예정액이 부당히 과다한 경우에는 법원은 적당히 감액할 수 있다.
③ 손해배상액의 예정은 이행의 청구나 계약의 해제에 영향을 미친다.
④ 위약금의 약정은 손해배상액의 예정으로 추정한다.
⑤ 반대의 특약이 없는 한 실제의 손해액이 예정된 배상액보다 많더라도 채권자는 예정된 배상액을 청구할 수 있을 뿐이다.

해설 손해배상액의 예정은 이행의 청구나 계약의 해제에 영향을 미치지 아니한다(「민법」제398조 제3항).

14 계약에 관한 다음 설명 중 가장 적절하지 않은 것은?

① 계약의 청약은 이를 철회하지 못한다.
② 승낙의 기간을 정한 계약의 청약은 청약자가 그 기간 내에 승낙의 통지를 받지 못한 때에는 그 효력을 잃는다.
③ 승낙자가 청약에 대하여 조건을 붙이거나 변경을 가하여 승낙한 때에는 그 청약의 거절과 동시에 새로 청약한 것으로 본다.
④ 격지자 간의 계약은 승낙의 통지가 도달한 때에 성립한다.
⑤ 당사자 간에 동일한 내용의 청약이 상호교차된 경우에는 양 청약이 상대방에게 도달한 때에 계약이 성립한다.

해설 격지자 간의 계약은 승낙의 통지를 발송한 때에 성립한다(「민법」제531조).

15 법률행위의 대리에 관한 다음 설명 중 가장 적절하지 않은 것은?

① 대리인은 행위능력자임을 요한다.
② 대리인이 수인인 때에는 각자가 본인을 대리한다. 그러나 법률 또는 수권행위에 다른 정한 바가 있는 때에는 그러하지 아니하다.
③ 복대리인은 그 권한 내에서 본인을 대리한다.
④ 대리권의 소멸은 선의의 제3자에게 대항하지 못한다. 그러나 제3자가 과실로 인하여 그 사실을 알지 못한 때에는 그러하지 아니하다.
⑤ 대리권 없는 자가 타인의 대리인으로 한 계약은 본인이 이를 추인하지 아니하면 본인에 대하여 효력이 없다.

해설 대리인은 행위능력자임을 요하지 아니한다(「민법」 제117조).

16 계약의 해제, 해지에 관한 다음 설명 중 가장 적절하지 않은 것은?

① 당사자의 일방 또는 쌍방이 수인인 경우에는 계약의 해지나 해제는 그 전원으로부터 또는 전원에 대하여 하여야 한다.
② 당사자 일방이 계약을 해제한 때에는 각 당사자는 그 상대방에 대하여 원상회복의 의무가 있다. 그러나 제3자의 권리를 해하지 못한다.
③ 당사자 일방이 계약을 해제하여 금전을 반환할 때에는 계약이 해제된 날로부터 이자를 가하여야 한다.
④ 당사자 일방이 계약을 해지한 때에는 계약은 장래에 대하여 그 효력을 잃는다.
⑤ 계약의 해지 또는 해제는 손해배상의 청구에 영향을 미치지 아니한다.

해설 당사자 일방이 계약을 해제하여 금전을 반환할 때에는 그 받은 날로부터 이자를 가하여야 한다(「민법」 제548조 참조).

17 다음 중 요물계약인 것은?

① 금전소비대차계약
② 증여계약
③ 교환계약
④ 현상광고계약
⑤ 고용계약

해설 요물계약이란 물건의 인도 기타 급부를 하여야 성립하는 계약으로, 현상광고, 대물변제, 해약금계약, 임대보증계약 등이 이에 해당한다.

정답 15 ① 16 ③ 17 ④

18 「약관의 규제에 관한 법률」상 약관에 관한 다음 설명 중 가장 적절하지 않은 것은?

① 상당한 이유 없이 고객에게 입증책임을 부담시키는 부당한 조항은 무효이다.
② 신의성실의 원칙에 반하여 공정을 잃은 약관조항은 무효이다.
③ 약관의 뜻이 명백하지 아니한 경우에는 고객에게 유리하게 해석되어야 한다.
④ 고객에게 부당하게 과중한 지연손해금을 부담시키는 조항은 무효이다.
⑤ 약관은 고객에 따라 다르게 해석되어야 한다.

해설 약관은 신의성실의 원칙에 따라 공정하게 해석되어야 하며 고객에 따라 다르게 해석되어서는 아니 된다(「약관의 규제에 관한 법률」 제5조 제1항).

19 「상법」상 상인에 관한 다음 설명 중 가장 적절한 것은?

① 채권자의 지점에서의 거래로 인한 채무이행의 장소가 그 행위의 성질 또는 당사자의 의사표시에 의하여 특정되지 아니한 경우 특정물 인도 외의 채무이행은 그 지점을 이행장소로 본다.
② 수인이 그 1인 또는 전원에게 상행위가 되는 행위로 인하여 채무를 부담한 때에는 수인이 각자 분할하여 변제할 책임이 있다.
③ 상인 간의 상행위로 인한 채권이 변제기에 있는 때에는 채권자는 변제를 받을 때까지 그 채무자에 대한 상행위로 인하여 자기가 점유하고 있는 타인 소유의 물건 또는 유가증권을 유치할 수 있다.
④ 상행위로 인한 채권은 본법에 다른 규정이 없는 때에는 10년간 행사하지 아니하면 소멸시효가 완성한다.
⑤ 상인이 상시 거래관계에 있는 자로부터 그 영업부류에 속한 계약의 청약을 받은 때에는 지체 없이 낙부의 통지를 발송하여야 한다. 이를 해태한 때에는 거절한 것으로 본다.

해설 ① 「상법」 제56조
② 수인이 그 1인 또는 전원에게 상행위가 되는 행위로 인하여 채무를 부담한 때에는 연대하여 변제할 책임이 있다(「상법」 제57조 제1항).
③ 상인 간의 상행위로 인한 채권이 변제기에 있는 때에는 채권자는 변제를 받을 때까지 그 채무자에 대한 상행위로 인하여 자기가 점유하고 있는 채무자 소유의 물건 또는 유가증권을 유치할 수 있다. 그러나 당사자 간에 다른 약정이 있으면 그러하지 아니하다(「상법」 제58조).
④ 상행위로 인한 채권은 본법에 다른 규정이 없는 때에는 5년간 행사하지 아니하면 소멸시효가 완성한다. 그러나 다른 법령에 이보다 단기의 시효의 규정이 있는 때에는 그 규정에 의한다(「상법」 제64조).
⑤ 상인이 상시 거래관계에 있는 자로부터 그 영업부류에 속한 계약의 청약을 받은 때에는 지체 없이 낙부의 통지를 발송하여야 한다. 이를 해태한 때에는 승낙한 것으로 본다(「상법」 제53조).

20 다음 중 대출채권을 담보에 따른 기준으로 분류한 것은?

	대출채권
①	증서대출, 어음대출
②	일시상환대출, 분할상환대출
③	개별거래대출(일반대출), 한도거래대출
④	담보대출, 보증서대출, 신용대출
⑤	운전자금대출, 시설자금대출, 가계자금대출

해설 대출채권의 분류

담보유무에 따른 분류	담보대출	자금용도에 의한 분류	운전자금대출
	보증서대출		시설자금대출
	신용대출		가계자금대출
거래방식에 의한 분류	개별거래대출	약정형식에 의한 분류	증서대출
	한도거래대출		어음대출
거래상대방에 의한 분류	기업자금대출	사무처리방식에 의한 분류	일시상환대출
	가계자금대출		분할상환대출
	공공 및 기타자금대출		

21 금융기관 증서대출계약의 법적 성질로서 가장 적절하지 않은 것은?

① 금전소비대차계약
② 낙성계약
③ 편무계약
④ 불요식계약
⑤ 유상계약

해설 증서대출계약은 쌍무계약으로서 대주(금융기관)는 약정일에 계약의 목적물인 금전의 지급의무를 지게 되고, 차주는 자금을 지급받은 후에는 계약의 내용에 따라 월정 이자의 지급의무와 만기상환의무를 지게 된다.

정답 20 ④ 21 ③

22 어음의 배서에 관한 다음 설명 중 가장 적절하지 않은 것은?

① 배서에는 조건을 붙여서는 아니 된다. 배서에 붙인 조건은 적지 아니한 것으로 본다.
② 일부의 배서는 무효로 한다.
③ 소지인에게 지급하라는 소지인출급의 배서는 백지식(白地式) 배서와 같은 효력이 있다.
④ 배서인은 자기의 배서 이후에 새로 하는 배서를 금지할 수 있다. 이 경우 그 배서인은 어음의 그 후의 피배서인에 대하여 담보의 책임을 지지 아니한다.
⑤ 날짜를 적지 아니한 배서는 지급거절증서 작성기간이 지난 후에 한 것으로 추정한다.

> **해설** 날짜를 적지 아니한 배서는 지급거절증서 작성기간이 지나기 전에 한 것으로 추정한다(「어음법」제20조 제2항).

23 사고신고서 접수를 이유로 부도 반환되는 어음부도의 사유가 아닌 것은?

① 어음의 변조
② 어음의 도난
③ 계약불이행
④ 피사취
⑤ 어음의 분실

> **해설** 어음의 분실·도난, 피사취, 계약불이행의 경우 어음발행인은 지급위탁사무 처리자인 은행에 사고신고서를 접수하여 사전에 지급위탁의 취소를 할 수 있다. 정상적으로 어음을 발행 인수하였으나 후일 상대방이 계약 상의 의무를 이행하지 않는 경우 계약불이행이 되고, 처음부터 기망을 당하여 계약을 체결하거나 어음을 발행한 경우는 사취가 된다.

24 보증채무에 관한 다음 설명 중 가장 적절하지 않은 것은?

① 보증은 그 의사가 서면이 아닌 구두상으로만 표시되어도 효력이 발생한다.
② 보증인은 그 보증채무에 관한 위약금 기타 손해배상액을 예정할 수 있다.
③ 보증인의 부담이 주채무의 목적이나 형태보다 중한 때에는 주채무의 한도로 감축한다.
④ 채무자가 보증인을 세울 의무가 있는 경우에는 그 보증인은 행위능력 및 변제자력이 있는 자로 하여야 한다.
⑤ 보증인이 변제자력이 없게 된 때에는 채권자는 보증인의 변경을 청구할 수 있다.

> **해설** 보증은 그 의사가 보증인의 기명날인 또는 서명이 있는 서면으로 표시되어야 효력이 발생한다. 다만, 보증의 의사가 전자적 형태로 표시된 경우에는 효력이 없다(「민법」 제428조의2 제1항).

25 질권에 관한 다음 설명 중 가장 적절하지 않은 것은?

① 무기명채권을 목적으로 한 질권의 설정은 증서를 질권자에게 교부함으로써 그 효력이 생긴다.
② 채권을 질권의 목적으로 하는 경우에 채권증서가 있는 때에는 질권의 설정은 그 증서를 질권자에게 교부함으로써 그 효력이 생긴다.
③ 저당권으로 담보한 채권을 질권의 목적으로 한 때에는 그 저당권등기에 질권의 부기등기를 하여야 그 효력이 저당권에 미친다.
④ 질권은 재산권을 그 목적으로 할 수 있으며 부동산의 사용·수익을 목적으로 하는 권리도 그 목적으로 할 수 있다.
⑤ 지시채권을 질권의 목적으로 한 질권의 설정은 증서에 배서하여 질권자에게 교부함으로써 그 효력이 생긴다.

> **해설** 질권은 재산권을 그 목적으로 할 수 있다. 그러나 부동산의 사용, 수익을 목적으로 하는 권리는 그러하지 아니하다(「민법」 제345조).

정답 24 ① 25 ④

제2과목   채권관리방법

26 다음 채권회수 방법 중에서 채무자 또는 제3자의 협력을 요하는 것은?

① 가압류
② 상계
③ 선일자당좌수표의 지급제시
④ 대물변제
⑤ 강제경매

> 해설   채무자 등의 협력을 요하는 채권회수로는 채권양도(「민법」제499조), 채무인수(「민법」제453조 이하), 담보의 추가, 임의변제, 대물변제, 약속어음공정증서 또는 집행증서의 작성(「민사집행법」제56조 제4호), 제소전 화해가 있다.

27 다음 중 변제수령권한이 없는 자는?

① 채권자대위권자
② 파산관재인
③ 채권자의 대리인
④ 대항요건을 갖춘 채권질권자
⑤ 압류를 당한 채권의 채권자

> 해설   변제자는 원칙적으로 채권자에게 급부하여야 한다. 다만, 예외적으로 채권이 압류 또는 가압류된 경우, 채권이 질권의 목적이 된 경우, 채권자가 파산신청을 한 경우에는 채권자에게 급부수령권이 없다.

28 채권을 대위변제한 자에게 부여되는 법률상의 권리로서 그 변제자가 다른 채무자에 대하여 상환을 요구할 수 있는 권리는?

① 해지권
② 취소권
③ 구상권
④ 형성권
⑤ 항변권

> 해설   채권자를 대위한 자는 자기의 권리에 의하여 구상할 수 있는 범위 내에서 채권 및 그 담보의 권리를 행사할 수 있는 바 변제자가 대위변제의 이익을 받는 경우에도 채무자에 대하여 가지는 구상권의 행사에 영향을 받지 아니한다.

26 ④   27 ⑤   28 ③   정답

29 변제자대위에 관한 다음 설명 중 가장 적절하지 않은 것은?

① 채권의 일부에 대하여 대위변제가 있는 때에는 대위자는 그 변제한 가액에 비례하여 채권자와 함께 그 권리를 행사한다.
② 제3취득자는 보증인에 대하여 채권자를 대위할 수 있다.
③ 채권전부의 대위변제를 받은 채권자는 그 채권에 관한 증서 및 점유한 담보물을 대위자에게 교부하여야 한다.
④ 채권의 일부에 대한 대위변제가 있는 때에는 채권자는 채권증서에 그 대위를 기입하고 본인이 점유한 담보물의 보존에 관하여 대위자의 감독을 받아야 한다.
⑤ 보증인은 미리 전세권이나 저당권의 등기에 그 대위를 부기하지 아니하면 전세물이나 저당물에 권리를 취득한 제3자에 대하여 채권자를 대위하지 못한다.

[해설] 보증인은 제3취득자에 대하여 대위할 수 있지만 반대로 제3취득자는 보증인에 대하여 대위할 수 없다. 제3취득자는 담보권의 존재를 알고 이를 취득한 자이므로 보호할 필요가 없기 때문이다.

30 "채무자가 채권자의 승낙을 얻어 본래의 채무이행에 갈음하여 다른 급여를 한 때에는 변제와 같은 효력이 있다(「민법」 제466조)."에 해당하는 용어는?

① 변제의 공탁
② 대물변제
③ 비채변제
④ 변제의 충당
⑤ 대위변제

[해설]
① 변제의 공탁이란 금전 기타 재산의 급부를 목적으로 하는 채무를 부담하는 자가 채권자 측에 존재하는 일정한 사유(채권자의 수령거절, 수령불능)로 인하여 변제를 할 수 없거나 채무자의 과실 없이 채권자가 누구인지 알 수 없어 변제를 할 수 없는 사정이 있는 경우에 채무의 목적물을 공탁함으로써 채무를 면할 수 있도록 하는 제도이다(「민법」 제487조 이하).
③ 비채변제란 '채무 없음을 알고 이를 변제한 때에는 그 반환을 청구하지 못한다(「민법」 제742조).'에 해당하는 용어이다.
④ 채무자가 동일한 채권자에 대하여 같은 종류의 목적으로 하는 수 개의 채무를 지는 경우, 변제의 제공이 그 채무 전부를 소멸하게 하지 못하는 때에는 그중 어느 채무의 변제에 충당할 것인가를 정할 필요가 있는데, 이것이 바로 변제충당의 제도이다.
⑤ 대위변제란 제3자 또는 이해관계자가 채무자 대신 채무를 갚고 채무자에 대한 채권자의 채권을 갖는 것을 말한다. 기존에 채권자가 가지고 있던 채권의 권리(채권·담보권 등)가 변제자에게 이전되는 것이며, 변제자대위 또는 변제에 의한 대위라고도 한다.

정답 29 ② 30 ②

31 유체동산 강제집행에 관한 다음 설명 중 가장 적절하지 않은 것은?

① 집행관은 압류를 실시한 뒤 입찰 또는 호가경매의 방법으로 압류물을 매각하여야 한다.
② 우선권은 없으나 집행력 있는 정본을 가진 채권자는 매각대금의 배당을 요구할 수 있다.
③ 압류일과 매각일 사이에는 1주 이상 기간을 두어야 한다. 다만, 압류물을 보관하는 데 지나치게 많은 비용이 들거나, 시일이 지나면 그 물건의 값이 크게 내릴 염려가 있는 때에는 그러하지 아니하다.
④ 매각대금으로 배당에 참가한 모든 채권자를 만족하게 할 수 없고 매각허가된 날부터 2주 이내에 채권자 사이에 배당협의가 이루어지지 아니한 때에는 매각대금을 공탁하여야 한다.
⑤ 집행관이 금전을 추심한 때에는 채무자가 지급한 것으로 본다. 다만, 담보를 제공하거나 공탁을 하여 집행에서 벗어날 수 있도록 채무자에게 허가한 때에는 그러하지 아니하다.

> **해설** 「민법」, 「상법」, 그 밖의 법률의 규정에 의하여 우선변제청구권이 있는 채권자는 매각대금의 배당을 요구할 수 있다(「민사집행법」 제217조). 따라서 우선변제권이 없는 일반 채권자는 집행력 있는 정본의 유무를 불문하고 배당요구를 할 수 없다. 다만, 집행력 있는 정본을 가진 채권자는 이중압류를 함으로써 배당절차에 참가할 수 있다.

32 상계에 관한 다음 설명 중 가장 적절하지 않은 것은?

① 소멸시효가 완성된 채권의 채권자는 어느 경우에도 상계할 수 없다.
② 각 채무의 이행지가 다른 경우에도 상계할 수 있다.
③ 상계는 상대방에 대한 의사표시로 한다. 이 의사표시에는 조건 또는 기한을 붙이지 못한다.
④ 채무가 고의의 불법행위로 인한 것인 때에는 그 채무자는 상계로 채권자에게 대항하지 못한다.
⑤ 지급을 금지하는 명령을 받은 제3채무자는 그 후에 취득한 채권에 의한 상계로 그 명령을 신청한 채권자에게 대항하지 못한다.

> **해설** 소멸시효가 완성된 채권이 그 완성 전에 상계할 수 있었던 것이면 그 채권자는 상계할 수 있다(「민법」 제495조).

33 다음 중 채권양도를 할 수 없는 것은?

① 물품대금 채권
② 국민연금 급여청구권
③ 공사대금 채권
④ 대여금 채권
⑤ 신용카드대금 채권

> **해설** 국민연금 급여청구권은 법률이 특별히 양도를 금하는 채권으로서, 법률에 의해 제한을 받는다(「국민연금법」 제58조 참조). 이외에도 「민법」상 부양청구권(「민법」 제979조), 사용자에 대한 보상청구권(「근로기준법」 제86조) 등이 있다.

34 채무인수에 관한 다음 설명 중 가장 적절하지 않은 것은?

① 인수인은 전채무자의 항변할 수 있는 사유로 채권자에게 대항할 수 있다.
② 채권자의 채무인수에 대한 승낙은 다른 의사표시가 없으면 채무를 인수한 때로 소급하지 않는다.
③ 전채무자의 채무에 대한 보증이나 제3자가 제공한 담보는 채무인수로 인하여 소멸한다. 그러나 보증인이나 제3자가 채무인수에 동의한 경우에는 그러하지 아니하다.
④ 제3자는 채권자와의 계약으로 채무를 인수하여 채무자의 채무를 면하게 할 수 있다. 그러나 채무의 성질이 인수를 허용하지 아니하는 때에는 그러하지 아니하다.
⑤ 이해관계 없는 제3자는 채무자의 의사에 반하여 채무를 인수하지 못한다.

> **해설** 채권자의 채무인수에 대한 승낙은 다른 의사표시가 없으면 채무를 인수한 때에 소급하여 그 효력이 생긴다(「민법」 제457조).

35 상속에 관한 다음 설명 중 가장 적절하지 않은 것은?

① 상속은 피상속인의 주소지에서 개시한다.
② 상속에 관한 비용은 상속재산 중에서 지급한다.
③ 태아는 상속순위에 관하여는 이미 출생한 것으로 본다.
④ 상속인이 한정승인을 한 때에는 피상속인에 대한 상속인의 재산상 권리의무는 소멸한다.
⑤ 상속의 포기는 상속개시된 때에 소급하여 그 효력이 있다.

> **해설** 한정승인자의 상속재산은 자기고유재산과 구분되므로 한정승인자가 피상속인에 대하여 갖는 재산상의 권리의무는 소멸하지 아니한다(「민법」 제1031조 참조).

36 가압류에 관한 다음 설명 중 가장 적절하지 않은 것은?

① 채권가압류는 채권가압류결정이 제3채무자에게 송달 시 효력을 발생한다.
② 가압류 신청 시에 소멸시효 중단의 효력이 발생한다.
③ 가압류가 집행된 뒤에 3년간 본안의 소를 제기하지 아니한 때에는 채무자는 그 가압류의 취소를 신청할 수 있지만 이해관계인은 그 취소를 신청할 수 없다.
④ 가압류신청에 대한 재판은 결정으로 한다.
⑤ 제3채무자가 가압류 집행된 금전채권액을 공탁한 경우에는 그 가압류의 효력은 그 청구채권액에 해당하는 공탁금액에 대한 채무자의 출급청구권에 대하여 존속한다.

> **해설** 채무자는 가압류 이유가 소멸되거나 그 밖에 사정이 바뀐 때, 법원이 정한 담보를 제공한 때, 가압류가 집행된 뒤에 3년간 본안의 소를 제기하지 아니한 때에는 가압류가 인가된 뒤에도 그 취소를 신청할 수 있다. 가압류가 집행된 뒤에 3년간 본안의 소를 제기하지 아니한 때에 해당하는 경우에는 이해관계인도 신청할 수 있다(「민사집행법」 제288조 제1항).

정답 34 ② 35 ④ 36 ③

37 다음 설명 중 ( ) 안에 들어갈 내용으로 가장 적절한 것은?

> 채권자 취소소송을 제기하는 경우 채권자가 취소원인을 안 날로부터 1년, 법률행위가 있은 날로부터 ( ) 내에 제기하여야 한다.

① 2년
② 3년
③ 4년
④ 5년
⑤ 10년

해설 채권자 취소소송을 제기하는 경우 채권자가 취소원인을 안 날로부터 1년, 법률행위가 있은 날로부터 5년 내에 제기하여야 한다(「민법」 제406조 제2항 참조).

38 甲이 乙을 상대로 대여금 청구 소송을 준비 중이다(다른 집행권원 없음). 그 전에 대여금 청구와 관련해서 乙 소유의 유일한 재산인 부동산에 대하여 법적 조치를 하려고 하는 경우 가장 적절한 것은?

① 부동산 공매
② 부동산 가압류
③ 부동산 강제경매
④ 부동산 지상권설정
⑤ 부동산 처분금지가처분

해설 금전채권이나 금전으로 환산할 수 있는 채권(매매대금, 대여금, 어음금, 수표금, 양수금, 공사대금, 임료, 손해배상청구권 등)의 집행을 보전하기 위해서는 가압류를 신청하는 것이 적절하다. 상대방이 재산을 은닉하고 처분하지 못하도록 해야 하며, 추후 승소하더라도 상대방이 변제할 돈이 없다면 반환을 받을 수 없어 재산에 대한 처분권을 임시로 제한하는 것이 중요하기 때문이다.

39 민사소송의 관할에 관한 다음 설명 중 가장 적절하지 않은 것은?

① 당사자는 합의로 제1심 관할법원을 정할 수 있다.
② 사람의 보통재판적은 그의 주소에 따라 정한다.
③ 법원의 관할은 소를 제기한 때를 표준으로 정한다.
④ 소송을 이송받은 법원은 사건을 다시 다른 법원에 이송하지 못한다.
⑤ 법원은 소송의 전부에 대하여 관할권이 없다고 인정하는 경우에는 그 소송을 각하한다.

해설 법원은 소송의 전부 또는 일부에 대하여 관할권이 없다고 인정하는 경우에는 결정으로 이를 관할법원에 이송한다(「민사소송법」 제34조 제1항).

정답 37 ④ 38 ② 39 ⑤

40 다음 설명 중 ( ) 안에 들어갈 용어로 가장 적절한 것은?

> 피고가 소장부본을 송달받고 원고의 청구를 다투는 경우 원칙적으로 피고는 소장의 부본을 송달받은 날부터 ( ) 이내에 답변서를 제출하여야 한다.

① 7일
② 10일
③ 14일
④ 30일
⑤ 60일

해설 피고가 원고의 청구를 다투는 경우에는 소장의 부본을 송달받은 날부터 30일 이내에 답변서를 제출하여야 한다(「민사소송법」 제256조 제1항).

41 지급명령에 관한 다음 설명 중 가장 적절하지 않은 것은?

① 지급명령의 신청에는 그 성질에 어긋나지 아니하면 소에 관한 규정을 준용한다.
② 지급명령 신청이 관할을 위반한 때에는 그 신청을 각하하여야 한다. 이 각하 결정에 대하여는 불복할 수 있다.
③ 지급명령은 채무자를 심문하지 아니하고 한다.
④ 채무자가 지급명령을 송달받은 날부터 2주 이내에 이의신청을 한 때에는 지급명령은 그 범위 안에서 효력을 잃는다.
⑤ 채무자가 지급명령에 대하여 적법한 이의신청을 한 경우에는 지급명령을 신청한 때에 이의신청된 청구목적의 값에 관하여 소가 제기된 것으로 본다.

해설 지급명령의 신청이 관할을 위반한 때에는 그 신청을 각하하여야 한다. 이 신청을 각하하는 결정에 대하여는 불복할 수 없다(「민사소송법」 제465조 참조).

42 소액사건의 이행권고결정에 관한 다음 설명 중 가장 적절하지 않은 것은?

① 피고는 이행권고결정서의 등본을 송달받은 날부터 2주일 이내에 서면으로 이의신청을 할 수 있다. 다만, 그 등본이 송달되기 전에는 이의신청을 할 수 없다.
② 법원사무관 등은 이행권고결정서의 등본을 피고에게 송달하여야 한다.
③ 독촉절차 또는 조정절차에서 소송절차로 이행된 경우에는 법원은 이행권고를 할 수 없다.
④ 이의신청을 한 피고는 제1심 판결이 선고되기 전까지 이의신청을 취하(取下)할 수 있다.
⑤ 피고가 이의신청을 하였을 때에는 원고가 주장한 사실을 다툰 것으로 본다.

해설 피고는 이행권고결정서의 등본을 송달받은 날부터 2주일 이내에 서면으로 이의신청을 할 수 있다. 다만, 그 등본이 송달되기 전에도 이의신청을 할 수 있다(「소액사건심판법」 제5조의4 제1항).

정답 40 ④ 41 ② 42 ①

43 다음 설명 중 부동산경매의 배당절차에서 배당을 받을 수 없는 사람은?

① 배당요구의 종기까지 경매신청을 한 압류채권자
② 배당요구의 종기까지 배당요구를 한 집행력 있는 정본을 가진 채권자
③ 첫 경매개시결정등기 전에 등기된 가압류채권자
④ 저당권·전세권, 그 밖의 우선변제청구권으로서 첫 경매개시결정등기 전에 등기되었고 매각으로 소멸하는 것을 가진 채권자
⑤ 첫 경매개시결정등기 전에 등기된 가처분권자

> **해설** 배당받을 채권자의 범위(「민사집행법」 제148조)
> 배당받을 채권자는 다음에 규정된 사람으로 한다.
> - 배당요구의 종기까지 경매신청을 한 압류채권자
> - 배당요구의 종기까지 배당요구를 한 채권자
> - 첫 경매개시결정등기 전에 등기된 가압류채권자
> - 저당권·전세권, 그 밖의 우선변제청구권으로서 첫 경매개시결정등기 전에 등기되었고 매각으로 소멸하는 것을 가진 채권자

44 집행문에 관한 다음 설명 중 가장 적절하지 않은 것은?

① 집행문은 판결이 확정되거나 가집행의 선고가 있는 때에만 내어 준다.
② 판결을 집행하는 데에 조건이 붙어 있어 그 조건이 성취되었음을 채권자가 증명하여야 하는 때에는 이를 증명하는 서류를 제출하여야만 집행문을 내어 준다. 다만, 판결의 집행이 담보의 제공을 조건으로 하는 때에는 그러하지 아니하다.
③ 집행문은 판결에 표시된 채권자의 승계인을 위하여 내어 주거나 판결에 표시된 채무자의 승계인에 대한 집행을 위하여 내어 줄 수 있다. 다만, 그 승계가 법원에 명백한 사실이거나, 증명서로 승계를 증명한 때에 한한다.
④ 집행력 있는 정본의 효력은 전국 법원의 관할구역에 미친다.
⑤ 채권자가 여러 통의 지급명령 정본을 신청하거나, 전에 내어준 지급명령 정본을 돌려주지 아니하고 다시 지급명령 정본을 신청한 때에는 재판장의 명령이 있어야만 이를 내어 준다.

> **해설** 채권자가 여러 통의 집행문을 신청하거나, 전에 내어준 집행문을 돌려주지 아니하고 다시 집행문을 신청한 경우에 확정판결인 때에는 재판장의 명령이 있는 때에 한하여 법원사무관 등이 내어주는 데 반하여 확정된 지급명령의 경우에는 재판장의 명령 없이 법원사무관 등이 부여하고 그 사유를 원본과 정본에 적어야 한다.

45 재산명시 또는 채무불이행자명부 등재 절차에 관한 다음 설명 중 가장 적절하지 않은 것은?

① 가집행의 선고가 붙은 판결의 경우에는 법원에 채무자의 재산명시를 요구하는 신청을 할 수 없다.
② 재산명시신청에 정당한 이유가 없거나, 채무자의 재산을 쉽게 찾을 수 있다고 인정한 때에는 법원은 결정으로 이를 기각하여야 한다.
③ 채무불이행자명부나 그 부본은 누구든지 보거나 복사할 것을 신청할 수 있다.
④ 재산명시신청이 기각·각하된 경우에는 그 명시신청을 한 채권자는 기각·각하사유를 보완하지 아니하고서는 같은 집행권원으로 다시 재산명시신청을 할 수 없다.
⑤ 재산명시명령에 대하여 채무자의 이의신청이 없거나 이를 기각한 때에는 법원은 재산명시를 위한 기일을 정하여 채무자에게 출석하도록 요구하여야 한다. 이 기일은 채권자에게는 통지하지 않는다.

해설 재산명시명령에 대하여 채무자의 이의신청이 없거나 이를 기각한 때에는 법원은 재산명시를 위한 기일을 정하여 채무자에게 출석하도록 요구하여야 한다. 이 기일은 채권자에게도 통지하여야 한다(「민사집행법」 제64조 제1항).

46 부동산 강제경매 절차에 관한 다음 설명 중 가장 적절하지 않은 것은?

① 경매절차를 개시하는 결정에는 동시에 그 부동산의 압류를 명하여야 한다.
② 강제경매신청을 기각하거나 각하하는 재판에 대하여는 즉시항고를 할 수 있다.
③ 경매개시결정에 따른 압류의 효력이 생긴 때에는 집행법원은 절차에 필요한 기간을 고려하여 배당요구를 할 수 있는 종기(終期)를 첫 매각기일 이후로 정한다.
④ 이해관계인은 매각대금이 모두 지급될 때까지 법원에 경매개시결정에 대한 이의신청을 할 수 있다.
⑤ 압류채권자의 채권에 우선하는 채권에 관한 부동산의 부담을 매수인에게 인수하게 하거나, 매각대금으로 그 부담을 변제하는 데 부족하지 아니하다는 것이 인정된 경우가 아니면 그 부동산을 매각하지 못한다.

해설 경매개시결정에 따른 압류의 효력이 생긴 때(그 경매개시결정 전에 다른 경매개시결정이 있는 경우를 제외)에는 집행법원은 절차에 필요한 기간을 고려하여 배당요구를 할 수 있는 종기(終期)를 첫 매각기일 이전으로 정한다(「민사집행법」 제84조 제1항).

정답 45 ⑤   46 ③

47 채권자대위권과 채권자취소권에 관한 다음 설명 중 가장 적절하지 않은 것은?

① 채권자는 그 채권의 기한이 도래하기 전에는 법원의 허가 없이 채권자대위권을 행사하지 못한다. 그러나 보전행위는 그러하지 아니하다.
② 채권자가 보전행위 이외의 권리를 대위행사한 때에는 채무자에게 통지하여야 한다.
③ 채권자취소권을 행사하려는 채권자의 채권은 원칙적으로 사해행위가 있기 이전에 발생한 것이어야 한다.
④ 채권자취소권을 행사한 채권자는 취소된 법률행위의 목적물로부터 우선변제를 받는 권리를 취득한다.
⑤ 채무자가 채권자를 해함을 알고 재산권을 목적으로 한 법률행위를 한 때에는 채권자는 그 취소 및 원상회복을 법원에 청구할 수 있다. 그러나 그 행위로 인하여 이익을 받은 자나 전득한 자가 그 행위 또는 전득 당시에 채권자를 해함을 알지 못한 경우에는 그러하지 아니하다.

해설 채권자취소권 행사의 효과는 모든 채권자의 이익을 위하여 효력이 있는 바 수익자 또는 전득자로부터 반환받은 재산 또는 재산에 갈음하는 손해배상은 채무자의 일반재산으로서 회복되고 총채권자를 위하여 공동담보가 되는 것이며 취소채권자가 그로부터 우선변제를 받는 권리를 취득하지는 아니한다(상계권을 행사하는 것은 별론).

48 채권압류 및 추심명령(또는 전부명령)에 관한 다음 설명 중 가장 적절하지 않은 것은?

① 압류명령은 제3채무자와 채무자를 심문하지 아니하고 한다.
② 추심명령이 있는 때에는 압류채권자는 대위절차(代位節次) 없이 압류채권을 추심할 수 있다.
③ 전부명령이 있는 때에는 압류된 채권은 지급에 갈음하여 압류채권자에게 이전된다.
④ 전부명령이 확정된 경우에는 전부명령이 확정된 때에 채무자가 채무를 변제한 것으로 본다. 다만, 이전된 채권이 존재하지 아니한 때에는 그러하지 아니하다.
⑤ 추심명령은 그 채권전액에 미친다. 다만, 법원은 채무자의 신청에 따라 압류채권자를 심문하여 압류액수를 그 채권자의 요구액수로 제한하고 채무자에게 그 초과된 액수의 처분과 영수를 허가할 수 있다.

해설 전부명령이 확정된 경우에는 전부명령이 제3채무자에게 송달된 때에 채무자가 채무를 변제한 것으로 본다. 다만, 이전된 채권이 존재하지 아니한 때에는 그러하지 아니하다(「민사집행법」 제231조).

49 다음 중 부동산 강제경매의 대상이 될 수 있는 것은?

① 채무자의 제3채무자에 대한 공사대금채권
② 채무자 소유의 사무실 집기
③ 채무자 소유의 무허가 건물
④ 채무자의 부동산 공유지분
⑤ 채무자 소유의 특허권

해설 토지의 공유지분도 독립하여 강제경매의 대상이 된다. 공유물지분을 경매하는 경우에는 채권자의 채권을 위하여 채무자의 지분에 대한 경매개시결정이 있음을 등기부에 기입하고 다른 공유자에게 그 경매개시결정이 있다는 것을 통지하여야 한다. 다만, 상당한 이유가 있는 때에는 통지하지 아니할 수 있다(「민사집행법」 제139조).

50 다음 설명 중 가장 적절하지 않은 것은?

① 전부명령은 확정되어야 효력을 가진다.
② 채권 일부가 압류된 뒤에 그 나머지 부분을 초과하여 다시 압류명령이 내려진 때에는 각 압류의 효력은 그 채권 전부에 미친다.
③ 채권자는 추심한 채권액을 법원에 신고하여야 한다.
④ 추심신고 전에 다른 압류·가압류 또는 배당요구가 있었을 때에는 채권자는 추심한 금액을 바로 공탁하고 그 사유를 신고하여야 한다.
⑤ 채권자는 추심명령에 따라 얻은 권리를 포기할 수 있으며, 추심권을 포기하면 기본채권도 소멸한다.

해설 채권자는 추심명령에 따라 얻은 권리를 포기할 수 있다. 다만, 기본채권에는 영향이 없다(「민사집행법」 제240조 제1항).

정답 49 ④ 50 ⑤

제3과목 신용관리실무

51 다음 설명 중 ( ) 안에 들어갈 내용으로 가장 적절한 것은?

> ( )이란 제3자의 의뢰를 받아 신용정보를 조사하고, 그 신용정보를 그 의뢰인에게 제공하는 행위를 영업으로 하는 것을 말한다.

① 채권추심업
② 개인신용평가업
③ 신용조사업
④ 기업신용조회업
⑤ 본인신용정보관리업

해설 "신용조사업"이란 제3자의 의뢰를 받아 신용정보를 조사하고, 그 신용정보를 그 의뢰인에게 제공하는 행위를 영업으로 하는 것을 말한다(「신용정보의 이용 및 보호에 관한 법률」 제2조 제9호).

52 채권추심회사에 관한 다음 설명 중 가장 적절하지 않은 것은?

① 채권추심회사란 채권추심업에 대하여 금융위원회로부터 허가를 받은 회사를 말한다.
② 채권추심회사는 자기의 명의를 빌려주어 타인으로 하여금 채권추심업을 하게 하여서는 아니 된다.
③ 원칙적으로 채권추심회사는 다른 법령에서 허용된 경우 외에는 상호 중에 '신용정보'라는 표현이 포함된 명칭 이외의 명칭을 사용하여서는 아니 된다.
④ 채권추심회사는 위임직채권추심인을 통해서만 추심업무를 할 수 있다.
⑤ 채권추심회사는 그 소속 위임직채권추심인이 채권추심업무를 함에 있어 법령을 준수하고 건전한 거래질서를 해하는 일이 없도록 성실히 관리하여야 한다.

해설 채권추심회사는 채권추심회사의 임직원, 채권추심회사가 위임 또는 그에 준하는 방법으로 채권추심업무를 하도록 한 자(위임직채권추심인)를 통하여 추심업무를 하여야 한다(「신용정보의 이용 및 보호에 관한 법률」 제27조 제2항).

51 ③ 52 ④ **정답**

53 다음 설명 중 개인신용정보가 아닌 것은?

① 해당 정보만으로는 특정 개인을 알아볼 수 없더라도 다른 정보와 쉽게 결합하여 특정 개인을 알아볼 수 있는 정보
② 해당 정보의 성명을 통하여 특정 개인을 알아볼 수 있는 정보
③ 해당 정보의 영상을 통하여 특정 개인을 알아볼 수 있는 정보
④ 해당 정보의 주민등록번호를 통하여 특정 개인을 알아볼 수 있는 정보
⑤ 기업 및 법인에 관한 정보

> **해설** 개인신용정보(「신용정보의 이용 및 보호에 관한 법률」 제2조 제2호)
> 기업 및 법인에 관한 정보를 제외한 살아 있는 개인에 관한 신용정보로서 다음의 어느 하나에 해당하는 정보
> • 해당 정보의 성명, 주민등록번호 및 영상 등을 통하여 특정 개인을 알아볼 수 있는 정보
> • 해당 정보만으로는 특정 개인을 알아볼 수 없더라도 다른 정보와 쉽게 결합하여 특정 개인을 알아볼 수 있는 정보

54 채권추심회사가 할 수 있는 채권추심행위에 해당되지 않는 것들만 모두 고르면 몇 개인가?

ㄱ. 재산조사	ㄴ. 제3자로부터의 변제금 수령
ㄷ. 채무면제결정	ㄹ. 채권추심과 관련한 소송행위
ㅁ. 채무자의 소재파악	

① 1개　　② 2개
③ 3개　　④ 4개
⑤ 5개

> **해설** 채권추심회사란 「신용정보법」 제4조에 의해 채권추심업무를 영위할 목적으로 금융위원회로부터 허가를 받은 신용정보회사로, '채권추심'에 해당하는 채무자에 대한 소재파악 및 재산조사, 채권에 대한 변제 요구, 채무자로부터 변제 수령 등 채권의 만족을 얻기 위한 일체의 행위를 수행할 수 있다.

정답 53 ⑤　54 ②

55 「신용정보법」에 관한 다음 설명 중 (　) 안에 들어갈 내용으로 가장 적절한 것은?

> (　A　)은/는 위임직채권추심인이 소속 채권추심회사 외의 자를 위하여 채권추심업무를 하는 경우 (　B　)의 범위에서 기간을 정하여 그 업무의 전부 또는 일부의 정지를 명할 수 있다.

	A	B
①	금융위원회	1년
②	금융감독원	1년
③	신용정보협회	1년
④	금융위원회	6개월
⑤	금융감독원	6개월

해설 금융위원회는 위임직채권추심인이 소속 채권추심회사 외의 자를 위하여 채권추심업무를 하는 경우 6개월의 범위에서 기간을 정하여 그 업무의 전부 또는 일부의 정지를 명할 수 있다(「신용정보법」 제27조 제7항 참조).

56 다음 중 「신용정보법」 제44조에 따라 설립된 신용정보협회의 업무와 가장 거리가 먼 것은?

① 신용정보업, 본인신용정보관리업, 채권추심업에 대한 광고의 자율심의에 관한 업무
② 신용정보업의 발전을 위한 조사·연구 업무
③ 신용정보업 이용자 민원의 상담·처리 업무
④ 신용정보업 관련 교육·출판 업무
⑤ 채무불이행자에 대한 채무불이행정보 등록 업무

해설 신용정보협회의 업무(「신용정보법」 제44조 제3항)
- 신용정보회사, 본인신용정보관리회사 및 채권추심회사 간의 건전한 업무질서를 유지하기 위한 업무
- 신용정보 관련 산업의 발전을 위한 조사·연구 업무
- 신용정보 관련 민원의 상담·처리
- 「신용정보법」 및 다른 법령에서 신용정보협회가 할 수 있도록 허용한 업무
- 그 밖에 대통령령으로 정하는 업무

신용정보협회의 업무(「신용정보법」 시행령 제36조)
「신용정보법」 제44조 제3항 제4호에서 "대통령령으로 정하는 업무"란 다음의 업무를 말한다.
- 신용정보회사, 본인신용정보관리회사 및 채권추심회사의 경영과 관련된 정보의 수집 및 통계의 작성 업무
- 신용정보업, 본인신용정보관리업 및 채권추심업에 대한 광고의 자율심의에 관한 업무
- 신용정보 관련 산업에 관한 교육(제4호에 따른 교육은 제외) 및 출판 업무(관련 시설의 운영을 포함)
- 법 또는 다른 법령에서 신용정보협회에 위임·위탁한 업무
- 신용정보 관련 산업 임직원 등에 대한 교육 및 표준 교재 제작 업무
- 그 밖에 금융위원회가 정하여 고시하는 업무

57 「채권추심법」상 채권추심업무에 관한 다음 설명 중 가장 적절하지 않은 것은?

① 채권추심자는 채무자로부터 원금, 이자, 비용, 변제기 등 채무를 증명할 수 있는 서류의 교부를 요청받은 때에는 정당한 사유가 없는 한 이에 응하여야 한다.
② 채권추심자는 엽서에 의한 채무변제 요구 등 채무자 외의 자가 채무사실을 알 수 있게 하는 행위는 하여서는 안 된다.
③ 채권추심자는 동일한 채권에 대하여 동시에 2인 이상의 자에게 채권추심을 위임하여서는 아니 된다.
④ 채무불이행자로 이미 등록된 때에는 채권추심자는 채무의 존재를 다투는 소가 제기되어 소송이 진행 중임을 안 날부터 즉시 채무불이행자 등록을 삭제하여야 한다.
⑤ 채권추심회사는 채권추심과 관련한 소송행위를 하여서는 아니 된다.

> **해설** 채무불이행자로 이미 등록된 때에는 채권추심자는 채무의 존재를 다투는 소가 제기되어 소송이 진행 중임을 안 날부터 30일 이내에 채무불이행자 등록을 삭제하여야 한다(「채권추심법」제8조).

58 다음 설명 중 ( ) 안에 들어갈 내용으로 가장 적절한 것은?

> 위임직채권추심인이 「신용정보법」 또는 「채권추심법」을 위반하여 「채권추심법」에 따른 채무자 또는 관계인에게 손해를 가한 경우 채권추심회사는 위임직채권추심인과 (A)하여 그 손해를 배상할 책임이 있다. 다만, 채권추심회사가 위임직채권추심인 선임 및 관리에 있어서 자신에게 (B) 또는 (C)이 없음을 증명한 경우에는 그러하지 아니하다(「신용정보법」제43조 제7항).

	A	B	C
①	보 증	고 의	중과실
②	연 대	고 의	과 실
③	연 대	고 의	중과실
④	보 증	선 의	과 실
⑤	연 대	선 의	경과실

> **해설** 위임직채권추심인이 「신용정보법」 또는 「채권추심법」을 위반하여 「채권추심법」에 따른 채무자 또는 관계인에게 손해를 가한 경우 채권추심회사는 위임직채권추심인과 연대하여 그 손해를 배상할 책임이 있다. 다만, 채권추심회사가 위임직채권추심인 선임 및 관리에 있어서 자신에게 고의 또는 과실이 없음을 증명한 경우에는 그러하지 아니하다(「신용정보법」제43조 제7항).

정답 57 ④ 58 ②

59 다음 설명 중 ( ) 안에 들어갈 내용으로 가장 적절한 것은?

> 채권추심자는 채권추심과 관련하여 다음 어느 하나에 해당하는 행위를 하여서는 아니 된다.
> - 채무자 또는 관계인을 폭행·협박·체포 또는 감금하거나 그에게 위계나 (A)을 사용하는 행위
> - 정당한 사유 없이 반복적으로 또는 야간에 채무자나 관계인을 방문함으로써 공포심이나 불안감을 유발하여 사생활 또는 업무의 평온을 심하게 해치는 행위. 여기서 야간은 오후 (B)시 이후부터 다음 날 오전 (C)시까지를 말한다.

	A	B	C
①	강박	10	8
②	기망	9	10
③	위력	9	8
④	위력	8	9
⑤	강박	10	9

해설 폭행·협박 등의 금지(「채권추심법」 제9조 제1호 및 제2호)
채권추심자는 채권추심과 관련하여 다음 어느 하나에 해당하는 행위를 하여서는 아니 된다.
- 채무자 또는 관계인을 폭행·협박·체포 또는 감금하거나 그에게 위계나 위력을 사용하는 행위
- 정당한 사유 없이 반복적으로 또는 야간(오후 9시 이후부터 다음 날 오전 8시까지)에 채무자나 관계인을 방문함으로써 공포심이나 불안감을 유발하여 사생활 또는 업무의 평온을 심하게 해치는 행위

60 「개인채무자보호법」상 기한의 이익 상실 예정의 통지에 관한 다음 설명 중 가장 적절하지 않은 것은?

① 채권금융회사 등은 개인금융채권의 연체 등 사유로 개인금융채무자의 기한의 이익이 상실되는 경우에는 기한의 이익 상실 예정일의 10영업일 전까지 개인금융채무자에게 통지하여야 한다.
② 채권금융회사 등은 통지가 2회 이상 반송되는 등의 불가피한 사유로 통지할 수 없는 경우에는 채권금융회사 등의 인터넷 홈페이지에 게재하는 등의 방법으로 그 통지를 갈음할 수 있다.
③ 채권금융회사 등의 인터넷 홈페이지에 게재하는 방법으로 그 통지를 갈음한 경우 채권금융회사 등의 인터넷 홈페이지에 게재한 날부터 10영업일이 지난 날을 기한의 이익 상실일로 본다.
④ 개인금융채무자가 채무조정을 요청한 경우에도 그 채무조정의 절차와 상관없이 기한의 이익이 상실된 것으로 본다.
⑤ 다른 채권자가 해당 개인금융채무자에 대하여 「민사집행법」에 따른 강제집행을 진행하는 등 대통령령으로 정하는 사유가 발생한 경우에는 그 사유가 발생한 날에 기한의 이익이 상실된 것으로 본다.

해설 개인금융채무자가 채무조정을 요청한 경우에는 그 채무조정의 절차가 끝나기 전까지 기한의 이익이 상실되지 아니한 것으로 본다(「개인채무자보호법」 제6조 제5항).

61 「개인채무자보호법」의 적용대상인 개인금융채권의 범위에 관한 다음 내용 중 (   ) 안에 들어갈 내용으로 가장 적절한 것은?

> 개인금융채권의 원금이 (   ) 이상의 범위에서 대통령령으로 정하는 금액 이상인 경우에는 제6조, 제9조부터 제13조까지 및 제31조부터 제40조까지를 적용하지 아니한다. (「개인채무자보호법」 제3조 제3항).

① 2천만 원
② 3천만 원
③ 4천만 원
④ 5천만 원
⑤ 6천만 원

해설 개인금융채권의 원금이 3천만 원 이상의 범위에서 대통령령으로 정하는 금액 이상인 경우에는 제6조, 제9조부터 제13조까지 및 제31조부터 제40조까지를 적용하지 아니한다(「개인채무자보호법」 제3조 제3항).

62 「개인정보 보호법」에 따른 개인정보 처리제한에 관한 다음 설명 중 가장 적절하지 않은 것은?

① 인종이나 민족에 관한 정보는 민감정보에 해당되지 않는다.
② 외국인등록번호는 고유식별정보에 해당된다.
③ 개인의 신체적, 생리적, 행동적 특징에 관한 정보로서 특정 개인을 알아볼 목적으로 일정한 기술적 수단을 통해 생성한 정보는 민감정보에 해당된다.
④ 여권번호는 고유식별정보에 해당된다.
⑤ 범죄경력자료에 해당하는 정보는 민감정보에 해당된다.

해설 인종이나 민족에 관한 정보는 민감정보에 해당된다(「개인정보 보호법」 시행령 제18조 제4호).

63 신용관리담당자의 채권추심활동에 관한 다음 설명 중 가장 적절하지 않은 것은?

① 채무자에게 채무변제를 설득하고 최적의 변제방안을 제시한다.
② 채무자가 스스로 변제목표액을 제시하도록 유도하는 방안을 마련한다.
③ 변제방법을 제시하고 변제조건에 대하여 합의점을 찾는다.
④ 회수가능성에 대한 점검은 입금약속 이행 여부, 보증인 입보 여부, 법적 조치 완료 여부, 최근 주소지 변동 유무 등을 판단자료로 활용한다.
⑤ 채무자의 불만사항에 대한 대응방법을 수립한다.

해설 채무자가 스스로 변제목표액을 제시하도록 유도하기보다는 상황이나 조건에 적합한 변제목표액을 제시하여 채무를 변제하도록 하는 것이 좋다.

정답 61 ② 62 ① 63 ②

64 수표에 관한 다음 설명 중 가장 적절하지 않은 것은?

① 발행지가 적혀 있지 아니한 경우 발행인의 명칭에 부기한 지(地)를 발행지로 본다.
② 수표는 인수하지 못한다.
③ 자기앞수표는 발행인 자신을 지급받을 자로 하여 발행할 수 있는 수표를 말한다.
④ 미완성으로 발행한 수표에 미리 합의한 사항과 다른 내용을 보충한 경우에는 원칙적으로 그 합의의 위반을 이유로 소지인에게 대항하지 못한다.
⑤ 국내에서 발행하고 지급할 수표는 10일 내에 지급을 받기 위한 제시를 하여야 한다.

> **해설** 자기앞수표는 은행이 발행인과 지급인을 겸하고 있어서 수표의 명칭과 같이 '자기(은행)' 앞으로 지급을 위탁하는 수표를 말한다.

65 어음·수표의 부도에 관한 다음 설명 중 가장 적절하지 않은 것은?

① 어음·수표가 부도처리되고 그 어음에 보증인이나 배서인이 있는 경우, 소지인은 발행인·보증인·배서인을 상대로 순서에 관계없이 그중 가장 재력이 있는 사람에게 청구할 수도 있고, 또는 모두에 대하여 동시에 전액을 청구할 수도 있다.
② 예금부족으로 부도반환된 경우에는 발행인을 포함하여 보증인, 배서인 등 어음상 채무자에 대해 재산조사 실시 후 발견재산을 보전조치한다.
③ 발행인 및 보증인, 배서인들을 피고로 하여 '약속어음금·수표금 청구의 소'를 제기한다.
④ 발행인이 피사취신고 시 지급은행에 예치하는 사고신고담보금은 선의의 어음소지인을 보호하기 위한 담보금이다.
⑤ 수표는 부도가 나더라도 사기죄가 되지 않는 한 발행인 등이 형사책임을 지지 않으나, 어음은 부도가 나면 발행인은 「부정수표 단속법」에 의하여 형사처벌을 받게 된다.

> **해설** 어음은 부도가 나더라도 사기죄가 되지 않는 한 발행인 등이 형사책임을 지지 않으나, 수표는 부도가 나면 발행인은 「부정수표 단속법」에 의하여 형사처벌을 받게 된다.

66 다음 중 「일반신용정보관리규약」에 따른 신용도판단정보 등록사유로 가장 적절한 것은?

① 5만 원 이상의 신용카드대금을 1개월 이상 연체한 자
② 5만 원 이상의 카드론대금을 1개월 이상 연체한 자
③ 5만 원 이상의 할부금융대금을 1개월 이상 연체한 자
④ 대출원금, 이자 등을 3개월 이상 연체한 자
⑤ 분할상환방식의 개인주택자금대출금을 5개월 이상 연체한 자

해설
① 5만 원 이상의 신용카드대금을 3개월 이상 연체한 자
② 5만 원 이상의 카드론대금을 3개월 이상 연체한 자
③ 5만 원 이상의 할부금융대금을 3개월 이상 연체한 자
⑤ 분할상환방식의 개인주택자금대출금을 9개월 이상 연체한 자

67 신용분석정보 수집·분석·활용에 관한 다음 설명 중 가장 적절하지 않은 것은?

① 담보가등기는 경매에 있어서 저당권으로 취급하므로 부동산등기부상 을구란에 기입된다.
② 임차권등기는 부동산등기부상 을구란에 기입된다.
③ 법인의 대표자는 특별한 경우를 제외하고는 법인의 채무에 대해 연대책임을 부담하지 않는다.
④ 지상권, 지역권 등은 그 토지의 이용관계를 목적으로 설정되어 있으므로 이에 따른 존속기간과 이해관계를 철저히 확인할 필요성이 있다.
⑤ 자동차 등록원부는 차량의 기종과 연식, 재원, 소유주관계, 담보물권 현황 및 보전처분 관계 정보를 담고 있어 채무자가 보유한 차량의 재산적 가치를 파악할 수 있는 자료로 활용된다.

해설 부동산등기부등기의 갑구 및 을구
• 갑구 : 소유권에 관한 사항 기재. 현재 소유자와 과거의 소유자(소유권 변동사항), 가압류, 가처분, 압류(경매), 가등기, 예고등기 등, 권리의 변경등기, 말소 및 회복등기 등
• 을구 : 소유권 이외의 권리 기재. 저당권, 전세권, 지역권, 지상권, 임차권 등

정답 66 ④ 67 ①

68 「채무자 회생 및 파산에 관한 법률」상 개인회생제도에 관한 다음 설명 중 ( ) 안에 들어갈 내용으로 가장 적절한 것은?

> 개인회생제도란 채무자에게 일정한 수입이 있는 것을 전제로 채무자가 원칙적으로 (A)년간 (단서의 경우 생략함) 원금의 일부를 변제하면 나머지를 면책받을 수 있는 제도이다. 개인회생을 신청할 수 있는 개인채무자는 다음의 금액 이하의 채무를 부담하는 급여소득자 또는 영업소득자를 말한다.
> - 유치권·질권·저당권·양도담보권·가등기담보권·「동산·채권 등의 담보에 관한 법률」에 따른 담보권·전세권 또는 우선특권으로 담보된 개인회생채권 : (B)억 원
> - 위 담보채권 외의 개인회생채권 : (C)억 원

	A	B	C
①	5	10	5
②	3	5	5
③	3	15	10
④	5	10	10
⑤	3	15	15

해설 개인회생제도(「채무자 회생 및 파산에 관한 법률」 제579조 제1호)
개인회생제도란 채무자에게 일정한 수입이 있는 것을 전제로 채무자가 원칙적으로 3년간(단서의 경우 생략함) 원금의 일부를 변제하면 나머지를 면책받을 수 있는 제도이다. 개인회생을 신청할 수 있는 개인채무자는 다음의 금액 이하의 채무를 부담하는 급여소득자 또는 영업소득자를 말한다.
- 유치권·질권·저당권·양도담보권·가등기담보권·「동산·채권 등의 담보에 관한 법률」에 따른 담보권·전세권 또는 우선특권으로 담보된 개인회생채권은 15억 원
- 위 담보채권 외의 개인회생채권은 10억 원

69 「채무자 회생 및 파산에 관한 법률」상 개인파산면책에 관한 다음 설명 중 가장 적절하지 않은 것은?

① 채무자가 과다한 낭비·도박 그 밖의 사행행위를 하여 현저히 재산을 감소시키거나 과대한 채무를 부담한 사실이 있는 때는 면책을 허가하지 않는다.
② 면책불허가사유가 있는 경우라도 파산에 이르게 된 경위, 그 밖의 사정을 고려하여 상당하다고 인정되는 경우에는 면책을 허가할 수 있다.
③ 채무자가 허위의 채권자 목록 그 밖의 신청서류를 제출하거나 법원에 대하여 그 재산상태에 관하여 허위의 진술을 한 때는 면책을 허가하지 않는다.
④ 법원은 면책허가결정을 한 때에는 그 주문과 이유의 요지를 공고하여야 한다. 이 경우 송달은 필요적으로 하여야 한다.
⑤ 면책 여부에 관한 결정에 대하여는 즉시항고를 할 수 있다.

해설 법원은 면책허가결정을 한 때에는 그 주문과 이유의 요지를 공고하여야 한다. 이 경우 송달은 하지 아니할 수 있다(「채무자 회생 및 파산에 관한 법률」 제564조 제3항).

정답 68 ③ 69 ④

70 다음 중 채권자(원고)의 주소지 관할법원에 소장이나 신청서 등을 제출할 수 있고, 채무자(피고)의 주소지 관할법원에도 소장이나 신청서 등을 제출할 수 있는 경우를 모두 고른 것은? (단, 어느 한 곳에만 제출할 수 있는 경우를 제외함)

> ㄱ. 공사대금청구의 소
> ㄴ. 채무자 소유 부동산에 대한 강제경매신청(단, 채무자 주소지와 부동산 소재지 관할이 다름)
> ㄷ. 채무자 소유 채권에 대한 가압류신청
> ㄹ. 재산명시신청
> ㅁ. 채권압류 및 추심명령(또는 전부명령)신청

① ㄱ, ㄷ
② ㄴ
③ ㄹ, ㅁ
④ ㄷ, ㄹ
⑤ ㄱ, ㄷ, ㅁ

해설 공사대금청구의 소나 채무자 소유 채권에 대한 가압류신청 등과 같은 금전 관련 소송의 경우 채권자(원고)의 주소지 관할법원과 채무자(피고)의 주소지 관할법원 모두에 소장이나 신청서 등을 제출할 수 있다.

71 가압류신청 절차에 관한 다음 설명 중 가장 적절하지 않은 것은?

① 가압류신청에는 청구채권의 표시, 그 청구채권이 일정한 금액이 아닌 때에는 금전으로 환산한 금액을 적어야 한다.
② 청구채권과 가압류의 이유는 소명하여야 한다.
③ 청구채권과 가압류의 이유를 소명하면 법원은 담보를 제공하지 않고 가압류를 명한다.
④ 가압류신청에 대한 재판은 변론 없이 할 수 있다.
⑤ 가압류신청에 대한 재판은 결정으로 한다.

해설 청구채권과 가압류의 이유를 소명한 때에도 법원은 담보를 제공하게 하고 가압류를 명할 수 있다(「민사집행법」 제280조 제3항).

정답 70 ① 71 ③

72 소장작성 방법에 관한 다음 설명 중 가장 적절하지 않은 것은?

① 소장의 청구원인에는 청구를 뒷받침하는 구체적 사실, 입증이 필요한 사실에 대한 증거방법 등을 기재한다.
② 소장에는 증거로 될 문서 가운데 중요한 것의 사본을 붙여야 한다.
③ 소장에는 원고의 법정대리인이 있는 경우 그 법정대리인을 적지 않아도 된다.
④ 부동산에 관한 사건은 그 부동산의 등기사항증명서를 소장에 붙여야 한다.
⑤ 판사가 5,000만 원을 지급해야 할 의무가 있다고 판단되어도 원고가 청구취지에서 1,000만 원의 지급을 구하고 있다면 판결은 1,000만 원을 지급하라고 결정되기 때문에 청구취지는 정확하게 기재해야 한다.

해설 소장에는 당사자와 법정대리인, 청구의 취지와 원인을 적어야 한다(「민사소송법」 제249조 제1항).

73 A는 B에게 금 1억 원을 대여하고 그 금원을 지급받지 못해 B에 대하여 법적 조치를 준비하고 있던 중 B는 2025. 1. 25. 사망하였다. 이에 따라 A가 B의 상속인에 대하여 채권추심을 하려고 한다. 이와 관련하여 가장 적절하지 않은 것은?

① B의 사망으로 B의 상속인들이 상속개시 있음을 안 날로부터 3개월 이내에 한정승인의 신고를 하게 되면 피상속인의 채무에 대한 한정승인자의 책임은 상속재산으로 한정되므로 상속채권자는 특별한 사정이 없는 한 상속재산으로부터만 채권의 만족을 받을 수 있다.
② 상속인들이 상속개시 있음을 안 날로부터 3개월 이내에 한정승인의 신고를 하였다면 상속채권자는 특별한 사정이 없는 한 상속인의 고유재산에 대하여 강제집행을 할 수 없다.
③ B의 상속인은 상속개시 있음을 안 날로부터 3개월 안에 상속포기를 신청할 수 있으며 3개월 안에 미신청 시 단순승인(포괄승계)한 것으로 보아 A는 B 상속인의 재산조사에 착수할 수 있다.
④ 만약 상속인들이 일정한 기간 내에 상속포기와 한정승인을 하지 않은 경우 A가 B의 사망 전에 집행권원을 획득하였다면 B의 상속인을 대상으로 별도의 소를 제기하여 집행권원을 획득해야만 상속인 재산에 강제집행을 할 수 있다.
⑤ B가 소유하였던 부동산에 대하여 상속인이 상속등기를 하지 않은 경우 대위원인을 증명하는 금전소비대차계약서 등을 첨부한 후 상속인을 대위하여 상속등기를 신청할 수 있다.

해설 채무자 사망 시 사망 전에 채무자를 상대로 집행권원을 획득한 경우에는 승계집행문을 부여받은 후 상속인의 재산에 대한 강제집행을 해야 한다.

74 강제집행 전 각종 신청에 관한 다음 설명 중 가장 적절하지 않은 것은?

① 재산명시신청서에는 집행력 있는 정본과 강제집행을 개시하는 데 필요한 문서를 붙여야 한다.
② 재산조회를 신청을 할 경우에는 조회할 기관·단체를 특정하여야 하며 조회에 드는 비용을 미리 내야 한다.
③ 집행문을 내어 달라는 신청은 말로 할 수 없다.
④ 채무자가 금전의 지급을 명한 집행권원이 확정된 후 또는 집행권원을 작성한 후 6월 이내에 채무를 이행하지 아니하는 때 채권자는 그 채무자를 채무불이행자명부에 올리도록 신청할 수 있다.
⑤ 채무자는 재산명시명령을 송달받은 날부터 1주 이내에 이의신청을 할 수 있다.

해설 집행문을 내어 달라는 신청은 말로 할 수 있다(「민사집행법」 제28조 제3항).

75 A는 B에게 금 5,000만 원을 대여하고 그 금원을 지급받지 못해 B에 대하여 법적 조치를 하려고 한다. 다음 설명 중 가장 적절하지 않은 것은?

① B가 C에게 받을 공사대금채권이 존재하면 A는 B를 채무자, C를 제3채무자로 하는 채권가압류를 신청할 수 있다.
② A가 B를 상대로 지급명령을 신청하여 법원은 B에게 지급명령을 하였고 B가 2주 이내에 이의신청을 하지 않으면 A는 집행권원을 획득할 수 있다.
③ A가 채권가압류를 신청하고 집행권원을 획득했다면 A는 채무자 주소지를 관할하는 법원에 가압류로부터 본압류로 이전하는 채권압류 및 추심명령(또는 전부명령)을 신청하여 채권을 회수할 수 있다.
④ A가 B에 대하여 집행권원을 획득하고 6개월이 경과되어도 채무자 B가 채무를 변제하지 않는 경우 A는 재산명시신청을 할 필요 없이 바로 채무자 주소지 관할법원에 채무불이행자명부등재 신청을 할 수 있다.
⑤ A가 B에 대하여 집행권원을 획득하고 B의 재산을 조사한 바, B의 부동산에 저당권자 D가 경매신청을 하여 경매개시결정이 부동산등기부등본(등기사항증명서)상에 기입되었다면 A는 배당요구 종기일까지 위 집행권원을 가지고 배당요구를 할 수 있다.

해설 가압류에서 이전되는 채권압류의 경우에 「민사집행법」 제223조의 집행법원은 가압류를 명한 법원이 있는 곳을 관할하는 지방법원으로 한다(「민사집행법」 제224조 제3항).

제4과목 고객관리 및 민원예방

76 「개인채무자보호법」에 따라 채권추심회사가 채무변제를 촉구할 경우 준수사항으로 가장 적절하지 않은 것은?

① 채권추심회사는 채무자와 접촉하기 전에 채권의 부실발생 시점, 추심대상 금액, 부실발생 이후 일부 상환금액 및 시점 등 추심대상 채권에 대한 충분한 입증자료를 갖추어야 하며, 충분한 입증자료를 확보하지 못하는 경우에는 채권추심에 착수할 수 없다.
② 수신거부 등 채무자와 연락이 닿지 아니하거나 채무자가 고의적으로 2회 이상 방문을 거부하는 경우에는 협의 없이 방문할 수 있다.
③ 채권추심회사의 임직원이 전화를 이용하여 변제촉구를 하는 경우 전화 상대방에 대한 본인 확인을 철저히 하여야 하며, 채무자의 정보유출 등으로 인한 민원이 발생하지 아니하도록 주의하여야 한다.
④ 채무자 외의 자가 그 내용을 알지 못하도록 밀봉하여 발송하여야 하며 봉투 겉면에 발신인과 수신인에 관한 표시 외에 혐오감을 주는 지나친 원색(예) 붉은색)을 사용하거나 그 내용을 짐작할 수 있는 표시를 하여서는 아니 된다.
⑤ 채권추심회사는 변제촉구 등을 위한 서면통지서가 반송되는 경우 그 사유를 파악할 필요가 없고 또한 명백히 거주하는지 여부와 관계없이 반복적으로 발송한다.

해설 채권추심회사 등은 변제촉구 등을 위한 서면통지서가 반송된 경우에는 그 사유를 파악하여 필요한 조치를 취하여야 한다. 또한, 채무자가 명백히 거주하지 않음에도 불구하고 서면통지서를 반복적으로 발송하여 실거주자에게 불편을 초래하지 않아야 한다.

77 예절에 관한 다음 설명 중 가장 적절하지 않은 것은?

① 중요한 상담을 하고 있을 경우나 위험한 작업을 하고 있는 경우 인사할 정도의 여유가 있다면 상황에 맞게 가볍게 목례를 한다.
② 화장실에서는 인사하지 않는다. 다만 눈이 마주칠 경우에는 목례를 하는 것이 좋다.
③ 목소리는 자신의 인격과 지식, 성품, 자세를 반영하는 의사표현의 중요한 도구임과 동시에 상대방이 대화에 임하는 자세와 태도를 상상할 수 있도록 만드는 요소이기도 하다.
④ 상대를 향해 오른손으로 명함을 내밀고 왼손은 오른손을 살짝 받치듯이 하며 목례보다 좀 더 깊게 인사를 하고, 이때 자신의 이름이 본인 쪽에서 바르게 보이게끔 하는 것이 좋다.
⑤ 용모나 옷차림은 개성을 표현하는 것 이상으로 중요하지만 직장 생활에서는 주위나 상대를 고려해야 하며 누구에게나 호감을 주는 용모나 옷차림이 되도록 신경을 쓰도록 한다.

해설 명함을 건넬 시 본인의 이름이 상대방이 읽기 편하도록 상대방 쪽에서 바르게 보이게끔 하는 것이 좋다.

78 다음 설명 중 항의전화에 대한 응대요령으로 가장 적절하지 않은 것은?

① 우선 사실을 확인하고 변명보다는 정중히 사과한다.
② "아…", "그러세요" 등의 긍정적인 언어를 사용하면 오히려 고객의 입장을 존중하지 않는 것으로 받아들여지기 때문에 주의한다.
③ 상대의 말을 잘 경청하고 상대가 원하는 내용을 잘 이해하여야 상대가 원하는 말로 응대할 수 있다.
④ 항의의 원인을 즉시 알 수 없을 때는 혼자서 적당히 판단하지 말고, 책임자나 담당자와 의논한다.
⑤ 항의전화를 받을 때 큰 소리로 다투지 않는다.

> **해설** "아…" 혹은 "그러세요" 등의 표현은 고객의 말에 공감·동조하고 있음을 드러내거나 고객의 불만을 이해하고 있음을 나타내므로 적절히 활용하도록 한다.

79 고객응대(상담) 시에 활용할 수 있는 다음의 화법과 가장 관련 있는 대화방법은?

> 연체금을 변제하지 않았을 때 연체자가 받게 되는 불이익의 사례를 들어 설명하는 방법
> • 고 객 : 다음 달까지 시간을 주면 안 되겠습니까?
> • 담당자 : 비슷한 경우의 고객분도 몇 번씩 입금 약속을 어겨 결국 급여를 가압류당했습니다.

① 질문법
② 실례법
③ 간접부정법
④ 묵살법
⑤ 직접부정법

> **해설** **실례법**
> 인간의 비교심리를 자극하는 방법이다. 적절한 비교 상대를 골라 그 사례를 강조한다.

정답 78 ② 79 ②

80 대화방법과 관련하여 다음 설명 중 (　) 안에 들어갈 내용으로 가장 적절한 것은?

> 상대방이 이야기를 하면 듣는 쪽은 그것을 인정하고 공감하며 언어적 메시지와 비언어적 메시지가 일치되게 표현해 주는 것이다. 대화가 서로 기대했던 자극과 반응으로 이어진다면 원만한 대화가 이루어지며 이를 (　)라 할 수 있다. 그 사례는 다음과 같다.
> - 담당자 : 언제쯤 연체 해결이 가능하십니까?
> - 고　객 : 내일 오후쯤 가능하겠네요.

① 상보대화
② 교차대화
③ 이면대화
④ 일방대화
⑤ 쌍방대화

해설　**상보대화**
상대방이 이야기를 하면 듣는 쪽은 그것을 인정하고 공감하며 언어적 메시지와 비언어적 메시지가 일치되게 표현해 주는 것이다. 대화가 서로 기대했던 자극과 반응으로 이어진다면 원만한 대화가 이루어지며, 이를 상보대화라 할 수 있다.

81 고객의 성향 및 욕구에 관한 다음 설명 중 가장 적절한 것은?
① 고객의 욕구는 개인적 특성에 따라 다양하게 표출되므로 이에 대한 대응도 응대하는 직원의 성향에 따라 다양하게 전개되어야 한다.
② 고객은 지극히 합리적이고 객관적이다.
③ 고객은 상대적으로 중요도가 높은 업무를 수행하는 관리자와 접촉한다.
④ 고객서비스도 제품과 마찬가지로 하나의 상품이다.
⑤ 고객은 불만족한 사실을 기억하기보다는 만족한 사실을 훨씬 크게 기억하는 경우가 많다.

해설　① 고객 대응은 고객의 성향에 따라 다양하게 전개되어야 한다.
② 고객은 자기가 안고 있는 문제해결에만 관심이 있으므로 자기중심적이라는 특성을 가진다.
③ 고객은 상대적으로 중요도가 낮은 업무를 수행하는 제1선 종사자와 접촉한다.
⑤ 고객은 만족한 사실을 기억하기보다는 불만족한 사실을 훨씬 크게 기억하는 경우가 많다.

82 신용관리담당자의 업무능력 향상방법에 대한 다음 설명 중 가장 적절하지 않은 것은?

① 역할연기를 통해 말의 속도, 억양의 조절, 적절한 용어의 구사, 질문 시기의 선택 등 상담능력을 향상시킬 수 있다.
② 스토리텔링(Story Telling) 기법에서 하나의 스토리에는 가급적 하나의 메시지만을 담도록 한다.
③ 스크립트(Script)를 작성할 때에는 질문할 내용과 순서를 충분히 생각한 후에 작성한다.
④ 스토리텔링(Story Telling) 기법은 고객이 염려하거나 부담스러워하는 사안에 직면하여 고객의 마음을 읽고 쉬운 이야기를 통해 부드럽게 해결책을 제시하는 방법이다.
⑤ 스크립트(Script)는 구체적인 내용을 담을 수 있도록 길고 상세하게 작성한다.

해설 스크립트(Script)에는 질문할 내용과 순서 등 기본적인 사항을 간단하게 작성한다.

83 고객에 대한 다음 설명 중 가장 적절하지 않은 것은?

① 고객에 대한 개념은 일반적으로 '고객지향 → 고객제일 → 고객만족 → 고객감동'의 시대적 변화과정을 거치고 있다.
② '나' 전달법은 '너' 전달법보다는 위협감이나 방어적인 태도를 덜 일으키지만 고객 때문에 자신에게 좋지 않은 감정이 생겼다는 이야기를 반복하게 되면 고객을 공격하는 셈이 된다. 그러므로 고객의 감정을 존중하는 적극적 경청의 자세로 돌아와야 한다.
③ MOT(Moment Of Truth)의 대부분은 상대적으로 중요도가 낮은 업무로 여겨지는 제1선 종사자의 태도에서 나온다.
④ 불만을 표출하는 고객보다 불만이 있더라도 이를 표출하지 않는 고객이 많을수록 회사의 서비스 향상과 영업활동에 좋다.
⑤ 기업 경영의 주요 요소도 상품의 품질에서 고객의 만족으로 변화하는 추세다.

해설 고객의 불만은 새로운 제품 및 서비스에 대한 아이디어를 발굴하는 기회를 제공하기도 한다. 따라서 고객이 타당한 불만을 표출하고, 회사가 이에 대하여 실수나 잘못을 인정하고 진실한 사과 및 보상을 제공하기 위해 노력할 때 회사의 서비스 향상과 영업활동에 도움이 된다.

정답 82 ⑤ 83 ④

84 불만고객에 관한 응대(상담)방법 중 가장 적절하지 않은 것은?

① 불만을 제기하는 고객은 그만큼 우리 회사에 관심이 있다는 뜻이므로 정중하게 응대하고 고객에게 감사하는 마음을 갖는다.
② 대충 말로만 사과하는 것이 아니라 고객이 진심으로 느낄 수 있도록 적극적으로 사과한다.
③ 구체적이고 겉으로 드러난 클레임이나 불만이건, 잠재된 불만이건 모두 중요하며 신속히 해결해야 한다.
④ 분노한 사람의 특성은 부당한 의견, 단언, 설명과 비난을 위해 '사실적인 정보'와 '감정적인 정보'를 함께 섞어서 사용하므로 사실과 감정을 요약하고, 이야기 도중에는 끼어들지 말아야 한다.
⑤ 고객이 원하면 무엇이든 그에 맞추어 행동하고 처리하여 불만이 전혀 없도록 한다.

해설 고객 불만처리 시 고객이 원한다면 무엇이든 응한다는 마음의 자세를 갖는 것은 중요하나, 처리에 있어서는 내용을 파악 후 그에 맞는 조치를 하여 고객의 동의를 얻어 처리해야 한다.

85 「개인채무자보호법」에 따라 채권추심회사가 준수해야 할 신용정보 보호에 관한 다음 설명 중 가장 적절하지 않은 것은?

① 채권추심회사는 채무자 관계인의 동의 없이 금융회사로부터 채무자 관계인의 신용정보를 수집할 수 있다.
② 채권추심회사는 「채권추심법」 및 「신용정보법」에 따라 신용정보 등을 누설하거나 채권추심의 목적 외로 이용하여서는 아니 된다.
③ 채권추심회사는 불법적으로 채무자의 신용정보나 개인정보를 취득할 수 있는 인터넷사이트를 차단하여야 한다.
④ 채권추심회사는 채무자를 가장하여 인터넷사이트에 회원으로 가입하여 채무자의 개인정보를 취득하는 행위를 하여서는 아니 된다.
⑤ 채권추심회사가 신용조회회사를 통하여 채무자 정보를 조회하는 경우 채권추심업 종사자가 로그인 및 책임자 승인을 거쳐 채권추심을 위하여 필요한 최소한의 범위와 횟수 내에서 조회하도록 관련 시스템을 구축하여야 한다.

해설 채권자는 채권추심회사에 채권추심 목적상 필요한 신용정보 등만을 제공하여야 하며, 채권추심회사는 채무자 관계인의 신용정보 등을 본인의 동의 없이 제공하여서는 아니 된다.

86 채권관리방법에 관한 다음 설명 중 가장 적절하지 않은 것은?

① 금융회사 등의 임직원이 변제독촉 서류를 임의로 작성하여 사용하거나 공포심 또는 불안감을 유발하는 문구(예 법적 절차 진행 중 등)는 사용금지한다.
② 채무자로부터 전화가 걸려 온 경우의 상담은 긍정적으로 진행될 확률이 높은 반면 사전준비가 되어 있지 못한 경우 채무자의 의도대로 끌려갈 수 있다는 단점도 있다.
③ '서면통지서 발송'은 채무자를 직접 방문하는 활동이 아니므로 채무자에게 폭행, 협박, 위계 등을 행사할 가능성이 없다.
④ '내용증명'은 등기취급을 전제로 우체국창구 또는 정보통신망을 통하여 발송인이 수취인에게 어떤 내용의 문서를 언제 발송하였다는 사실을 우체국이 증명하는 특수취급제도를 말한다.
⑤ '전화'는 고객접점의 제1선이며 보이지 않는 고객과의 만남임을 명심하고 목소리 하나로 의사가 전달되기 때문에 더욱 세심하고 친절하게 받아야 한다.

> **해설** 채무자를 직접 방문하지 않고도 서면통지서에 관련 내용을 기재하는 방식으로 폭행, 협박, 위계 등을 행사할 수 있다.

87 「개인채무자보호법」상 추심제한 사유에 관한 다음 설명 중 ( ) 안에 들어갈 내용으로 가장 적절한 것은?

> 채권추심자는 「채권추심법」에 따른 채무확인서의 교부를 요청하였음에도 불구하고 그 교부가 이루어지지 아니한 (A)채권, 「신용정보법」을 위반하여 채권자변동정보가 (B)에 제공되지 아니한 (A)채권을 추심하여서는 아니 된다.

	A	B
①	법인금융	개별신용정보집중기관
②	개인금융	종합신용정보집중기관
③	개인금융	개별신용정보집중기관
④	법인금융	종합신용정보집중기관
⑤	개인일반	종합신용정보집중기관

> **해설** 추심제한 사유
> - 채권추심자는 개인금융채무자가 「채권의 공정한 추심에 관한 법률」(약칭 : 「채권추심법」) 제5조에 따른 채무확인서의 교부를 요청하였음에도 불구하고 그 교부가 이루어지지 아니한 개인금융채권을 추심하여서는 아니 된다(「개인채무자보호법」 제14조 제2호).
> - 채권추심자는 「신용정보의 이용 및 보호에 관한 법률」(약칭 : 「신용정보법」) 제39조의2 제1항을 위반하여 채권자변동정보가 종합신용정보집중기관에 제공되지 아니한 개인금융채권을 추심하여서는 아니 된다(「개인채무자보호법」 제14조 제3호).

정답 86 ③ 87 ②

88 「개인채무자보호법」상 채권추심회사가 압류집행 시 준수해야 할 유의사항에 관한 다음 설명 중 ( ) 안에 들어갈 금액으로 가장 적절한 것은?

- 채무원금이 월 생계비가 (A)만 원 이하인 경우 유체동산(TV, 냉장고, 휴대폰 등 가전제품 포함)은 압류를 제한한다.
- 채무자의 1개월간 생계유지에 필요한 예금 (B)만 원 이하는 압류할 수 없다. 여기서 예금은 적금·부금·예탁금과 우편대체를 포함한다.
- 생명, 상해, 질병, 사고 등을 원인으로 채무자가 지급받는 보장성보험의 보험금(해약환급 및 만기환급금을 포함)은 압류할 수 없다. 여기서 만기환급금은 (C)만 원 이하인 금액을 말한다.

	A	B	C
①	150	185	185
②	150	150	150
③	185	185	185
④	185	185	150
⑤	185	150	150

해설 채권추심회사가 압류집행 시 준수해야 할 유의사항
- 채무원금이 월 생계비가 185만 원 이하인 경우 유체동산(TV, 냉장고, 휴대폰 등 가전제품 포함)은 압류를 제한한다.
- 채무자의 1개월간 생계유지에 필요한 예금 185만 원 이하는 압류할 수 없다. 여기서 예금은 적금·부금·예탁금과 우편대체를 포함한다.
- 생명, 상해, 질병, 사고 등을 원인으로 채무자가 지급받는 보장성보험의 보험금(해약환급 및 만기환급금을 포함)은 압류할 수 없다. 여기서 만기환급금은 150만 원 이하인 금액을 말한다.

88 ④ **정답**

89 「개인채무자보호법」상 추심연락에 관한 다음 설명 중 ( ) 안에 들어갈 내용으로 가장 적절한 것은?

> 채권추심자는 각 채권별로 (A)일에 (B)회를 초과하여 채권의 추심을 위한 연락을 해서는 아니 된다.

	A	B
①	5	5
②	6	6
③	7	7
④	3	3
⑤	7	5

해설 채권추심자는 각 채권별로 7일에 7회를 초과하여 개인금융채권의 추심을 위한 연락(개인금융채무자를 방문하거나 개인금융채무자에게 말·글·음향·영상 또는 물건 등을 도달하게 하는 행위)을 하여서는 아니 된다(「개인채무자보호법」 제16조 제1항).

90 다음 설명 중 ( ) 안에 들어갈 용어로 가장 적절한 것은?

> 「민법」은 의사(판단)능력이 모자라는 자를 일정한 기준에 의하여 획일적으로 결정하고, 의사능력의 유무를 불문하고 법률행위의 취소를 인정하고 있다(「민법」 제3조 이하). 이것이 행위능력 제도이다. 우리 「민법」상 인정되고 있는 ( )은/는 미성년자·피한정후견인(한정치산자)·피성년후견인(금치산자)이다.

① 의사무능력자 ② 제한능력자
③ 소송능력자 ④ 당사자적격자
⑤ 특정후견인

해설 「민법」은 의사(판단)능력이 모자라는 자를 일정한 기준에 의하여 획일적으로 결정하고, 의사능력의 유무를 불문하고 법률행위의 취소를 인정하고 있다(「민법」 제3조 이하). 이것이 행위능력 제도이다. 우리 「민법」상 인정되고 있는 제한능력자(무능력자)는 미성년자·피한정후견인(한정치산자)·피성년후견인(금치산자)이다.

정답 89 ③ 90 ②

91 「개인채무자보호법」상 채권추심회사가 준수해야 할 채무변제 수령 및 사후관리에 관한 다음 설명 중 ( ) 안에 들어갈 내용으로 가장 적절한 것은?

> - 채권추심회사가 채무 변제금을 직접 수령하는 경우에는 동 변제금을 채권추심 위임계약 등에서 정하는 (A)영업일 이내에 채권자에게 전달하여야 한다.
> - 채권추심회사는 의뢰인의 주소와 성명 또는 정보제공·교환기관의 주소와 이름 등의 기록을 (B)년간 보존하여야 한다.

	A	B
①	2	3
②	3	3
③	5	3
④	3	2
⑤	2	2

해설 채권추심회사가 준수해야 할 채무변제 수령 및 사후관리 내용
- 채권추심회사가 채무 변제금을 직접 수령하는 경우에는 동 변제금을 채권추심 위임계약 등에서 정하는 기한 내에 채권자에게 전달하여야 한다. 다만, 기한을 별도로 정하지 아니하는 경우에는 채무 변제금을 수령하는 날로부터 3영업일 이내에 채권자에게 전달하여야 한다.
- 금융회사 등은 「신용정보법」 제20조 제2항에 따라 의뢰인의 주소와 성명 또는 정보제공·교환기관의 주소와 이름 등의 기록을 3년간 보존하여야 한다.

※ 「개인채무자보호법」상의 조항만으로는 세부적으로 파악하기 어려운 내용이 있음에 따라 이전 연도까지 시험 출제에 활용되었던 「채권추심 및 대출채권 매각 가이드라인」(2024.2.29. 개정)을 참고하시기 바랍니다.

92 다음 중 채권추심업무 관련 민원예방의 과제로서 가장 적절한 것은?
① 채무자에 대한 회수기법은 언제나 누구에게나 일관되게 적용한다.
② 고객의 불만과 문제제기로 인한 피해를 최소화하기 위해 고객과의 소통은 진정성보다는 형식적인 관계를 유지한다.
③ 고객의 사회적 지위나 경제적 수준에 따라 대응의 수준을 달리할 필요는 없다.
④ 채무자와 상담 시 신용관리담당자 개인의 생각이나 의견은 일체 배제하고 회사의 입장만 이야기 한다.
⑤ 채무자는 고객이라는 생각으로 채무자가 회사와 나의 수익의 원천이라는 인식의 전환이 필요하다.

해설 ① 채무자에 대한 회수기법은 채무자별로 차별화하여 적용한다.
② 고객과의 진정성 있는 소통으로 유기적인 관계를 유지하는 것이 좋다.
③ 고객의 사회적 지위나 경제적 수준에 따라 대응의 수준을 달리해야 한다.
④ 채무자와 상담 시 신용관리담당자 개인의 생각이나 의견을 전달할 수 있다.

정답 91 ② 92 ⑤

93 「개인채무자보호법」에 따라 채권추심회사가 채권추심 민원을 처리할 경우의 준수사항으로 가장 적절하지 않은 것은?

① 채권추심회사는 민원이 발생하는 경우 임직원 등의 추심행위를 즉각 중단하는 등 신속하게 민원이 해결되도록 노력하여야 한다.
② 채권추심회사는 민원처리 과정에서 민원인의 인격과 권리를 존중하여야 한다.
③ 채권추심회사는 민원을 제기하였다는 이유만으로 민원인에게 불이익을 부여하거나 부여할 것이라는 의사표시를 하여서는 아니 된다.
④ 채권추심회사는 민원 관련 교육자료 작성 및 교육일정 수립, 민원예방 교육 및 민원발생 사례연수 실시 등의 역할을 수행하는 민원처리 담당자를 지정하여야 한다.
⑤ 채권추심회사는 민원에 대한 조사·점검, 민원발생 행위자에 대한 제재조치 등의 권한이 없으므로 민원처리 담당자를 지정할 필요가 없다.

해설 채권추심회사는 민원 관련 교육자료 작성 및 교육일정 수립, 민원예방 교육 및 민원발생 사례연수 실시 등의 역할을 수행하는 민원처리 담당자를 지정하여야 한다.

94 다음 설명 중 ( ) 안에 공통적으로 들어갈 용어로 가장 적절한 것은?

- 2020년 8월, 빅데이터 시대 신성장 동력인 '데이터' 활용에 대한 시대적 요구를 반영하여 「개인정보 보호법」이 개정되면서 개인정보처리자가 통계작성, 과학적 연구, 공익적 기록보존 등을 위한 목적으로 개인정보를 ( )처리하여 정보주체의 동의 없이도 데이터를 안전하고 유용하게 활용할 수 있는 ( )정보 제도가 도입되었다.
- 한편, 「신용정보법」도 신용정보회사 등은 ( )처리에 사용한 추가정보를 대통령령으로 정하는 방법으로 분리하여 보관하거나 삭제하도록 하였다.

① 익 명
② 가 명
③ 오 명
④ 가 상
⑤ 오 류

해설 「개인정보 보호법」상 가명처리의 정의(「개인정보 보호법」 제2조 제1의2호)
"가명처리"란 개인정보의 일부를 삭제하거나 일부 또는 전부를 대체하는 등의 방법으로 추가 정보가 없이는 특정 개인을 알아볼 수 없도록 처리하는 것을 말한다.

「신용정보법」상 가명처리의 정의(「신용정보법」 제2조 제15호)
"가명처리"란 추가정보를 사용하지 아니하고는 특정 개인인 신용정보주체를 알아볼 수 없도록 개인신용정보를 처리(그 처리 결과가 그 추가정보를 분리하여 보관하는 등 특정 개인인 신용정보주체를 알아볼 수 없도록 개인신용정보를 처리한 경우를 포함한다)하는 것을 말한다.

정답 93 ⑤ 94 ②

95 「개인채무자보호법」에 따라 채권추심회사가 채권추심 사후관리를 할 경우의 준수사항으로 가장 적절하지 않은 것은?

① 채권추심회사는 채권추심과정에서 발생하는 일체의 추심활동이 기록·관리될 수 있도록 전산시스템을 구축하여야 한다.
② 채권추심회사는 임직원 등이 불법·부당한 추심행위를 하는지 여부를 수시로 확인하여야 한다.
③ 채권추심회사는 적법한 추심활동이 이루어지도록 관리·감독하여야 한다.
④ 채권추심회사는 전산시스템을 구축한 이상 전화 녹음시스템을 구축하여 채권추심업 종사자의 채권추심 내역을 녹음할 필요까지는 없다.
⑤ 채권추심회사는 추심기록부의 세부적인 작성 기준을 마련하고 채권추심업 종사자가 추심활동 내역을 동 기록부에 작성하도록 하여야 한다.

해설 채권추심회사는 전화 녹음시스템을 구축하여 채권추심업 종사자의 채권추심 내역을 녹음하고, 녹음기록을 일정 기간 보존하여야 한다.

※ 「개인채무자보호법」상의 조항만으로는 세부적으로 파악하기 어려운 내용이 있음에 따라 이전 연도까지 시험 출제에 활용되었던 「채권추심 및 대출채권 매각 가이드라인」(2024.2.29. 개정)을 참고하시기 바랍니다.

96 다음 설명 중 (   ) 안에 들어갈 법률로 가장 적절한 것은?

> (   )은 채권금융회사 등과 개인금융채무자 사이의 개인금융채권·채무 내용의 변동에 따른 개인금융채권의 관리 및 추심·조정(調停)에 필요한 채권금융회사 등의 준수사항을 규정함으로써 개인금융채무자의 권익을 보호하고 개인금융채권·채무와 관련된 금융업의 건전한 발전에 이바지함을 목적으로 한다.

① 「금융실명거래 및 비밀보장에 관한 법률」
② 「개인채무자보호법」
③ 「예금자보호법」
④ 「특정 금융거래정보의 보고 및 이용 등에 관한 법률」
⑤ 「유사수신행위의 규제에 관한 법률」

해설 문제에서 설명하는 것은 「개인채무자보호법」 제1조에 해당하는 내용이다.

97 「개인채무자보호법」에 따라 채권추심회사가 채무자의 소재를 파악할 경우 준수해야 할 사항으로 가장 적절하지 않은 것은?

① 채무자에 대한 소재파악은 채무자의 연락 두절 기간과 상관없이 언제든지 실시할 수 있다.
② 채무자의 소재나 연락처를 알고 있음에도 불구하고 소재파악을 가장하여 채무자의 관계인이나 주변사람에게 연락하는 행위를 하여서는 아니 된다.
③ 채무자 관계인이 채무자의 채무 내용 또는 신용에 관한 사실을 알게 하여서는 아니 된다.
④ 채무자의 소재파악을 위하여「신용정보법」또는 기타 법령에서 허용하는 범위 이외의 방법으로 채무자의 개인신용정보를 이용하거나 제3자에게 제공하여서는 아니 된다.
⑤ 채권추심 목적 달성을 위하여 필요한 최소한의 범위에서 합리적이고 공정한 수단을 사용하여 채무자에 대한 소재파악을 실시하여야 한다.

해설 채무자에 대한 소재파악은 채무자와 연락이 장기간 이루어지지 아니하거나 채무자가 행방불명 상태인 경우에 한하여 실시한다.

98 「국토의 계획 및 이용에 관한 법률」에 관한 다음 설명 중 (　　) 안에 공통적으로 들어갈 용어로 가장 적절한 것은?

> 국토의 이용 및 관리에 관한 계획의 원활한 수립과 진행, 합리적인 토지 이용 등을 위하여 토지의 투기적 거래가 성행하거나 지가가 급격히 상승하는 지역과 그러한 우려가 있는 지역에 대하여 (　　)계약에 관한 허가구역으로 지정하고, 허가구역 내에서 (　　)계약을 하고자 하는 경우에 허가를 받아야 한다.

① 지구단위계획　　② 개발제한구역
③ 토지거래　　④ 담보인정비율
⑤ 용도지구

해설 **토지거래계약 허가제도**
국토의 이용 및 관리에 관한 계획의 원활한 수립과 진행, 합리적인 토지 이용 등을 위하여 토지의 투기적 거래가 성행하거나 지가가 급격히 상승하는 지역과 그러한 우려가 있는 지역에 대하여 토지거래계약에 관한 허가구역으로 지정하고, 허가구역 내에서 토지거래계약을 하고자 하는 경우에 허가를 받는 제도이다.

정답 97 ① 98 ③

99 「개인채무자보호법」상 범죄피해에 의한 채무에 대하여 채권추심회사가 준수해야 할 사항에 관한 다음 설명 중 (   ) 안에 들어갈 내용으로 가장 적절한 것은?

> 채권추심회사는 개인금융채무자의 대출이 강압, 폭행 등 범죄피해에 의한 것임을 객관적으로 확인(예 사건사고 확인원, 확정판결문 등)하는 등 기타 채무자 보호가 필요한 경우 추심을 (A) 또는 (B)할 수 있다.

	A	B
①	중지	면제
②	중지	완화
③	면제	중지
④	중지	강화
⑤	면제	강화

해설 채권추심회사는 개인금융채무자의 대출이 강압, 폭행 등 범죄피해에 의한 것임을 객관적으로 확인(예 사건사고 확인원, 확정판결문 등)하는 등 기타 채무자 보호가 필요한 경우 추심을 중지 또는 완화할 수 있다.

---

100 「주택임대차보호법」에 관한 다음 설명 중 (   ) 안에 공통적으로 들어갈 용어로 가장 적절한 것은?

> • (   )이란 임차인이 제3자, 즉 임차주택의 양수인, 임대할 권리를 승계한 사람, 그 밖에 임차주택에 관해 이해관계를 가지고 있는 사람에게 임대차의 내용을 주장할 수 있는 법률상의 힘을 말한다(「주택임대차보호법」 제3조 제1항).
> • 임대차는 그 등기가 없더라도, 임차인이 ㉠ 주택의 인도와 ㉡ 주민등록을 마친 때에는 그다음 날부터 (   )이 생긴다(「주택임대차보호법」 제3조 제1항).

① 권리능력 ② 최우선변제권
③ 우선변제권 ④ 형성권
⑤ 대항력

해설 대항력이란 임차인이 제3자, 즉 임차주택의 양수인, 임대할 권리를 승계한 사람, 그 밖에 임차주택에 관해 이해관계를 가지고 있는 사람에게 임대차의 내용을 주장할 수 있는 법률상의 힘을 말한다. 임대차는 그 등기가 없더라도, 임차인이 주택의 인도와 주민등록을 마친 때에는 그다음 날부터 제3자에 대하여 효력이 생긴다(「주택임대차보호법」 제3조 제1항 참조).

2024

기출문제해설

제1과목　채권일반
제2과목　채권관리방법
제3과목　신용관리실무
제4과목　고객관리 및 민원예방

지식에 대한 투자가 가장 이윤이 많이 남는 법이다.

– 벤자민 프랭클린 –

끝까지 책임진다! 시대에듀!

QR코드를 통해 도서 출간 이후 발견된 오류나 개정법령, 변경된 시험 정보, 최신기출문제, 도서 업데이트 자료 등이 있는지 확인해 보세요! **시대에듀 합격 스마트 앱**을 통해서도 알려 드리고 있으니 구글 플레이나 앱 스토어에서 다운받아 사용하세요. 또한, 파본 도서인 경우에는 구입하신 곳에서 교환해 드립니다.

2024 기출문제해설

제1과목 채권일반

01 다음 중 권리라고 할 수 없는 것은?

① 부당이득반환청구권
② 법인 이사의 대표권
③ 유치권
④ 항변권
⑤ 물품대금청구권

해설 권리란 일정한 구체적 이익을 누릴 수 있도록 법에 의하여 권리주체에게 주어진 힘을 말한다. 법인 이사의 대표권은 타인을 위해 그에 대하여 일정한 법률효과를 발생하게 하는 행위를 할 수 있는 법률상의 지위나 자격을 의미하는 '권한'이다.

02 권리 상호 간의 순위에 관한 다음 설명 중 가장 적절하지 않은 것은?

① 같은 종류의 물권 상호 간에는 "먼저 성립한 권리가 후에 성립한 권리에 우선한다"는 원칙이 적용된다.
② 동일물에 대하여 물권과 채권이 병존하는 경우에는 그 성립시기를 불문하고 채권이 우선한다.
③ 동일 채무자에 대한 수 개의 채권은 평등하게 다루어짐이 원칙이다.
④ 제한물권이 소유권과 충돌하는 경우에는 제한물권의 성질상 소유권에 우선한다.
⑤ 담보물권 상호 간에는 먼저 성립한 권리가 우선한다.

해설 동일물에 대하여 물권과 채권이 병존하는 경우에는 그 성립시기를 불문하고 원칙적으로 물권이 우선한다.

정답 01 ② 02 ②

03 종물에 관한 다음 설명 중 가장 적절하지 않은 것은?

① 당사자의 특약으로 종물만을 따로 처분할 수 없다.
② 종물은 주물의 상용(常用)에 이바지하는 것이어야 한다.
③ 부동산 상호 간에도 주물과 종물의 관계가 인정될 수 있다.
④ 주물과 종물은 모두 '동일한 소유자'에 속하는 것이어야 한다.
⑤ 종물은 주물의 일부이거나 구성부분이 아니라 주물과 독립된 물건이어야 한다.

해설 「민법」 제100조는 강행규정이 아니다. 따라서 당사자는 특약으로 주물을 처분할 때에 종물을 제외할 수 있고, 종물만을 따로 처분할 수 있다.

04 다음 중 원칙적으로 법률행위가 무효가 되는 경우를 모두 고른 것은?

> ㄱ. 법률행위의 내용의 중요부분에 착오가 있는 경우
> ㄴ. 상대방과 통정한 허위의 의사표시를 한 경우
> ㄷ. 타인의 사기나 강박에 의하여 의사표시를 한 경우
> ㄹ. 진의 아닌 의사표시(非眞意表示)로서 상대방이 알았거나 알 수 있었던 경우

① ㄱ, ㄴ
② ㄴ, ㄹ
③ ㄷ, ㄹ
④ ㄱ, ㄷ
⑤ ㄴ, ㄷ

해설 ㄴ. 상대방과 통정한 허위의 의사표시는 무효로 한다(「민법」 제108조 제1항).
ㄹ. 의사표시는 표의자가 진의 아님을 알고 한 것이라도 그 효력이 있다. 그러나 상대방이 표의자의 진의 아님을 알았거나 이를 알 수 있었을 경우에는 무효로 한다(「민법」 제107조 제1항).

05 다음은 법률행위 중 '계약'과 관련된 설명이다. 가장 적절한 것은?

① 두 개의 대립되는 의사표시의 합치에 의하여 성립하는 법률행위이다.
② 사단법인 설립행위는 계약이다.
③ 매매와 같은 계약에서는 청약의 의사표시만으로 법률행위가 성립한다.
④ 계약의 방식은 요식행위를 원칙으로 한다.
⑤ 채무면제는 계약이다.

해설 ② 사단법인 설립행위는 두 개 이상의 의사표시가 합치하여 성립하는 법률행위이다.
③ 행위자의 의사표시만으로 성립하는 법률행위는 단독행위이다.
④ 현행 「민법」은 계약자유의 원칙을 인정하므로 법률행위의 방식은 자유이며, 불요식이 원칙이다.
⑤ 채무면제는 행위자의 의사표시만으로 성립하는 법률행위인 단독행위에 해당한다. 단독행위는 상대방의 수령을 요하는 경우(동의, 채무면제, 상계, 추인, 취소, 해제, 해지 등)와 그렇지 않은 경우(권리의 포기, 유언, 재단법인 설립행위)로 나뉜다.

06 조건부 법률행위에 관한 다음 설명 중 가장 적절하지 않은 것은?

① 정지조건 있는 법률행위는 조건이 성취한 때로부터 그 효력이 생긴다.
② 해제조건 있는 법률행위는 조건이 성취한 때로부터 그 효력을 잃는다.
③ 상계의 의사표시에는 조건을 붙이지 못한다.
④ 유증의 의사표시에는 조건을 붙이지 못한다.
⑤ 당사자가 조건성취의 효력을 그 성취 전에 소급하게 할 의사를 표시한 때에는 그 의사에 의한다.

해설 유증에는 조건이나 기한 및 부담을 붙일 수 있다(「민법」 제1073조 제2항 및 제1089조 제2항, 제1088조 및 제1111조).

07 법률행위의 대리에 관한 다음 설명 중 가장 적절하지 않은 것은?

① 대리인이 그 권한 내에서 본인을 위한 것임을 표시한 의사표시는 직접 대리인에게 대하여 효력이 생긴다.
② 의사표시의 효력이 의사의 흠결, 사기, 강박 또는 어느 사정을 알았거나 과실로 알지 못한 것으로 인하여 영향을 받을 경우에 그 사실의 유무는 대리인을 표준하여 결정한다.
③ 대리인은 행위능력자임을 요하지 아니한다.
④ 대리인이 수인인 때에는 각자가 본인을 대리한다. 그러나 법률 또는 수권행위에 다른 정한 바가 있는 때에는 그러하지 아니하다.
⑤ 대리권의 소멸은 선의의 제3자에게 대항하지 못한다. 그러나 제3자가 과실로 인하여 그 사실을 알지 못한 때에는 그러하지 아니하다.

해설 대리인이 그 권한 내에서 본인을 위한 것임을 표시한 의사표시는 직접 본인에 대하여 효력이 생긴다(「민법」 제114조 제1항).

정답 06 ④ 07 ①

08 다음 중 3년간 행사하지 아니하면 소멸시효가 완성되는 권리는?

① 여관의 숙박료 채권
② 의복, 기타 동산의 사용료의 채권
③ 판결에 의하여 확정된 채권
④ 소유권
⑤ 수공업자의 업무에 관한 채권

> **해설** ⑤ 수공업자의 업무에 관한 채권은 3년간 행사하지 아니하면 소멸시효가 완성한다(「민법」 제163조 제7호).
> ① 여관의 숙박료 채권은 1년간 행사하지 아니하면 소멸시효가 완성한다(「민법」 제164조 제1호).
> ② 의복, 기타 동산의 사용료의 채권은 1년간 행사하지 아니하면 소멸시효가 완성한다(「민법」 제164조 제2호).
> ③ 판결에 의하여 확정된 채권은 단기의 소멸시효에 해당한 것이라도 그 소멸시효는 10년으로 한다(「민법」 제165조 제1항).
> ④ 채권 및 소유권 이외의 재산권은 20년간 행사하지 아니하면 소멸시효가 완성한다(「민법」 제162조).

09 다음 중 제척기간에 해당하는 것은?

① 채권자취소권의 행사기간
② 도급받은 자의 공사에 관한 채권의 행사기간
③ 물품대금채권의 행사기간
④ 대부업자의 대여금채권의 행사기간
⑤ 구상금청구권의 행사기간

> **해설** 제척기간이란 어떤 권리에 대해 법률이 예정하는 존속기간을 말하며, 주로 형성권에 적용된다.

10 채권에 관한 다음 설명 중 가장 적절한 것은?

① 물권은 절대권이고 채권은 상대권이다.
② 채권에는 배타성이 있으나 물권에는 배타성이 없다.
③ 물권은 임의법규성이 강하나 채권은 강행법규성이 강하다.
④ 채권은 당사자 사이의 계약에 의해서만 성립한다.
⑤ 금전으로 가액을 산정할 수 없는 것은 채권의 목적으로 할 수 없다.

> **해설** ② 채권에는 배타성이 없으나 물권에는 배타성이 있다.
> ③ 물권법은 물권법정주의에 따라 강행법규성을 가지고, 채권법은 당사자 간의 채권과 채무와 관련되어 있어 임의법규성을 가진다.
> ④ 채권은 단독행위 혹은 계약에 의해서 성립한다.
> ⑤ 금전으로 가액을 산정할 수 없는 것이라도 채권의 목적으로 할 수 있다(「민법」 제373조).

11 금전채권에 관한 다음 설명 중 가장 적절하지 않은 것은?

① 채권액이 외국통화로 지정된 금전채권인 외화채권을 채권자가 우리나라 통화로 환산하여 청구하는 경우의 환산기준시기는 현실적으로 이행할 때가 아니고 원래의 계약에서 정하여진 이행기라는 것이 판례이다.
② 일반적으로 금전채권은 이행불능이 생기지 않는다.
③ 채무이행의 확정한 기한이 있는 경우에는 채무자는 기한이 도래한 때부터 지체책임이 있다.
④ 채무이행의 불확정 기한이 있는 경우에는 채무자는 기한이 도래함을 안 때로부터 지체책임이 있다.
⑤ 채무불이행이나 불법행위를 이유로 하는 손해배상청구권은 원칙적으로 금전채권이다.

해설 채권액이 외국통화로 지정된 금전채권인 외화채권을 채무자가 우리나라 통화로 변제함에 있어서는 「민법」 제378조가 그 환산시기에 관하여 외화채권에 관한 같은 법 제376조, 제377조 제2항의 "변제기"라는 표현과는 다르게 "지급할 때"라고 규정한 취지에서 새겨볼 때 그 환산시기는 이행기가 아니라 현실로 이행하는 때, 즉 현실이행 시의 외국환시세에 의하여 환산한 우리나라 통화로 변제하여야 한다고 풀이함이 상당하므로 채권자가 위와 같은 외화채권을 대용급부의 권리를 행사하여 우리나라 통화로 환산하여 청구하는 경우에도 법원이 채무자에게 그 이행을 명함에 있어서는 채무자가 현실로 이행할 때에 가장 가까운 사실심 변론종결 당시의 외국환 시세를 우리나라 통화로 환산하는 기준시로 삼아야 한다(대법원 1991.3.12. 선고 90다2147 전원합의체 판결).

12 이행지체에 관한 다음 설명 중 가장 적절하지 않은 것은?

① 반환시기의 약정이 없는 소비대차는 대주가 반환을 최고한 때로부터 상당한 기간이 경과한 때부터 지체책임이 있다.
② 이행지체의 손해배상은 지연배상이 원칙이나 예외적으로 전보배상을 청구할 수 있는 경우도 있다.
③ 채무자는 자기에게 과실이 없는 경우에도 그 이행지체 중에 생긴 손해를 배상하여야 한다. 그러나 채무자가 이행기에 이행하여도 손해를 면할 수 없는 경우에는 그러하지 아니하다.
④ 쌍무계약의 동시이행관계에 있는 채무는 상대방의 이행의 제공과 관계없이 기한이 도래하면 이행지체가 된다.
⑤ 이행지체가 발생하면 채권자는 계약을 해제할 수 있다.

해설 쌍무계약에서 쌍방의 채무가 동시이행관계에 있는 경우 일방의 채무의 이행기가 도래하더라도 상대방 채무의 이행제공이 있을 때까지는 그 채무를 이행하지 않아도 이행지체의 책임을 지지 않는 것이며, 이와 같은 효과는 이행지체의 책임이 없다고 주장하는 자가 반드시 동시이행의 항변권을 행사하여야만 발생하는 것은 아니므로, 동시이행관계에 있는 쌍무계약상 자기채무의 이행을 제공하는 경우 그 채무를 이행함에 있어 상대방의 행위를 필요로 할 때에는 언제든지 현실로 이행을 할 수 있는 준비를 완료하고 그 뜻을 상대방에게 통지하여 그 수령을 최고하여야만 상대방으로 하여금 이행지체에 빠지게 할 수 있는 것이다(대법원 2001.7.10. 선고 2001다3764 판결).

13 채무불이행에 의한 손해배상청구권에 관한 다음 설명 중 가장 적절하지 않은 것은?

① 통상의 손해는 채무자가 그 사정을 알았는지 여부를 불문한다.
② 채무불이행에 의한 손해배상청구권은 본래의 채권의 확장 또는 내용의 변경이므로 본래의 채권과 동일성을 가진다.
③ 손해의 발생이나 확대에 관하여 채권자에게 과실이 있었더라도 그러한 사정은 원칙적으로 손해배상 범위의 산정에 고려되지 않는다.
④ 손해배상청구권의 시효기간은 본래의 채권의 성질에 따라 정하여진다.
⑤ 손해배상액을 예정한 때에는 실제의 손해가 이보다 크더라도 채권자는 예정된 손해배상액만을 청구할 수 있다.

해설 채무불이행에 관하여 채권자에게 과실이 있는 때에는 법원은 손해배상의 책임 및 그 금액을 정함에 이를 참작하여야 한다(「민법」 제396조).

14 임대차계약에 관한 다음 설명 중 가장 적절하지 않은 것은?

① 임대차계약은 낙성계약으로 차임을 지급하여야 하는 유상·쌍무계약이다.
② 주택임차인은 「주택임대차보호법」에 따라 임차권 등기를 하지 않아도 임차인이 주택의 인도와 주민등록을 마친 때에는 그 당일부터 즉시 제3자에 대하여 대항력을 취득한다.
③ 주택임대차기간에 대하여 기간의 정함이 없거나 2년 미만으로 정한 경우에는 그 기간을 2년으로 본다. 주택임대차기간을 2년 미만으로 정한 경우 임차인은 그 기간이 유효함을 주장할 수 있다.
④ 상가건물의 임대차에 있어서 기간의 정함이 없거나 기간을 1년 미만으로 정한 때에는 그 임대차 기간을 1년으로 본다. 상가건물의 임대차기간을 1년 미만으로 정한 경우 임차인은 그 기간이 유효함을 주장할 수 있다.
⑤ 임차인이 임차물의 보존에 관한 필요비를 지출한 때에는 임대인에 대하여 그 상환을 청구할 수 있다.

해설 임대차는 그 등기(登記)가 없는 경우에도 임차인(賃借人)이 주택의 인도(引渡)와 주민등록을 마친 때에는 그다음 날부터 제3자에 대하여 효력이 생긴다. 이 경우 전입신고를 한 때에 주민등록이 된 것으로 본다(「주택임대차보호법」 제3조 제1항).

15 소비대차에 관한 다음 설명 중 가장 적절하지 않은 것은?

① 소비대차는 당사자의 일방이 상대방에게 사용·수익하게 하기 위하여 목적물을 인도할 것을 약정하고 상대방은 이를 사용·수익한 후 그 물건을 반환할 것을 약정함으로써 성립하는 계약이다.
② 이자 있는 소비대차에서 차주의 이자 지급은 차용물의 사용에 대한 대가적 관계에 서게 된다.
③ 금전소비대차계약이 성립되면 금융기관은 약정일에 목적물인 금전의 지급의무를 부담하게 되고, 차주는 이자지급의무와 만기상환의무를 부담하게 된다.
④ 이자 있는 소비대차는 차주가 목적물의 인도를 받은 때부터 이자를 계산하여야 한다.
⑤ 이자 없는 소비대차의 당사자는 목적물의 인도 전에는 언제든지 계약을 해제할 수 있다.

> **해설** 소비대차와 임대차
> - 소비대차 : 당사자 일방이 금전 기타 대체물의 소유권을 상대방에게 이전할 것을 약정하고 상대방은 그와 같은 종류, 품질 및 수량으로 반환할 것을 약정함으로써 그 효력이 생긴다(「민법」 제598조).
> - 임대차 : 당사자 일방이 상대방에게 목적물을 사용, 수익하게 할 것을 약정하고 상대방이 이에 대하여 차임을 지급할 것을 약정함으로써 그 효력이 생긴다(「민법」 제618조).

16 약관에 관한 다음 설명 중 가장 적절하지 않은 것은?

① 사업자는 계약체결에 있어서 고객에게 약관의 내용을 계약의 종류에 따라 일반적으로 예상되는 방법으로 명시하고 고객이 요구할 때에는 당해 약관의 사본을 고객에게 교부하여 이를 알 수 있도록 하여야 한다.
② 약관의 내용이 애매한 경우 작성자인 사업자에게 불리하게 해석해야 하고 약관의 해석은 사회 평균인을 기준으로 객관적으로 하여야 한다.
③ 약관에서 정하고 있는 사항을 사업자와 고객이 약관의 내용과 다르게 합의한 경우에는 약관에서 정한 사항이 우선한다.
④ 판례와 통설에 따르면 약관의 법적 구속력의 근거는 약관을 계약에 편입하기로 한 당사자의 합의에 있다고 본다.
⑤ 고객에 대하여 부당하게 과중한 지연손해금 등의 손해배상의무를 부담시키는 조항은 무효이다.

> **해설** 약관에서 정하고 있는 사항에 관하여 사업자와 고객이 약관의 내용과 다르게 합의한 사항이 있을 때에는 그 합의 사항은 약관보다 우선한다(「약관의 규제에 관한 법률」 제4조).

정답 15 ① 16 ③

17 제3자를 위한 계약에 관한 다음 설명 중 가장 적절하지 않은 것은?

① 수익자는 계약의 당사자가 아니므로 수익의 의사표시를 한 경우라도 계약 당사자는 이를 변경하거나 소멸시킬 수 있다.
② 낙약자의 귀책사유에 의하여 채무가 불이행된 경우에 제3자는 낙약자에 대하여 손해배상을 청구할 수 있다.
③ 제3자는 낙약자에 대하여 계약의 이익을 받을 의사를 표시함으로써 낙약자에 대하여 직접 권리를 취득한다.
④ 낙약자는 요약자와의 계약에 기한 항변으로 제3자에게 대항할 수 있다.
⑤ 이 계약의 당사자는 낙약자와 요약자이다.

해설 계약에 의하여 당사자 일방이 제3자에게 이행할 것을 약정한 때에는 그 제3자는 채무자에게 직접 그 이행을 청구할 수 있다(「민법」 제539조 제1항). 제539조의 규정에 의하여 제3자의 권리가 생긴 후에는 당사자는 이를 변경 또는 소멸시키지 못한다(「민법」 제541조).

18 상인 및 상행위에 관한 다음 설명 중 가장 적절하지 않은 것은?

① 수인(數人)이 그 1인 또는 전원에게 상행위가 되는 행위로 인하여 채무를 부담한 때에는 연대하여 변제할 책임이 있다.
② 보증인이 있는 경우에 그 보증이 상행위이거나 주채무가 상행위로 인한 것인 때에는 주채무자와 보증인은 연대하여 변제할 책임이 있다.
③ 오로지 임금을 받을 목적으로 물건을 제조하거나 노무에 종사하는 자의 행위는 기본적 상행위에 포함된다.
④ 점포 기타 유사한 설비에 의하여 상인적 방법으로 영업을 하는 자는 상행위를 하지 아니하더라도 상인으로 본다.
⑤ 일반적인 채권의 시효는 10년인 반면 상행위로 인한 채권의 소멸시효기간은 원칙적으로 5년이다.

해설 오로지 임금을 받을 목적으로 물건을 제조하거나 노무에 종사하는 자의 행위는 기본적 상행위에 포함되지 않는다(「상법」 제46조).

19 증서대출에 관한 다음 설명 중 가장 적절하지 않은 것은?

① 증서대출에 있어서 증거의 확보라는 측면에서 채무자로부터 채권서류를 작성하게 하여 이를 제출받는데, 채권서류가 분실 또는 멸실되어도 채권의 소멸을 초래하는 것은 아니다.
② 증서대출계약의 법적 성질은 금전소비대차계약이다.
③ 사문서의 경우 문서상 본인 또는 대리인의 서명이나 날인이 진정한 것임을 증명한 때에는 진정한 문서로 추정을 받는다.
④ 증서대출은 반드시 물건의 인도나 급부를 제공함으로써 계약이 성립하는 「민법」상의 요물계약의 성질을 갖는다.
⑤ 계약이 합의되면 금융기관은 약정일에 계약의 목적물인 금전의 지급 의무를 지게 되고 채무자는 자금을 지급받은 후에는 계약내용에 따라 이자의 지급의무와 만기상환의무를 지게 되는 쌍무계약이다.

[해설] 증서대출은 당사자 일방이 금전 기타 대체물의 소유권을 상대방에게 이전할 것을 약정하고 상대방은 그와 같은 종류, 품질 및 수량으로 반환할 것을 약정함으로써 성립하는 「민법」상의 소비대차계약의 성질을 갖는다.

20 어음에 관한 다음 설명 중 가장 적절하지 않은 것은?

① 만기의 종류는 일람출급, 일람 후 정기출급, 발행일자 후 정기출급, 확정일출급이 있다.
② 어음교환소에서 한 환어음의 제시는 지급을 받기 위한 제시로서의 효력이 있다.
③ 확정일출급, 발행일자 후 정기출급 또는 일람 후 정기출급의 환어음 소지인은 지급을 할 날 또는 그날 이후의 3거래일 내에 지급을 받기 위한 제시를 하여야 한다.
④ 백지를 보충하지 않고 지급제시된 어음은 형식불비로 부도 반환된다.
⑤ 어음발행인이 지급은행과 당좌거래계정이 없음에도 어음이 지급제시되어 어음을 결제할 수 없는 경우는 부도사유가 된다.

[해설] 확정일출급, 발행일자 후 정기출급 또는 일람 후 정기출급의 환어음 소지인은 지급을 할 날 또는 그날 이후의 2거래일 내에 지급을 받기 위한 제시를 하여야 한다(「어음법」 제38조 제1항).

21 어음의 배서에 관한 다음 설명 중 가장 적절하지 않은 것은?

① 발행인의 배서금지는 배서성이 박탈됨에 반하여 배서인의 배서금지는 배서성을 박탈하는 효과는 없고 단지 피배서인 이외의 자에 대하여만 담보책임을 지지 않는다.
② 지명채권양도방법에 의한 어음의 권리이전은 인적항변의 절단이나 선의취득이 인정되지 아니한다.
③ 배서금지어음은 배서성을 박탈당했기 때문에 기일에 어음금을 지급받기 위해서 지급제시가 필요 없다.
④ 기한 후 배서도 배서의 효력인 권리이전적 효력과 자격수여적 효력이 있다.
⑤ 환배서도 일반의 배서와 같이 배서로서의 효력이 있으며, 환배서를 받은 피배서인은 어음상의 권리를 타인에게 양도할 수 있다.

해설　배서금지어음은 지명채권의 양도방식으로만 양도되고 그 효력이 있을 뿐 지급제시가 필요하다. 어음채무는 추심채무이므로 지급제시가 없는 한 발행인은 만기가 도래하였으므로 지급을 하지 않아도 되며, 이행지체의 책임을 지지 않게 된다(「어음법」 제38조, 「민법」 제517조 참조).

22 연대보증과 보통의 보증에 관한 다음 설명 중 가장 적절한 것은?

① 주채무자에 대한 시효중단의 효력은 연대보증인에게 미치지 않는다.
② 주채무를 발생시킨 계약이 무효이거나 취소되면 연대보증채무도 성립하지 않는다.
③ 연대보증인은 최고의 항변권은 있으나 검색의 항변권은 없다.
④ 보통의 보증에는 부종성이 인정되나 연대보증에는 인정되지 않는다.
⑤ 보통의 보증에는 분별의 이익이 없으나 연대보증에는 분별의 이익이 있다.

해설　① 주채무자에 대한 시효의 중단은 보증인에 대하여 그 효력이 있다(「민법」 제440조).
③ 채권자가 보증인에게 채무의 이행을 청구한 때에는 보증인은 주채무자의 변제자력이 있는 사실 및 그 집행이 용이할 것을 증명하여 먼저 주채무자에게 청구할 것과 그 재산에 대하여 집행할 것을 항변할 수 있다. 그러나 보증인이 주채무자와 연대하여 채무를 부담한 때에는 그러하지 아니하다(「민법」 제437조).
④ 보증채무는 주채무에 대한 부종성 또는 수반성이 있어서 주채무자에 대한 채권이 이전되면 당사자 사이에 별도의 특약이 없는 한 보증인에 대한 채권도 함께 이전하고, 이 경우 채권양도의 대항요건도 주채권의 이전에 관하여 구비하면 족하고, 별도로 보증채권에 관하여 대항요건을 갖출 필요는 없다(대법원 2002.9.10. 선고 2002다21509 판결).
⑤ 수인의 보증인이 있는 경우에는 그 사이에 분별의 이익이 있는 것이 원칙이지만, 그 수인이 연대보증인일 때에는 각자가 별개의 법률행위로 보증인이 되었으므로 보증인 상호 간에 연대의 특약(보증연대)이 없었더라도 채권자에 대하여는 분별의 이익을 갖지 못하고 각자의 채무 전액을 변제하여야 하고, 다만 보증인들 상호 간의 내부관계에 있어서는 일정한 부담부분이 있고 그 부담부분의 비율에 관하여는 특약이 없는 한 각자 평등한 비율로 부담한다(대법원 1993.5.27. 선고 93다4656 판결).

23 피담보채권을 위하여 부동산등기부에 저당권설정등기가 되어 있는 경우, 그 피담보채권이 변제되면 저당권 말소등기를 하지 않아도 그 저당권이 소멸되는 담보물권의 성질은?

① 물상대위성
② 무인성
③ 부종성
④ 불가분성
⑤ 보충성

> **해설** ③ 부종성 : 피담보채권의 존재를 전제로 해서만 담보물권이 종속하고 피담보채권이 소멸하면 담보물권도 소멸하는 성질이다.
> ① 물상대위성 : 담보물권은 목적물이 가지는 교환가치를 지배하므로 목적물이 멸실·훼손된 경우 그에 갈음하는 교환가치가 존재하면 그것에 효력이 미치게 되는 성질이다.
> ② 무인성 : 물권행위가 유효하면 그 자체로서 효력을 발생하고, 물권행위의 원인인 채권행위가 불성립, 무효, 취소, 해제 등에 의하여 실효된 경우에도 물권행위는 아무런 영향을 받지 않는 성질이다.
> ④ 불가분성 : 담보물권자가 피담보채권의 전부를 변제받을 때까지 목적물의 전부에 대하여 그 권리를 행사할 수 있는 성질이다.
> ⑤ 보충성 : 채무는 주채무자가 먼저 이행하고 보증인은 주채무자가 이행하지 아니한 채무를 이행할 의무를 가지는 성질이다.

24 근저당권에 관한 다음 설명 중 가장 적절하지 않은 것은?

① 실제 채무액이 근저당채권최고액을 초과하는 경우 채무자 겸 근저당권설정자는 채권의 최고액만을 변제하면 근저당권설정등기의 말소청구를 할 수 있다.
② 근저당권이 성립하기 위해서는 당사자 사이에 설정계약이 필요한 것은 보통의 저당권과 같지만 근저당권을 등기함에 있어서는 근저당권임과 채권최고액을 반드시 명시해야만 한다.
③ 근저당권은 계속적 거래관계에서 생기는 여러 가지 채권을 장래의 결산기에 일정 한도액까지 담보하려는 것이다.
④ 피담보채권의 범위를 정하는 것은 담보권설정계약에 의하여 결정된다.
⑤ 피담보채권이 일시적으로 존재하지 않는 경우에도 근저당권은 소멸되지 않는다.

> **해설** 근저당권은 원본, 이자, 위약금, 채무불이행으로 인한 손해배상 및 근저당권의 실행비용을 담보하는 것이며, 이것이 근저당채권최고액을 초과하는 경우에 근저당권자로서는 그 채무자 겸 근저당권설정자와의 관계에서는 그 채무 일부인 채권의 최고액과 지연손해금 및 집행비용만을 받고 근저당권을 말소시켜야 할 이유는 없을 뿐 아니라, 채무금 전액에 미달하는 금액의 변제가 있는 경우에 이로써 우선 채권최고액범위 채권에 변제충당한 것으로 보아야 한다는 이유도 없으니 채권 전액의 변제가 있을 때까지 근저당의 효력은 잔존채무에 여전히 미친다(대법원 1981.11.10. 선고 80다2712 판결).

정답 23 ③   24 ①

25 가등기담보에 관한 다음 설명 중 가장 적절하지 않은 것은?

① 담보가등기를 마친 부동산에 대하여 강제경매 등이 행하여진 경우에 담보가등기권리는 그 부동산이 매각되어도 소멸하지 않는다.
② 가등기담보권은 가등기담보계약과 가등기를 함으로써 성립된다.
③ 가등기담보란 차주(채무자)가 차용물에 갈음하여 자기 또는 제3자의 재산권을 대주(채권자)에게 이전할 것을 예약하고, 장차 채무의 이행이 없을 때 이전하기로 예약된 재산권을 채권자가 취득하거나 경매를 실행하여 채권의 우선변제를 확보하기 위하여 이루어지는 담보수단을 말한다.
④ 피담보채권의 변제기가 도래하였음에도 채무자가 채무를 이행하지 않는 경우에 가등기담보권자가 목적부동산의 경매를 청구할 수 있다.
⑤ 가등기담보권자가 경매를 신청하는 경우에 가등기담보권을 저당권으로 본다.

> **해설** 담보가등기를 마친 부동산에 대하여 강제경매 등이 개시된 경우에는 그 담보가등기권리를 저당권으로 보며(「가등기담보 등에 관한 법률」 제13조 참조), 매각부동산 위의 모든 저당권은 매각으로 소멸된다(「민사집행법」 제91조 제2항).

제2과목 채권관리방법

26 다음 설명 중 (   )에 공통적으로 들어갈 내용으로 가장 적절한 것은?

> (   )이 있는 때에는 제600조의 규정에 의하여 중지한 회생절차 및 파산절차와 개인회생채권에 기한 강제집행·가압류 또는 가처분은 그 효력을 잃는다. 다만, 변제계획 또는 (   )에서 다르게 정한 때에는 그러하지 아니하다(「채무자 회생 및 파산에 관한 법률」 제615조 제3항).

① 개인회생신청　　　　　　　　② 변제계획인가결정
③ 개인회생결정　　　　　　　　④ 금지명령결정
⑤ 개인회생채권확정

해설　①·③·⑤「채무자 회생 및 파산에 관한 법률」 제4편 참조
　　　　④「채무자 회생 및 파산에 관한 법률」 제45조 참조

27 기한의 이익과 관련된 다음 설명 중 가장 적절하지 않은 것은?

① 대출금 채권에서 기한의 이익이란 채무자가 대출약정의 만기까지 대출금을 변제하지 않아도 된다는 것을 의미한다.
② 기한의 이익 상실에 관한「민법」규정은 강행규정이 아니다.
③「은행 여신거래 기본약관」에 따르면 채무불이행자명부 등재신청이 있는 때에는 은행으로부터의 독촉·통지 등이 없어도 채무자는 당연히 은행에 대한 모든 채무의 기한의 이익을 상실한다.
④ 기한은 채권자의 이익을 위한 것으로 추정한다.
⑤ 기한의 이익은 이를 포기할 수 있다. 그러나 상대방의 이익을 해하지 못한다.

해설　기한은 채무자의 이익을 위한 것으로 추정한다(「민법」제153조 제1항).

정답 26 ②　27 ④

28 다음 중 채권의 강제회수 방법에 해당하는 경우를 모두 고른 것은?

> ㄱ. 변 제 ㄴ. 강제경매
> ㄷ. 대물변제 ㄹ. 가압류
> ㅁ. 채무인수

① ㄱ, ㄴ ② ㄴ, ㄹ
③ ㄷ, ㄹ ④ ㄹ, ㅁ
⑤ ㄱ, ㅁ

해설 채권회수의 종류
- 임의회수 : 대물변제, 변제, 변제공탁, 상계, 상속으로 인한 채무의 이전, 채권양도, 채무인수 등
- 강제회수 : 가압류, 가처분, 강제경매, 임의경매 등

29 변제에 관한 다음 설명 중 가장 적절하지 않은 것은?

① 변제비용은 다른 의사표시가 없으면 채권자의 부담으로 하지만, 채무자의 주소이전 등으로 변제비용이 증가한 때에는 그 증가액은 채무자의 부담으로 한다.
② 특정물의 인도를 목적으로 하는 채무의 이행은 원칙적으로 채권 성립 당시 그 물건이 있던 장소에서 하여야 한다.
③ 특정물 인도채무 이외의 채무의 이행은 원칙적으로 채권자의 현주소에서 하여야 한다.
④ 변제받을 권한이 없는 자(채권의 준점유자와 영수증 소지자를 제외한다)에 대한 변제는 채권자가 이익을 받은 한도에서 효력이 있다.
⑤ 연대채무자, 보증인, 담보부동산의 제3취득자는 채무자의 의사에 반하여서도 변제할 수 있다.

해설 변제비용은 다른 의사표시가 없으면 채무자의 부담으로 한다. 그러나 채권자의 주소이전 기타의 행위로 인하여 변제비용이 증가된 때에는 그 증가액은 채권자의 부담으로 한다(「민법」 제473조).

30 변제에 관한 다음 설명 중 가장 적절하지 않은 것은?

① 변제의 제공은 그때로부터 채무불이행의 책임을 면하게 한다.
② 영수증을 소지한 자에 대한 변제는 그 소지자가 변제를 받을 권한이 없는 경우에도 효력이 있다. 그러나 변제자가 그 권한 없음을 알았거나 알 수 있었을 경우에는 그러하지 아니하다.
③ 변제충당의 순서에 관하여 당사자 간 그 합의가 없는 경우에는 법정변제충당 순서인 비용, 원본, 이자의 순으로 충당된다.
④ 금전채무 등에 있어서 우리 「민법」은 법률에 특별규정이 있는 경우를 제외하고는 지참채무를 원칙으로 한다.
⑤ 채무 중 이행기가 도래한 것과 도래하지 않은 것이 있는 때는 이행기 도래의 채무의 변제에 먼저 충당된다.

해설 채무자가 1개 또는 수 개의 채무의 비용 및 이자를 지급할 경우에 변제자가 그 전부를 소멸하게 하지 못한 급여를 한 때에는 비용, 이자, 원본의 순서로 변제에 충당하여야 한다(「민법」 제479조 제1항).

31 대물변제에 관한 다음 설명 중 가장 적절하지 않은 것은?

① 대물변제에서 급부는 현실적으로 행하여질 필요는 없다.
② 대물변제는 요물계약이다.
③ 본래의 급부와 대물급부가 반드시 가치가 같아야 할 필요는 없다.
④ 대물변제는 변제와 같은 효력이 있다.
⑤ 대물변제로 급부된 목적물에 하자가 있는 경우에는 매도인의 담보책임에 관한 「민법」 규정이 준용되어 채권자는 계약해제 또는 손해배상을 청구할 수 있다.

해설 **대물변제**
채무자가 부담하는 본래의 급부에 갈음하여 다른 급부를 현실적으로 행함으로써 채권을 소멸시키는 계약을 말한다. 가령 채무자가 채권자와의 합의하에 본래의 급부인 50만 원의 지급 대신 카메라 한 대의 소유권을 현실적으로 채권자에게 이전해 주는 것이다.

정답 30 ③ 31 ①

32 변제공탁에 관한 다음 설명 중 가장 적절한 것은?

① 본래의 채권에 부착하고 있지 않은 조건을 붙여서 한 공탁은 그 조건뿐만 아니라 공탁 전부가 무효가 된다.
② 채권자에 대한 공탁통지나 채권자의 수익의 의사표시가 있는 때에 공탁의 효력이 발생하여 채무는 소멸한다.
③ 착오로 공탁한 변제자가 공탁물을 회수하였을 경우에도 채무는 소멸한다.
④ 공탁을 하는 자는 채무자에 한한다.
⑤ 공탁하여야 할 장소는 채무자 주소지를 관할하는 공탁소이다.

해설
② 변제공탁은 공탁 공무원의 수탁처분과 공탁물 보관자의 공탁물 수령으로 그 효력이 발생하여 채무소멸의 효과를 가져온다(대법원 1972.5.15. 72마401 결정 참조).
③ 공탁자는 착오로 공탁한 경우 그 사실을 증명하여 공탁물을 회수할 수 있고(「공탁법」 제9조 제2항 제2호 참조), 공탁물이 회수되면 공탁하지 않은 것으로 본다(「민법」 제489조 제1항).
④ 공탁을 하는 자는 변제자이므로 채무자 이외의 제3자도 공탁이 가능하다.
⑤ 공탁은 채무이행지의 공탁소에 하여야 한다(「민법」 제488조 제1항).

33 상계에 관한 다음 설명 중 가장 적절하지 않은 것은?

① 상계에는 소급효가 없다.
② 상계의 의사표시에는 조건 또는 기한을 붙이지 못한다.
③ 상계에 의하여 당사자 쌍방의 채권은 그 대등액에 관하여 소멸한다.
④ 각 채무의 이행지가 다른 경우의 상계도 허용된다.
⑤ 상계는 상대방에 대한 의사표시로 한다.

해설
「민법」은 상계가 당사자 일방의 의사표시에 의해 작동하도록 하되, 그 효과는 상계적상시로 소급하여 발생한다고 하여 상계의 소급효를 인정한다.

34 채권양도에 관한 다음 설명 중 가장 적절하지 않은 것은?

① 양도인이 양도통지만을 한 때에는 채무자는 그 통지를 받은 때까지 양도인에 대하여 생긴 사유로써 양수인에게 대항할 수 없다.
② 지명채권양도의 통지나 승낙은 확정일자 있는 증서에 의하지 아니하면 채무자 이외의 제3자에게 대항하지 못한다.
③ 지명채권양도는 원칙적으로 양도인이 채무자에게 통지하여야 한다.
④ 채권양도행위에 대한 채무자의 승낙은 양도인 또는 양수인의 어느 쪽에 대하여도 할 수 있다.
⑤ 지명채권을 양도할 때에는 채무자에게 통지하거나 채무자로부터 승낙을 받지 아니하면 그 채권양도 사실을 채무자에게 주장하지 못한다.

해설
양도인이 양도통지만을 한 때에는 채무자는 그 통지를 받은 때까지 양도인에 대하여 생긴 사유로써 양수인에게 대항할 수 있다(「민법」 제451조 제2항).

35 채무인수에 관한 다음 설명 중 가장 적절하지 않은 것은?

① 채무인수에 의해 채무는 동일성을 유지하면서 전채무자로부터 인수인에게로 이전한다.
② 전채무자의 채무에 대한 보증이나 제3자가 제공한 담보는 채무인수로 인해 소멸한다.
③ 채무자와 인수인 간에 채무인수계약이 체결된 경우 그 효력은 채권자의 승낙이 있는 때에 발생한다.
④ 전채무자의 채무가 인수인에게 이전할 때 그 채무에 종속된 이자채무, 위약금채무 등 종속된 채무는 소멸한다.
⑤ 채무인수에 의하여 전채무자가 채권자에 대해 가졌던 모든 항변권은 그대로 인수인에게 이전한다.

> **해설** 채무인수란 어떠한 채무가 동일성을 유지하면서 제3자인 인수인에게 이전하는 것으로, 전채무자의 채무가 인수인에게 이전할 때 그 채무에 종속된 채무인 이자채무, 위약금채무 등도 함께 이전된다.

36 갑 은행에 1,000만 원의 신용대출채무를 남기고 사망한 A에게는 모친 B, 아내 C, 미성년자인 딸 D, 그리고 친동생 E가 있다. 각 상속인과 그 채무상속금액은? (단, 상속포기나 한정승인이 없음을 전제로 함)

① C는 600만 원을, D는 400만 원을 각각 상속한다.
② C는 500만 원을, B와 D는 250만 원씩 각각 상속한다.
③ B와 C가 각각 500만 원씩 상속한다.
④ C와 D가 각각 500만 원씩 상속한다.
⑤ B, C, D, E는 각각 250만 원씩 상속한다.

> **해설** 피상속인의 배우자의 상속분은 직계비속과 공동으로 상속하는 때에는 직계비속의 상속분에 5할(50%)을 가산하고, 직계존속과 공동으로 상속하는 때에는 직계존속의 상속분에 5할(50%)을 가산한다(「민법」 제1009조 제2항).

37 판결에 관한 설명으로 가장 적절하지 않은 것은?

① 집행력이란 형식적으로 확정된 판결이 후소 법원에 대하여 가지는 구속력을 말하는 것으로서 판결에 집행력이 생기면 그 판결의 정당성에 대하여 어느 당사자도 더 이상 다툴 수 없게 된다.
② 청구기각의 판결은 원고의 청구를 인정하지 않는 판결이다.
③ 청구인용의 판결은 이행판결, 확인판결, 형성판결로 나눌 수 있다.
④ 청구각하 판결의 경우 원고는 다시 소송을 제기할 수 있다.
⑤ 소송판결은 소·상소를 부적법 각하하는 판결로서 소송요건·상소요건의 흠이 있는 경우에 행한다.

> **해설** 형식적으로 확정된 판결이 후소 법원에 대하여 가지는 구속력은 기판력이다.

정답 35 ④ 36 ① 37 ①

38 채권자대위권과 채권자취소권에 관한 다음 설명 중 가장 적절하지 않은 것은?

① 채권자취소권은 채권의 공동담보 보전을 목적으로 소송으로써만 행사할 수 있는 실체법상의 권리이다.
② 채권자대위권은 채권자가 그 대위원인을 안 날로부터 1년, 법률행위 있은 날로부터 5년 내에 행사하여야 한다.
③ 사해행위취소소송의 피고는 채무자가 아니라 수익자 또는 전득자이다.
④ 채권자취소권 행사의 효과는 모든 채권자의 이익을 위하여 그 효력이 있다.
⑤ 대위소송판결의 효력은 채무자가 그 소의 제기 사실을 안 경우 채무자에게도 미친다는 것이 판례이다.

> **해설** 채권자가 취소원인을 안 날로부터 1년, 법률행위 있은 날로부터 5년 내에 제기하여야 하는 것은 채권자취소권이다(「민법」 제406조 제2항 참조).

39 보전처분에 관한 다음 설명 중 가장 적절하지 않은 것은?

① 가압류 절차는 원칙적으로 상대방이 알 수 없는 상태에서 비밀리에 심리되고 발령되며 그 처분을 송달하기 전에 미리 집행에 착수하게 되는 것이 보통이다.
② 변론을 거칠 것인가, 서면심리에 의할 것인가, 소명만으로 발령할 것인가, 담보를 제공하게 할 것인가, 그 담보의 종류와 범위는 어떻게 할 것인가 등은 모두 법원의 자유재량에 속한다.
③ 가압류가 집행된 뒤에 3년간 본안의 소를 제기하지 아니한 때에는 가압류가 인가된 뒤에도 그 취소를 신청할 수 있는 바 이 경우에는 이해관계인은 신청할 수 없다.
④ 가압류에 의하여 보전하고자 하는 청구권에 충분한 물적담보권이 붙어 있는 경우에는 원칙적으로 가압류 보전의 필요성이 없는 것으로 보아야 한다.
⑤ 피보전권리에 관하여 이미 확정판결을 가지고 있는 때에는 원칙적으로 보전의 필요성이 없다.

> **해설** 채무자는 가압류이유가 소멸되거나 그 밖에 사정이 바뀐 때, 법원이 정한 담보를 제공한 때, 가압류가 집행된 뒤에 3년간 본안의 소를 제기하지 아니한 때에는 가압류가 인가된 뒤에도 그 취소를 신청할 수 있다. 가압류가 집행된 뒤에 3년간 본안의 소를 제기하지 아니한 때에 해당하는 경우에는 이해관계인도 신청할 수 있다(「민사집행법」 제288조 제1항).

40 민사소송의 제기에 관한 다음 설명 중 가장 적절하지 않은 것은?

① 통상의 소를 제기함에는 원칙적으로 소장이라는 서면을 제1심법원에 제출할 것을 요한다.
② 입증방법은 소장의 필요적 기재사항이다.
③ 소장에는 당사자와 법정대리인, 청구의 취지와 원인을 적어야 한다.
④ 당사자는 원고와 피고를 말한다.
⑤ 소장의 부본은 특별한 사정이 없으면 바로 피고에게 송달하여야 한다.

> **해설** 소장에 기재해야 하는 필수 사항(「민사소송법」 제249조 및 제274조 제1항)
> • 당사자의 성명·명칭 또는 상호와 주소
> • 법정대리인의 성명과 주소
> • 사건의 표시
> • 청구 취지
> • 청구 원인
> • 덧붙인 서류의 표시
> • 작성한 날짜
> • 법원의 표시

41 지급명령에 관한 다음 설명 중 가장 적절하지 않은 것은?

① 지급명령의 신청을 각하하는 결정에 대하여는 불복할 수 있다.
② 금전, 그 밖에 대체물이나 유가증권의 일정한 수량의 지급을 목적으로 하는 청구에 대하여 법원은 채권자의 신청에 따라 지급명령을 할 수 있다.
③ 채무자가 지급명령에 대하여 적법한 이의신청을 한 경우에는 지급명령을 신청한 때에 이의신청된 청구목적의 값에 관하여 소가 제기된 것으로 본다.
④ 채권자의 신청에 의해 채무자를 심문하지 않고 서면심리만으로 지급명령을 발하는 절차이다.
⑤ 지급명령을 신청할 수 있는 청구한도액에는 제한이 없다.

> **해설** 신청을 각하하는 결정에 대하여는 불복할 수 없다(「민사소송법」 제465조 제2항).

정답 40 ② 41 ①

42. 다음은 집행문에 관한 설명이다. 가장 적절하지 않은 것은?

① 강제집행을 하려면 원칙적으로 집행문이 부기된 집행권원의 정본(집행력 있는 정본)이 있어야 한다.
② 가처분 명령을 집행하는 경우에도 반드시 집행문이 필요하다.
③ 확정된 지급명령이 집행권원인 경우에는 원칙적으로 집행문의 부여 없이도 집행할 수 있다.
④ 집행문은 판결정본의 끝에 덧붙여 적는다.
⑤ 집행권원이 집행증서일 경우 집행문의 부여기관은 그 증서를 보존하는 공증인이다.

해설 가처분 명령은 채권자에게 고지되면 즉시 집행력이 생기며(「민사집행법」 제292조 제3항 참조), 당사자의 승계가 없는 한 집행문을 부여받을 필요가 없다(법원행정처, 법원실무제요 민사집행Ⅳ).

43. 민사소송에 관한 다음 설명 중 가장 적절하지 않은 것은?

① 판결선고기일에는 당사자가 출석하지 않아도 된다.
② 소송대리인의 권한은 서면으로 증명하여야 한다.
③ 소송대리인은 당해 소송에 있어서 제3자에 불과하므로 소송 참가를 할 수 있고 증인능력이 있다.
④ 소송법상 성립된 재판이 한번 외부에 선고되면 선고한 법원도 스스로 취소·변경할 수 없는 효력을 기속력이라 한다.
⑤ 어느 하나의 사건에 관하여 보통재판적과 특별재판적이 모두 있는 경우 특별재판적이 우선한다.

해설 보통재판적과 특별재판적이 공존하여 재판적의 경합이 있는 경우에는 원고가 임의로 한 곳을 택하여 소(訴)를 제기할 수 있다.

44. 채권압류 및 전부명령의 효력발생 시기로 가장 적절한 것은?

① 채권압류 및 전부명령 결정 시
② 채권압류 및 전부명령의 채권자 송달 시
③ 채권압류 및 전부명령의 제3채무자 송달 시
④ 채권압류 및 전부명령의 채무자 송달 시
⑤ 채권압류 및 전부명령의 확정 시

해설 ※ 시험 출제 후 이의제기가 수용되어 모두 정답 처리되었음
채권압류명령의 효력은 제3채무자에게 송달된 때에 발생한다(「민사집행법」 제227조 제3항). '채권압류'와 '전부명령'은 별개이므로 '채권압류 및 전부명령'의 효력은 '전부명령이 확정되면 제3채무자에게 송달된 때' 발생한다.

정답 42 ② 43 ⑤ 44 모두 정답

45 다음은 재산명시절차에 대한 설명이다. 가장 적절하지 않은 것은?

① 채무자는 재산명시명령을 송달받은 날로부터 1주 이내에 이의신청을 할 수 있다.
② 채무자에게 하는 재산명시명령의 송달은 「민사소송법」에 의한 공시송달의 방법으로는 할 수 없다.
③ 재산명시명령을 송달받은 채무자가 정당한 사유 없이 재산명시기일에 불출석하는 경우에는 법원은 3년 이하의 징역 또는 500만 원 이하의 벌금에 처한다.
④ 채무자가 채무를 이행하지 않고 있어야 하며, 채무 전부의 불이행은 물론이고, 채무 일부의 불이행이 있는 경우에도 신청할 수 있다.
⑤ 인낙조서에 의해서도 재산명시절차를 신청할 수 있다.

> **해설** 이의신청에 정당한 이유가 없거나 채무자가 정당한 사유 없이 기일에 출석하지 아니한 때에는 법원은 결정으로 이의신청을 기각하여야 한다(「민사집행법」 제63조 제4항).

46 압류금지채권에 관한 다음 설명 중 가장 적절하지 않은 것은?

① 채권자가 채권압류 및 추심명령에 기하여 채무자의 제3채무자에 대한 예금채권의 추심을 구하는 소를 제기한 경우 추심 대상 채권이 압류금지채권에 해당하지 않는다는 점은 채권자가 증명하여야 한다.
② 상계가 금지되는 채권이라면 설령 압류금지채권에 해당하지 않더라도 전부명령의 대상이 될 수 없다.
③ 원칙적으로 보험가입 당시 예정된 해당 보험의 만기환급금이 보험계약자의 납입보험료 총액을 초과하지 않으면 「민사집행법」 제246조 제1항 제7호에서 압류금지채권의 하나로 규정하는 '보장성보험'에 해당한다고 보아야 한다.
④ 주식회사의 이사, 대표이사의 보수청구권(퇴직금 등의 청구권을 포함한다)은 특별한 사정이 없는 이상 「민사집행법」 제246조 제1항 제4호 또는 제5호가 정하는 압류금지채권에 해당한다고 보아야 한다.
⑤ 법원은 당사자가 신청하면 채권자와 채무자의 생활형편, 그 밖의 사정을 고려하여 압류명령의 전부 또는 일부를 취소하거나 압류금지채권에 대하여 압류명령을 할 수 있다.

> **해설** 상계가 금지되는 채권이라고 하더라도 압류금지채권에 해당하지 않는 한 강제집행에 의한 전부명령의 대상이 될 수 있다(「민법」 제492조, 「민사집행법」 제229조 및 제246조 참조).

정답 45 ③ 46 ②

47 다음 중 유체동산에 대한 강제집행 방법으로 집행되는 것은?

① 이륜자동차
② 「선박등기법」에 따라 등기된 선박
③ 「자동차관리법」에 따라 등록된 자동차
④ 지명채권
⑤ 건설공제조합의 출자증권

> **해설** 이륜자동차는 자동차등록원부에 등록하는 대상이 아니므로 자동차 강제집행 방법이 아닌 유체동산에 대한 강제집행 방법에 의하여야 한다.

48 부동산 경매에 있어서 배당요구를 하지 않아도 배당을 받을 수 있는 사람들만 모두 고른 것은?

> ㄱ. 첫 경매 개시결정등기 전에 등기된 지상권자
> ㄴ. 선행사건의 배당요구 종기까지 이중경매신청을 한 채권자
> ㄷ. 첫 경매 개시결정등기 전에 등기된 근저당권자
> ㄹ. 경매개시결정 등기 후에 가압류를 한 채권자

① ㄱ, ㄴ ② ㄴ, ㄹ
③ ㄷ, ㄹ ④ ㄱ, ㄷ
⑤ ㄴ, ㄷ

> **해설** ㄱ. 지상권자는 배당 대상에 해당하지 않는다.
> ㄹ. 집행력 있는 정본을 가진 채권자, 경매개시결정이 등기된 뒤에 가압류를 한 채권자, 「민법」・「상법」, 그 밖의 법률에 의하여 우선변제청구권이 있는 채권자는 배당요구를 할 수 있다(「민사집행법」 제88조 제1항).

49 부동산 매각대금의 배당절차에 관한 다음 설명 중 가장 적절하지 않은 것은?

① 배당기일에 출석한 이해관계인과 배당을 요구한 채권자가 합의한 때에는 이에 따라 배당표를 작성하여야 한다.
② 법원은 채권자와 채무자에게 보여 주기 위하여 배당기일의 3일 전에 배당표원안을 작성하여 법원에 비치하여야 한다.
③ 집행력 있는 집행권원의 정본을 가진 채권자에 대하여 배당기일에 이의한 채무자는 배당이의의 소를 제기하여야 한다.
④ 배당이의한 채권자가 배당기일부터 1주 이내에 집행법원에 대하여 배당이의의 소를 제기한 사실을 증명하는 서류를 제출하지 아니한 때에는 이의가 취하된 것으로 본다.
⑤ 매수인이 매각대금을 지급하면 법원은 배당에 관한 진술 및 배당을 실시할 기일을 정하고 이해관계인과 배당을 요구한 채권자에게 이를 통지하여야 한다.

해설 집행력 있는 집행권원의 정본을 가진 채권자에 대하여 이의한 채무자는 청구이의의 소를 제기하여야 한다(「민사집행법」 제154조 제2항).

50 다음 중 가압류의 대상에 해당하지 않는 것은?

① 등기된 토지
② 등기된 건물
③ 건설업면허권
④ 광업권
⑤ 어업권

해설 「건설업법」 제6조, 제7조, 제9조, 제16조의2, 제13조, 제15조의 규정에 의하면, 건설부장관의 인가를 받아 건설업의 양도가 적법하게 이루어지면 건설업면허는 당연히 양수인에게 이전되는 것일 뿐, 건설업을 떠난 건설업면허 자체는 건설업을 합법적으로 영위할 수 있는 자격에 불과한 것으로서 양도가 허용되지 아니하는 것이라 할 것이므로, 결국 건설업자의 건설업면허는 법원이 강제집행의 방법으로 이를 압류하여 환가하기에는 적합하지 아니한 것이라 할 것이다(대법원 1994.12.15. 자 94마1802, 94마1803 결정).

정답 49 ③ 50 ③

제3과목 신용관리실무

51 다음 중 '신용정보주체의 신용거래능력을 판단할 수 있는 정보'로 가장 적절하지 않은 것은?

① 개인의 직업
② 개인의 채무
③ 개인의 납세실적
④ 개인의 전자우편주소
⑤ 개인의 재산

해설 '신용정보주체의 신용거래능력을 판단할 수 있는 정보'란 개인의 직업·재산·채무·소득의 총액 및 납세실적을 말한다(「신용정보의 이용 및 보호에 관한 법률」 제2조 제1호 라목 참조).

52 다음 중 「신용정보법」에서 정한 '신용정보업'으로 가장 적절하지 않은 것은?

① 개인신용평가업
② 본인신용정보관리업
③ 개인사업자신용평가업
④ 기업신용조회업
⑤ 신용조사업

해설 "신용정보업"이란 개인신용평가업, 개인사업자신용평가업, 기업신용조회업, 신용조사업 중 하나에 해당하는 업(業)을 말한다(「신용정보의 이용 및 보호에 관한 법률」 제2조 제5호).

53 「채권추심법」상 채권추심자가 채권자로부터 채권추심을 위임받은 경우, 채권추심에 착수하기 전까지 채무자에게 서면으로 통지하여야 할 내용(사항)으로 가장 적절하지 않은 것은?

① 채권추심자의 성명·명칭 또는 연락처
② 채권자의 성명·명칭, 채무금액
③ 채무불이행 기간 등 채무에 관한 사항
④ 입금계좌번호, 계좌명 등 입금계좌 관련 사항
⑤ 법적 조치 관련 사항

해설 채권추심자가 채권자로부터 채권추심을 위임받은 경우, 채권추심에 착수하기 전까지 채무자에게 서면으로 통지하여야 할 내용(사항)(「채권의 공정한 추심에 관한 법률」 제6조 제1항 참조)
 • 채권추심자의 성명·명칭 또는 연락처(채권추심자가 법인인 경우에는 채권추심담당자의 성명, 연락처를 포함)
 • 채권자의 성명·명칭, 채무금액, 채무불이행 기간 등 채무에 관한 사항
 • 입금계좌번호, 계좌명 등 입금계좌 관련 사항

정답 51 ④ 52 ② 53 ⑤

54 채권추심업에 관한 다음 설명 중 가장 적절하지 않은 것은?

① 채권추심업이란 채권자의 위임을 받아 "변제하기로 약정한 날짜까지 채무를 변제하지 아니한 자"에 대한 재산조사, 변제의 촉구 또는 채무자로부터의 변제금 수령을 통하여 채권자를 대신하여 추심채권을 행사하는 행위를 말한다.
② 채권추심업을 영위하기 위해서는 금융위원회로부터 허가를 받아야 한다.
③ 채권추심업은 "타인"인 "채권자"의 채권을 위임받아 추심하는 것을 "영업으로" 하여야 한다.
④ 채권추심회사가 채권추심을 수임할 수 있는 대상채권에는 제한이 없다.
⑤ 일반적으로 채권추심업을 영위할 수 있는 자는 「신용정보법」상의 채권추심회사에 한하지만 「자산유동화에 관한 법률」의 자산관리자와 같이 각종 법규에서 특정한 목적을 위하여 추심을 할 수 있는 자를 정한 경우도 있다.

> **해설** 채권추심 대상채권(「신용정보의 이용 및 보호에 관한 법률」 제2조 제11호)
> - 「상법」에 따른 상행위로 생긴 금전채권
> - 판결 등에 따라 권원(權原)이 인정된 민사채권으로서 대통령령으로 정하는 채권
> - 특별법에 따라 설립된 조합·공제조합·금고 및 그 중앙회·연합회 등의 조합원·회원 등에 대한 대출·보증, 그 밖의 여신 및 보험 업무에 따른 금전채권
> - 다른 법률에서 채권추심회사에 대한 채권추심의 위탁을 허용한 채권

55 채권원인 서류 및 채권 관련 서류에 관한 다음 설명 중 가장 적절하지 않은 것은?

① 액면금액과 만기가 기재되지 않은 약속어음도 백지에 대한 보충권과 백지보충을 조건으로 한 어음상의 청구권을 표창하는 유가증권이다.
② 차용증에 서명이나 날인 대신 무인이 있는 경우 그 문서 전체에 관한 진정성립이 추정되지 않는다.
③ 부동산매매계약을 체결할 때에 부동산의 개황, 소유주 관계, 용익물권, 담보물권 현황 등을 알 수 있는 자료는 부동산등기사항전부증명서(부동산등기부등본)이다.
④ 법인의 형태 및 대표자 적격여부, 단독대표인지 공동대표인지, 주소의 일치여부 등을 알 수 있는 자료는 등기사항전부증명서(법인등기부등본)이다.
⑤ 자동차등록원부는 차량의 기종과 연식, 제원, 소유주관계, 담보물권 현황 및 보전처분 관계정보를 담고 있어 채무자가 보유한 차량의 재산적 가치를 파악할 수 있는 자료로 활용된다.

> **해설** 사문서는 본인 또는 대리인의 서명이나 날인 또는 무인(拇印)이 있는 때에는 진정한 것으로 추정한다 (「민사소송법」 제358조).

정답 54 ④ 55 ②

56 다음 설명 중 ( )에 들어갈 가장 적절한 이자율은?

- 상행위로 인한 채무의 법정이율은 연 (A)분(푼)으로 한다(「상법」 제54조).
- 대부업자가 개인이나 「중소기업기본법」 제2조 제2항에 따른 소기업에 해당하는 법인에 대부를 하는 경우 그 이자율은 연 100분의 27.9 이하의 범위에서 대통령령으로 정하는 연 (B)을 초과할 수 없다(「대부업법」 제8조 제1항, 같은 법 시행령 제5조 제1항).
- 이자 있는 채권의 이율은 다른 법률의 규정이나 당사자의 약정이 없으면 연 (C)푼으로 한다(「민법」 제379조).

	A	B	C
①	6	100분의 20	5
②	5	100분의 10	5
③	4	100분의 25	3
④	3	100분의 30	2
⑤	2	100분의 35	1

해설 적절한 이자율 산정
- 상행위로 인한 채무의 법정이율은 연 6분으로 한다(「상법」 제54조).
- 법 제8조 제1항에서 "대통령령으로 정하는 율"이란 연 100분의 20을 말한다(「대부업 등의 등록 및 금융이용자 보호에 관한 법률」 시행령 제5조 제2항).
- 이자 있는 채권의 이율은 다른 법률의 규정이나 당사자의 약정이 없으면 연 5푼으로 한다(「민법」 제379조).

57 다음 중 부동산등기사항증명서(부동산등기부등본)의 '을'구에 등기할 수 있는 권리가 아닌 것은?

① 저당권   ② 지상권
③ 전세권   ④ 환매권
⑤ 임차권

해설 등기기록에는 부동산의 표시에 관한 사항을 기록하는 표제부와 소유권에 관한 사항을 기록하는 갑구(甲區) 및 소유권 외의 권리에 관한 사항을 기록하는 을구(乙區)를 둔다. 을구에 등기할 수 있는 권리로는 저당권, 전세권, 지역권, 지상권, 임차권 등이 있으며, 환매권은 해당하지 않는다(「부동산등기법」 제15조 제2항 참조).

58 위임직채권추심인에 관한 다음 설명 중 가장 적절하지 않은 것은?

① 채권추심회사가 위임 또는 그에 준하는 방법으로 채권추심업무를 하도록 한 자를 위임직채권추심인이라 한다.
② 채권추심회사는 그 소속 위임직채권추심인이 되려는 자를 금융위원회에 등록하여야 한다.
③ 위임직채권추심인이 정당한 사유 없이 1년 이상 계속하여 등록한 영업을 하지 아니한 경우 금융위원회는 업무의 전부 또는 일부의 정지를 명할 수 있다.
④ 채권추심회사는 그 소속 위임직채권추심인이 채권추심업무를 함에 있어 법령을 준수하고 건전한 거래질서를 해하는 일이 없도록 성실히 관리하여야 한다.
⑤ 위임직채권추심인은 소속 채권추심회사 외의 자를 위하여 채권추심업무를 할 수 없다.

해설 금융위원회는 위임직채권추심인이 정당한 사유 없이 1년 이상 계속하여 등록한 영업을 하지 아니한 경우 그 등록을 취소할 수 있다(「신용정보의 이용 및 보호에 관한 법률」 제27조 제6항 제6호).

59 신용분석정보 추적단서 중 등기사항전부증명서(법인등기부등본)를 통하여 획득할 수 있는 정보가 아닌 것은?

① 법인의 본점·지점 소재지
② 대표이사의 주소지
③ 법인의 해산 또는 청산
④ 지배인
⑤ 법인의 사업자등록번호

해설 법인의 사업자등록번호가 기재되어 있는 것은 사업자등록증이다.

60 채권추심회사에서 채권추심업무를 할 수 없는 자는?

① 만 19세 이상인 자
② 파산선고를 받고 복권된 자
③ 금고 이상의 실형을 선고받고 집행이 면제된 날부터 3년이 경과된 자
④ 500만 원의 벌금형을 선고받은 자
⑤ 금고 이상의 형의 집행유예를 선고받고 그 유예기간이 경과되지 않은 자

해설 채권추심회사는 금고 이상의 형의 집행유예를 선고받고 그 유예기간 중에 있는 자를 임직원으로 채용하거나 고용하여서는 아니 되며, 위임 또는 그에 준하는 방법으로 채권추심업무를 하여서는 아니 된다(「신용정보의 이용 및 보호에 관한 법률」 제27조 제1항 제5호).

정답 58 ③ 59 ⑤ 60 ⑤

61 「채권추심 가이드라인」상 채권추심과 관련하여 채권추심자의 금지행위로 가장 적절하지 않은 것은?

① 법적인 집행권원이 없으면서도 채무를 변제하지 아니하는 경우 곧바로 압류·경매 등 강제집행 신청이나 재산관계명시신청 등을 취하겠다고 언급하는 행위
② 오후 늦게 채무자의 집을 방문하여 채무자 또는 관계인의 퇴거 요구에도 불구하고 오후 9시가 넘도록 떠나지 아니하는 행위
③ 주채무자가 채무상환계획에 따라 정상적으로 변제를 하고 있음에도 불구하고 보증인에게 주채무자가 변제를 하고 있지 아니하니 채무를 변제하라고 요구하는 행위
④ 법률상 압류가 금지되는 동산임에도 불구하고 생활에 필요한 의복·침구·부엌기구 등을 매각하여 변제하도록 강요하는 행위
⑤ 채권추심에 관한 민사상 또는 형사상 법적인 절차가 진행되고 있다는 사실을 알리는 행위

해설 ① 「채권추심법」 제9조 제1호
② 「채권추심법」 제9조 제2호
③ 「채권추심법」 제9조 제4호
④ 「채권추심법」 제9조 제5호

62 수표에 관한 다음 설명 중 가장 적절하지 않은 것은?

① 자기앞수표는 은행이 발행인과 지급인을 겸하고 있어서 수표의 명칭과 같이 '자기(은행)' 앞으로 지급을 위탁하는 수표다.
② 수표의 금액을 글자와 숫자로 적은 경우에 그 금액에 차이가 있으면 큰 금액을 수표금액으로 한다.
③ 미완성으로 발행한 수표에 미리 합의한 사항과 다른 내용을 보충한 경우에는 그 합의의 위반을 이유로 소지인에게 대항하지 못한다.
④ 수표는 보증에 의하여 그 금액의 전부 또는 일부의 지급을 담보할 수 있다.
⑤ 국내에서 발행하고 지급할 수표는 10일 내에 지급을 받기 위한 제시를 하여야 한다.

해설 수표의 금액을 글자와 숫자로 적은 경우에 그 금액에 차이가 있으면 글자로 적은 금액을 수표금액으로 한다 (「수표법」 제9조 제1항).

61 ⑤ 62 ② **정답**

63 다음 중 신용관리담당자에게 허용되는 채권관리 행위로서 가장 적절한 것은?

① 채권자가 채권관리를 위하여 근저당권이 설정된 회사의 공장건물에 무단침입하고 건물에 부착되어 있던 자물쇠를 손괴한 행위
② 채권자가 채무자에 대한 채권보전조치를 위하여 상속 부동산의 대위등기 및 가압류 조치를 하기 위하여 부동산 소유자인 채무자의 아버지인 A의 주민등록초본을 발급받고자 A가 채무자인 것으로 기재하고 발급받은 행위
③ 수신거부 등이 없고 채무자와의 연락이 잘 됨에도 불구하고 채무자와 일시와 장소를 협의를 하지 않고 채무자가 있는 곳을 방문하는 행위
④ 채권추심업을 허가받은 신용정보회사가 주민등록법규에 따라 채무자의 주민등록초본을 발급받는 행위
⑤ 변제기간 내에 변제하지 못한 채무자에게 독촉장을 엽서로 변제 요구를 하여 채무자 외의 자가 채무사실을 알 수 있게 하는 행위

해설 채권추심업을 허가받은 신용정보회사가 그 업무를 하기 위하여 특정인의 소재 등을 알아내는 행위는 허용된다(「신용정보의 이용 및 보호에 관한 법률」 제40조 제1항 제4호).

64 채무자가 사망한 채권에 대한 채권추심 시 다음 설명 중 가장 적절하지 않은 것은?

① 상속인이 상속포기를 하였다면 채권추심 제한대상이므로 추심을 하여서는 안 된다.
② 상속인이 기한 내(상속개시 있음을 안 날로부터 3월) 상속포기나 한정승인 하지 않고 포괄승계(단순승인)한 경우 상속인에게 채권추심을 할 수 있다.
③ 상속인이 기간 내에 상속포기 등을 하지 않았다면 상속인의 고유재산에 대해서도 강제집행을 할 수 있으므로 재산조사가 필요하다.
④ 상속인이 기간 내에 상속포기 등을 하지 않았고 채무자 사망 전에 집행권원을 획득한 경우 승계집행문을 부여받을 필요 없이 상속인의 재산에 대한 강제집행을 할 수 있다.
⑤ 상속인이 기간 내에 상속포기 등을 하지 않았고 채무자 사망 전에 집행권원을 획득하지 못한 경우 상속인 재산에 먼저 가압류를 신청하고 소를 제기하여 집행권원을 획득할 수 있다.

해설 채무자 사망 시 사망 전에 채무자를 상대로 집행권원을 획득한 경우에는 승계집행문을 부여받은 후 상속인의 재산에 대한 강제집행을 해야 한다.

정답 63 ④ 64 ④

65. 다음 설명 중 ( )에 들어갈 가장 적절한 숫자와 금액은?

- 신용정보회사 등이나 그 밖의 신용정보 이용자(수탁자를 포함한다)가 고의 또는 중대한 과실로 이 법을 위반하여 개인신용정보가 누설되거나 분실·도난·누출·변조 또는 훼손되어 신용정보주체에게 피해를 입힌 경우에는 해당 신용정보주체에 대하여 그 손해의 (A)배를 넘지 아니하는 범위에서 배상할 책임이 있다(「신용정보법」 제43조 제2항).
- 신용정보주체는 신용정보회사 등이나 그로부터 신용정보를 제공받은 자가 이 법의 규정을 위반한 경우에는 신용정보회사 등이나 그로부터 신용정보를 제공받은 자에게 제43조에 따른 손해배상을 청구하는 대신 (B)만 원 이하의 범위에서 상당한 금액을 손해액으로 하여 배상을 청구할 수 있다(「신용정보법」 제43조의2 제1항).

	A	B
①	5	300
②	4	200
③	3	300
④	2	500
⑤	2	300

해설 손해배상의 책임 및 법정손해배상의 청구
- 신용정보회사 등이나 그 밖의 신용정보 이용자(수탁자를 포함한다)가 고의 또는 중대한 과실로 이 법을 위반하여 개인신용정보가 누설되거나 분실·도난·누출·변조 또는 훼손되어 신용정보주체에게 피해를 입힌 경우에는 해당 신용정보주체에 대하여 그 손해의 5배를 넘지 아니하는 범위에서 배상할 책임이 있다. 다만, 신용정보회사 등이나 그 밖의 신용정보 이용자가 고의 또는 중대한 과실이 없음을 증명한 경우에는 그러하지 아니하다(「신용정보의 이용 및 보호에 관한 법률」 제43조 제2항).
- 신용정보주체는 신용정보회사 등이나 그로부터 신용정보를 제공받은 자가 이 법의 규정을 위반한 경우에는 신용정보회사 등이나 그로부터 신용정보를 제공받은 자에게 제43조에 따른 손해배상을 청구하는 대신 300만 원 이하의 범위에서 상당한 금액을 손해액으로 하여 배상을 청구할 수 있다. 이 경우 해당 신용정보회사 등이나 그로부터 신용정보를 제공받은 자는 고의 또는 과실이 없음을 입증하지 아니하면 책임을 면할 수 없다(「신용정보의 이용 및 보호에 관한 법률」 제43조의2 제1항).

66. 약속어음에 관한 다음 설명 중 가장 적절하지 않은 것은?

① 만기가 적혀 있지 아니한 경우는 일람출급의 약속어음으로 본다.
② 지급지가 적혀 있지 아니한 경우는 발행지를 지급지 및 발행인의 주소지로 본다.
③ 약속어음에는 발행인의 기명날인 또는 서명을 적어야 한다.
④ 발행지가 적혀 있지 아니한 경우는 발행인의 명칭에 부기한 지(地)를 발행지로 본다.
⑤ 배서에는 조건을 붙일 수 있고, 일부의 배서도 유효하다.

해설 배서에는 조건을 붙여서는 아니 된다. 배서에 붙인 조건은 적지 아니한 것으로 본다(「어음법」 제12조 제1항).

67 신용관리담당자의 채권추심활동에 관한 다음 설명 중 가장 적절하지 않은 것은?

① 채무자의 재산 및 소득능력 기타 채무자와 관계되는 정보를 정확히 파악한 후 상담한다.
② 채무자에게 채무변제를 설득하고 최적의 변제방안을 제시한다.
③ 회수가능성에 대한 점검은 입금약속 이행 여부, 보증인 입보 여부, 법적 조치 완료 여부, 최근 주소지 변동 유무 등을 판단자료로 활용한다.
④ 채무자의 불만사항에 대한 대응방법을 수립한다.
⑤ 채무자가 변제의사는 있지만 변제능력이 부족한 경우에는 채권회수의 가능성이 희박하므로 채권상담을 보류하는 것이 효과적이다.

> **해설** 변제의사는 있지만 변제능력이 부족한 채무자는 변제능력이 회복될 때까지 변제를 유예하거나 채무감면을 통하여 회수하는 방안이 효과적이다.

68 「채무자 회생 및 파산에 관한 법률」상 '개인회생'에 관한 다음 설명 중 가장 적절하지 않은 것은?

① 채무자에 대하여 개인회생절차개시 결정 후의 원인으로 생긴 재산상의 청구권은 개인회생채권으로 한다.
② 채무자는 개인회생절차개시 결정이 있을 때까지 개인회생채권자목록에 기재된 사항을 수정할 수 있다.
③ 법원은 개인회생절차개시 결정 전에 이해관계인의 신청에 의하거나 직권으로 채무자의 재산에 관하여 가압류·가처분 그 밖의 필요한 보전처분을 할 수 있다.
④ 채무자는 개인회생절차의 개시결정이 있기 전에는 개인회생절차개시 신청을 취하할 수 있다.
⑤ 채무자가 보전처분 또는 중지명령을 받은 후에는 법원의 허가를 받아야 개인회생절차개시 신청을 취하할 수 있다.

> **해설** 채무자에 대하여 개인회생절차개시 결정 전의 원인으로 생긴 재산상의 청구권은 개인회생채권으로 한다(「채무자 회생 및 파산에 관한 법률」 제581조 제1항).

정답 67 ⑤ 68 ①

69 「채무자 회생 및 파산에 관한 법률」상 후순위파산채권으로 가장 적절하지 않은 것은?

① 파산선고 후의 이자
② 파산선고 후의 불이행으로 인한 손해배상액 및 위약금
③ 파산절차참가비용
④ 벌금·과료·형사소송비용·추징금 및 과태료
⑤ 「주택임대차보호법」상 최우선변제금

> **해설** 후순위파산채권(「채무자 회생 및 파산에 관한 법률」제446조 제1항)
> - 파산선고 후의 이자
> - 파산선고 후의 불이행으로 인한 손해배상액 및 위약금
> - 파산절차참가비용
> - 벌금·과료·형사소송비용·추징금 및 과태료
> - 기한이 파산선고 후에 도래하는 이자 없는 채권의 경우 파산선고가 있은 때부터 그 기한에 이르기까지의 법정이율에 의한 원리의 합계액이 채권액이 될 계산에 의하여 산출되는 이자의 액에 상당하는 부분
> - 기한이 불확정한 이자 없는 채권의 경우 그 채권액과 파산선고 당시의 평가액과의 차액에 상당하는 부분
> - 채권액 및 존속기간이 확정된 정기금채권인 경우 각 정기금에 관하여 제5호의 규정에 준하여 산출되는 이자의 액의 합계액에 상당하는 부분과 각 정기금에 관하여 같은 호의 규정에 준하여 산출되는 원본의 액의 합계액이 법정이율에 의하여 그 정기금에 상당하는 이자가 생길 원본액을 초과하는 때에는 그 초과액에 상당하는 부분

70 「채무자회생 및 파산에 관한 법률」상 면책을 받은 채무자는 파산절차에 의한 배당을 제외하고는 파산채권자에 대한 채무 전부에 관하여 그 책임이 면제된다. 다음 중 책임이 면제되는 청구권만을 고른 것은?

> ㄱ. 고의로 가한 불법행위로 인한 손해배상
> ㄴ. 중대한 과실로 타인의 생명 또는 신체를 침해한 불법행위로 인하여 발생한 손해배상
> ㄷ. 근로자의 임금·퇴직금 및 재해보상금
> ㄹ. 근로자의 임치금 및 신원보증금
> ㅁ. 양육자 또는 부양의무자로서 부담하여야 하는 비용

① ㄱ, ㄴ
② ㄷ, ㄹ
③ ㄹ, ㅁ
④ ㄴ, ㄹ, ㅁ
⑤ 없음

69 ⑤ 70 ⑤ **정답**

> **해설** 책임이 면제되지 않는 청구권(「채무자회생 및 파산에 관한 법률」 제566조)
> - 조세
> - 벌금·과료·형사소송비용·추징금 및 과태료
> - 채무자가 고의로 가한 불법행위로 인한 손해배상
> - 채무자가 중대한 과실로 타인의 생명 또는 신체를 침해한 불법행위로 인하여 발생한 손해배상
> - 채무자의 근로자의 임금·퇴직금 및 재해보상금
> - 채무자의 근로자의 임치금 및 신원보증금
> - 채무자가 악의로 채권자목록에 기재하지 아니한 청구권(채권자가 파산선고가 있음을 안 때에는 그러하지 아니함)
> - 채무자가 양육자 또는 부양의무자로서 부담하여야 하는 비용

71 甲의 乙에 대한 3,000만 원의 대여금 채권에 대하여 확정된 집행권원을 획득하였다. 이와 같은 사례에 관한 다음 설명 중 가장 적절하지 않은 것은?

① 甲은 확정판결에 기하여 乙이 은행에 가지는 예금채권에 대하여 채권압류 및 추심명령 신청을 할 수 있다.
② 甲이 乙의 부동산에 가압류신청을 하면 원칙적으로 보전의 필요성이 존재하므로 법원은 이를 허용할 수 있다.
③ 甲이 乙을 상대로 위 집행권원을 획득하기 전 가압류결정을 받았고 상당한 기간이 지나도록 본집행을 하지 아니하고 있는 경우 보존의 필요성이 소멸되어 사정변경이 있다는 이유로 가압류 취소를 신청할 수 있다.
④ 乙의 재산을 알 수 없다면 甲은 乙의 주소지를 관할하는 법원에 재산명시신청을 할 수 있다.
⑤ 甲이 재산명시신청을 하여도 乙의 재산이 발견되지 않은 경우 재산명시신청을 한 법원에 재산조회를 신청할 수 있다.

> **해설** 피보전권리에 관하여 이미 확정판결이나 그 밖의 집행권원(조정, 화해 등의 조서 또는 집행증서)을 가지고 있는 때에는 원칙적으로 보전의 필요성이 없다.

정답 71 ②

72 「소액사건심판법」에 관한 다음 설명 중 가장 적절하지 않은 것은?

① 법령에서 정한 소액사건은 법원의 허가 없이 당사자의 배우자·직계혈족 또는 형제자매가 소송대리인이 될 수 있다.
② 채권자가 금전, 그 밖의 대체물이나 유가증권의 일정한 수량의 지급을 청구하는 경우 「소액사건심판법」을 적용받기 위해 청구를 분할하여 그 일부만을 청구할 수 있다.
③ 피고는 이행권고결정서의 등본을 송달받은 날부터 2주일 이내에 서면으로 이의신청을 할 수 있다.
④ 법원은 이의신청이 적법하지 아니하다고 인정되는 경우에는 그 흠을 보정할 수 없으면 결정으로 그 이의신청을 각하하여야 한다.
⑤ 피고가 이행권고결정서의 등본을 송달받은 날부터 2주일 이내 이의신청을 하지 아니한 경우 확정판결과 같은 효력을 가진다.

해설 채권자는 금전, 그 밖의 대체물이나 유가증권의 일정한 수량의 지급을 목적으로 하는 청구의 경우에는 이 법을 적용받기 위해 청구를 분할하여 그 일부만을 청구할 수 없다(「소액사건심판법」 제5조의2 제1항).

73 다음 중 원칙적으로 집행문을 부여받지 않아도 강제집행을 할 수 있는 것은?

① 강제집행 인낙의 의사표시가 있는 금전소비대차계약공정증서
② 화해권고결정
③ 집행의 조건이 붙은 지급명령
④ 이행권고결정
⑤ 조정조서

해설 집행문의 부여는 모든 집행권원에 필요한 것이 원칙이지만 집행의 신속·간이성을 위해 확정된 지급명령, 확정된 이행권고판결, 가압류명령이 있을 때에는 집행문을 부여받지 않아도 된다(「민사집행법」 제58조 제1항 및 제292조, 「소액사건심판법」 제5조의8 제1항).

74 甲은 乙에 대한 1억 원의 물품대금 채권을 가지고 있다. 이와 같은 사례에 대한 다음 설명 중 가장 적절하지 않은 것은?

① 甲은 乙을 상대로 甲의 주소지를 관할하는 법원에 지급명령을 신청할 수 있다.
② 甲의 지급명령 신청에 대하여 乙이 지급명령 송달을 받은 날부터 2주 이내에 이의신청을 하지 않으면 확정판결과 같은 효력을 가진다.
③ 甲이 확정된 지급명령으로 乙의 재산에 강제집행을 하면 乙은 소멸시효 완성을 이유로 지급명령에 따라 확정된 청구에 관하여 이의의 소를 제기할 수 없다.
④ 甲이 乙을 상대로 소를 제기하였는데, 乙이 소장부분 등을 송달받지 않아 공시송달로 판결이 확정된 경우 乙은 그 책임을 질 수 없는 사유로 인하여 불변기간을 준수할 수 없었다면 그 사유가 없어진 후 2주 내에 추완항소를 할 수 있다.
⑤ 甲은 금전의 지급을 명한 집행권원이 확정된 후 6월 이내에 乙이 채무를 이행하지 아니하면 乙을 채무불이행자명부에 올리도록 신청할 수 있다.

해설 채무자가 판결에 따라 확정된 청구에 관하여 이의하려면 제1심 판결법원에 청구에 관한 이의의 소를 제기하여야 한다(「민사집행법」 제44조 제1항).

75 채권자가 채무자의 재산에 가압류를 신청하여 결정을 받은 경우 다음 중 채무자의 대응 방법으로 가장 적절하지 않은 것은?

① 가압류에 대한 이의신청
② 사정변경에 따른 가압류 취소신청
③ 본안의 제소명령 신청
④ 해방공탁신청
⑤ 본집행으로 이전신청

해설 ⑤ 본집행은 채권자에게 종국적 만족을 주는 집행이다.
① 채무자는 가압류결정에 대하여 이의를 신청할 수 있다(「민사집행법」 제283조 제1항).
② 채무자는 가압류이유가 소멸되거나 그 밖에 사정이 바뀐 때에 가압류가 인가된 뒤에도 그 취소를 신청할 수 있다(「민사집행법」 제288조 제1항 참조).
③ 가압류법원은 채무자의 신청에 따라 변론 없이 채권자에게 상당한 기간 이내에 본안의 소를 제기하여 이를 증명하는 서류를 제출하거나 이미 소를 제기하였으면 소송계속사실을 증명하는 서류를 제출하도록 명하여야 한다(「민사집행법」 제287조 제1항).
④ 가압류명령에는 가압류의 집행을 정지시키거나 집행한 가압류를 취소시키기 위하여 채무자가 공탁할 금액을 적어야 한다(「민사집행법」 제282조).

제4과목 고객관리 및 민원예방

76 신용관리담당자가 갖추어야 할 직업윤리 및 태도에 관한 다음 설명 중 가장 적절하지 않은 것은?

① 신용관리담당자는 합리적이고 공정한 수단에 의한 정보수집 및 분석, 정보의 활용 및 축적이 채권회수를 위한 첩경임을 인식하여야 한다.
② 신용관리담당자의 주관적 판단보다는 객관적인 입장에서 고객의 상황을 관찰하고 냉정하게 판단해야 한다.
③ 채무자에게 겸양의 태도로 대하고 그가 처한 상황에 관심을 나타내어 자발적인 변제의사를 이끌어 낸다.
④ 일관성 있는 채권관리를 위해 동일한 방법을 반복적으로 사용한다.
⑤ 정중한 언어사용과 적절한 행동으로 채무자와의 우호적인 관계를 지속적으로 유지한다.

해설 채권의 현황, 회수자원 및 방법 등 제반사항을 고려하여 다양한 방법을 사용한다.

77 리스크 관리에 관한 다음 설명 중 (　)에 들어갈 내용으로 가장 적절한 것은?

> 금융회사 등은 채권의 추심 및 매각과 관련하여 다음 리스크에 노출될 수 있음을 인지하고, 내부통제 기준을 마련하는 등 리스크를 관리하여야 한다(「채권추심 가이드라인」 제6조 제1항).
> (　A　)는 부정적인 여론 등에 따라 금융회사 등의 수익 및 자본이 감소하는 위험을 말한다.
> (　B　)는 법규 및 규정 등을 위반함에 따라 금융회사 등의 수익 및 자본이 감소하는 위험을 말한다.

	A	B
①	컴플라이언스리스크	평판리스크
②	운영리스크	전략리스크
③	평판리스크	컴플라이언스리스크
④	전략리스크	운영리스크
⑤	컴플라이언스리스크	전략리스크

해설 리스크의 종류
- 평판리스크는 부정적인 여론 등에 따라 금융회사 등의 수익 및 자본이 감소하는 위험을 말한다(「채권추심 및 대출채권 매각 가이드라인」 제6조 제1항 제2호).
- 컴플라이언스리스크는 법규 및 규정 등을 위반함에 따라 금융회사 등의 수익 및 자본이 감소하는 위험을 말한다(「채권추심 및 대출채권 매각 가이드라인」 제6조 제1항 제3호).
  ※ 시험 시행 당시 적용되었던 「채권추심 및 대출채권 매각 가이드라인」의 제6조는 개정(24.11.29.)을 거치며 삭제되었습니다.

78 다음 설명 중 ( )에 들어갈 용어로 가장 적절한 것은?

> ( )(이)란 상속재산 중 상속인에게 유보되는 최소한의 몫 또는 법률상 상속인에게 귀속되는 것이 보장되는 상속재산에 대한 일정비율을 의미한다.

① 상속의 포기 ② 유류분
③ 한정승인 ④ 유 증
⑤ 대습상속

해설
① 상속의 포기란 상속개시에 따라 피상속인에게 속하던 재산상의 권리·의무의 일체가 상속인에게 당연히 이전되는 상속의 효과를 거부하는 행위를 말한다.
③ 한정승인이란 상속인이 상속으로 취득하게 될 재산의 한도에서 피상속인의 채무와 유증을 변제할 것을 조건으로 상속을 승인하려는 의사표시를 말한다.
④ 유증이란 유언을 통해 무상으로 재산상의 이익을 타인에게 주는 것을 말한다.
⑤ 대습상속이란 상속인이 될 직계비속 또는 형제자매가 상속개시 전에 사망하거나 결격자가 된 경우에 그 직계비속이 있는 때에는 그 직계비속이 사망하거나 결격된 자의 순위에 갈음하여 상속인이 되는 것을 말한다.

79 예절에 관한 다음 설명 중 가장 적절하지 않은 것은?

① 인사는 상대방을 위한 것이 아닌 나 자신을 위한 것임을 명심하고 내가 먼저 한다는 자세가 중요하다.
② 엘리베이터 안이나 복도 또는 계단에서 인사하는 경우나 자주 대할 때에는 가벼운 인사, 즉 목례를 하는 것이 일반적이다.
③ 명함을 받으면 그 자리에서 상대방의 근무처, 직위, 성명 등을 확인하여 대화 중 실수가 없도록 한다.
④ 인사는 시선을 상대방의 눈에 맞춘 다음 인사말을 밝고 분명하게 하는 것이 바람직하다.
⑤ 교육이나 회의 진행 중에 누군가 들어오면 반드시 일어서서 눈을 맞추며 인사한다.

해설 인사를 할 정도의 여유가 있다면 상황에 맞게 가벼운 목례를 한다.

정답 78 ② 79 ⑤

80 채권추심 관련 금지행위에 관한 다음 행위 중 (   )에 들어갈 숫자로 가장 적절한 것은?

> 「채권추심법」 제9조 제2호에 따라 정당한 사유 없이 반복적으로 또는 야간[오후 (A)시 이후부터 다음 날 오전 (B)시까지]에 방문하는 행위

	A	B
①	9	10
②	8	10
③	7	8
④	9	8
⑤	8	9

해설 채권추심자는 채권추심과 관련하여 정당한 사유 없이 반복적으로 또는 야간(오후 9시 이후부터 다음 날 오전 8시까지)에 채무자나 관계인을 방문함으로써 공포심이나 불안감을 유발하여 사생활 또는 업무의 평온을 심하게 해치는 행위를 하여서는 아니 된다(「채권의 공정한 추심에 관한 법률」 제9조 제2호).

81 고객의 불만을 고객의 신뢰로 바꾸기 위한 노력으로 가장 적절하지 않은 것은?

① 고객의 타당한 불만에 대하여 자사의 실수나 잘못을 인정하고 진실한 사과와 보상을 위한 행동 등으로 투명하게 불만을 처리한다.
② 고객의 불만에 대하여 사실과 감정을 구분하여 듣되, 고객이 잘못 알고 있는 부분은 이야기 도중이라도 끼어들어 상세히 설명한다.
③ 고객 불만처리 시 고객이 원한다면 무엇이든 응한다는 마음의 자세를 갖는 것은 중요하나, 처리에 있어서는 내용을 파악 후 그에 맞는 조치를 내어 고객의 동의를 얻어 처리한다.
④ 고객의 불만을 검토하여 새로운 제품 및 서비스 아이디어를 발굴하는 기회로 삼는다.
⑤ 고객의 불만이 무엇인지 적극적으로 경청한다.

해설 긍정적인 대화와 고객의 존중을 위해 고객이 잘못 알고 있는 부분은 이야기를 다 듣고 난 후 정정하거나 설명해야 한다.

정답 80 ④ 81 ②

82 다음에서 설명한 용어로 가장 적절한 것은?

> (　　　) 이론에 의하면 사람의 자아상태의 특성에 따라 부모(P), 성인(A), 어린이(C)의 자아상태 유형으로 분류하고, 다시 부모의 자아상태는 「엄격한 부모 마음(CP)」, 「보호적인 부모 마음(NP)」, 어린이의 자아상태는 「자유로운 어린이 마음(FC)」, 「순응하는 어린이 마음(AC)」을 가진 자로 나누어 보고 있다. 신용관리담당자는 자신의 자아상태를 파악해 보고 지나치게 높은 자아는 낮추고 부족한 자아는 높여 성공적인 상담이 되도록 노력하여야 한다.

① MOT(Moment of Truth)
② VOC(Voice of Customer)
③ TA(Transactional Analysis)
④ CS(Customer Satisfaction)
⑤ T/M(Telemarketing)

해설
① MOT(Moment of Truth) : 고객이 조직의 어떤 일면과 접촉하는 접점으로서, 서비스를 제공하는 조직과 그 품질에 대해 어떤 인상을 받는 순간이나 사상(事象)을 말한다.
② VOC(Voice of Customer) : 고객의 소리를 통합하여 기업활동에 활용할 수 있도록 설계해 주는 시스템이다.
④ CS(Customer Satisfaction) : 상품이나 서비스에 대한 고객의 사전기대보다 사용실감이 크거나 높은 것을 말한다.
⑤ T/M(Telemarketing) : 고객의 데이터베이스를 활용하여 전화 등의 매체로 세일즈를 하는 마케팅이다.

83 불만고객에 관한 다음 설명 중 가장 적절하지 않은 것은?

① 고객의 불만요인을 찾아 시정하면 회사의 서비스가 개선되어 고객만족 요인으로 전환될 수 있다.
② 고객은 만족한 사실보다는 불만족한 사실을 오래 기억하는 경향이 있다.
③ 고객의 불만을 잘 해결하는 경우 고객의 충성도를 높이는 기회가 될 수 있다.
④ 사소한 아이디어 하나, 경쟁사가 제공하지 않는 서비스 하나가 고객에게 큰 감동을 줄 수 있다.
⑤ 일반적으로 고객은 불만을 자기 마음속에만 품고 있어 고객의 불만사항은 제3자에게 잘 알려지지 않는다.

해설 불만이 있는 고객은 대개 제3자에게 그 내용을 전달하여 나쁜 소문을 만들기도 한다.

정답 82 ③　83 ⑤

84 신용관리담당자의 업무능력 향상 방법에 관한 다음 설명 중 가장 적절하지 않은 것은?

① 역할연기 학습을 통하여 습득한 지식을 실무에 적용할 수 있는 능력을 향상시킨다.
② 고객과의 대화를 원활히 진행하기 위해 사전에 작성한 대화대본은 질문할 내용과 순서를 충분히 생각한 후에 작성하고, 상대방과의 상담 포인트를 명확히 한다.
③ 스크립트(Script)를 작성하여 채권추심 관련 상담업무에 활용함으로써 상담의 목적과 방향성을 명확히 하고 응대의 수준을 일정하게 유지하며 일관성 있게 업무를 수행한다.
④ 고객과의 상담에서 훌륭한 스토리를 사용하여 깊은 공감을 일으키고 유익한 정보를 제공하도록 노력한다.
⑤ 실수 또는 실패에 대한 사례들은 스토리의 자원으로 활용도가 낮기 때문에 활용하지 않는 것이 바람직하다.

해설 실수 또는 실패에 대한 사례들은 스토리의 자원으로 활용도가 높기 때문에 활용하는 것이 바람직하다.

85 전화응대에 관한 다음 설명 중 가장 적절하지 않은 것은?

① 전화는 고객과 회사를 연결시켜 주는 중요한 의사소통 수단이다.
② 전화통화 시에는 고객과 직접 대면하지 못함에 따라 예절에 어긋날 수 있는 소지가 많음에 유의하여야 한다.
③ 전화응대 태도는 회사의 인상을 결정짓는 요소이다.
④ 고객의 변명이나 하소연은 끝까지 듣지 말고 중도에 차단한다.
⑤ 마무리 인사를 하고 전화통화가 끝나면 상대방이 수화기를 내려놓는 것을 확인한 후에 조용히 수화기를 내려놓는다.

해설 민원인이 전화로 변명을 하거나 구체적 요구사항 없이 하소연을 하는 경우 민원인의 말을 끊지 말고 성실하게 경청하며, 예의 바르게 응대해야 한다.

86 「채권추심 가이드라인」에 관한 다음 설명 중 가장 적절하지 않은 것은?

① 「채권추심 가이드라인」을 준수하는 것만으로 감독당국 및 사법당국의 제재 대상이 되지 아니함을 보장하지 않는다.
② 금융회사 등은 채권의 추심 및 매각과 관련하여 리스크에 노출될 수 있음을 인지하고, 내부 통제 기준을 마련하는 등 리스크를 관리하여야 한다.
③ 채권추심행위는 채무자(보증인 제외)가 채권자로부터 경제적 이익을 향유하였음에도 불구하고 약정한 기일 내에 채무를 변제하지 아니함에 따라 이루어지는 것이므로 채무자는 본인의 채무를 변제하여야 하는 법적인 책임이 있다.
④ 금융회사 등이 적법하게 채권을 추심하는 경우 채무자는 이에 대하여 신의에 좇아 성실하게 응하여야 한다.
⑤ 채권추심회사는 채권자와 채권추심위임계약이 종결되면 종결 이전에 발생한 불법·부당행위가 확인되어도 책임이 없다.

해설 금융회사는 채권을 매각하더라도 채권매각 이전에 발생하는 불법·부당행위에 대하여 책임이 있으며, 채권추심회사는 채권자와 채권추심위임계약이 종결되더라도 종결 이전에 발생하는 불법·부당행위에 대하여 책임이 있음을 유의하여야 한다(「채권추심 및 대출채권 매각 가이드라인」 제5조 제4항).

87 민원에 관한 다음 설명 중 가장 적절하지 않은 것은?

① 소비자의 의식수준이 지속적으로 높아지고 있으므로 민원의 예방을 위해서는 업무수행과정에서 법률과 규정을 준수하고 정확한 업무지식을 보유해야 할 필요성이 증대되고 있다.
② 민원인에 대하여 즉각적이고 구체적인 해결방안을 제시하여 문제 해결의 의지를 보이고 감사의 표시도 잊지 않는다.
③ 채권추심회사의 채권추심과 관련된 민원이 발생될 경우 수임사(채권추심회사)와 채권관리 담당자가 전담하여 민원을 해결하게 되므로 위임사(채권자)는 별다른 불이익을 받지 않는다.
④ 적절한 응대어를 구사하고, 요약·정리하고 확인하면서 민원내용을 적극적으로 청취한다.
⑤ 채무자는 고객이라는 생각으로 채무자가 회사와 나의 수익의 원천이라는 인식의 전환이 필요하다.

해설 위임사(채권자)는 감독기관의 위임사 평가 및 위임사 내부 평가에 반영되거나, 이미지가 훼손되는 등의 영향을 받는다.

88 「채권추심 가이드라인」의 추심 관련 내부통제에 관한 다음 설명 중 가장 적절하지 않은 것은?

① 금융회사 등은 금융회사 등 임직원이 관련 법규 및 내규를 준수하도록 지도하여야 한다.
② 금융회사 등은 채권 관련 원인서류, 채권추심 위임계약 서류, 채무자 관련 개인신용정보 등을 철저히 보관·관리하여 정보의 오·남용에 따른 피해를 방지하여야 한다.
③ 채권추심회사는 채권자와 채권추심 위임계약기간 종료 후 채권추심업 종사자가 채무감면을 약속하거나 채무변제금액을 수령하여 분쟁이 발생하는 경우 채무자에게 책임을 전가할 수 있다.
④ 금융회사 등은 금융회사 등 임직원을 대상으로 유인물 배포, 사내 집합교육 등의 방법을 통하여 불법적인 재산조회방법을 전파하거나 종용하여서는 아니 된다.
⑤ 채권추심회사 및 위임직채권추심인은 채권추심과 관련한 소송행위를 하여서는 아니 된다.

해설 채권추심회사는 채권자와 채권추심 위임계약기간 종료 후 채권추심업 종사자가 채무감면을 약속하거나 채무변제금액을 수령하여 분쟁이 발생하는 경우 채무자에게 책임을 전가하여서는 아니 된다(「채권추심 및 대출채권 매각 가이드라인」 제8조 제6항).

※ 시험 시행 당시 적용되었던 「채권추심 및 대출채권 매각 가이드라인」의 제8조는 개정(24.11.29.)을 거치며 삭제되었습니다.

89 「채권추심 가이드라인」에서 정한 채권추심업무 처리절차에 관한 다음 설명 중 가장 적절하지 않은 것은?

① 변제독촉장, 변제최고장, 채무정리 최종촉구 통고서 등의 우편물을 발송하여 채무상환을 요구하고, 채무불이행 시 불이익(연체정보 등록에 따른 금융거래 제한 등)에 대해 안내할 수 있다.
② 우편물과 별도로 전화나 문자메시지를 통하여 채무상환을 요구하고, 채무불이행 시 불이익에 대해 안내할 수 있다.
③ 우편물, 전화 또는 문자메시지 등을 통한 채무상환 요구에도 불구하고 변제가 이루어지지 아니 하거나 채무자와 연락이 닿지 아니하는 경우에는 우편물, 전화 또는 문자메시지 등을 통하여 방문추심에 대해 사전에 협의한 후 채무상환 요구, 소재파악 또는 재산조사를 위하여 자택, 근무지 또는 기타 소재지를 방문할 수 있다고 안내할 수 있다.
④ 상당기간 채무변제가 이루어지지 아니하는 경우 우편물, 전화 또는 문자메시지 등을 통하여 강제회수에 대한 법적 조치(가압류신청, 지급명령신청, 강제경매신청 등) 예고통보를 할 수 없다.
⑤ 채권자 또는 채권자협의회에 의하여 법원에 재산관계명시 또는 채무불이행자명부등재를 신청할 수 있다.

해설 상당기간 채무변제가 이루어지지 아니하는 경우 우편물, 전화 또는 문자메시지 등을 통하여 채권자 또는 채권자협의회에 의한 채무금액 강제회수에 대한 법적 조치(가압류신청, 지급명령신청, 강제경매신청 등) 예고통보를 할 수 있으며, 그럼에도 불구하고 변제가 이루어지지 아니하는 경우에는 법원으로부터 집행권원을 부여받아 강제집행을 통해 채권을 회수할 수 있다. 그 밖에도 채권자 또는 채권자협의회에 의하여 법원에 재산관계명시 또는 채무불이행등록을 신청할 수 있다(「채권추심 및 대출채권 매각 가이드라인」 별표2 제4항).

※ 시험 시행 당시 적용되었던 「채권추심 및 대출채권 매각 가이드라인」의 별표2는 개정(24.11.29.)을 거치며 삭제되었습니다.

90 「채권추심 가이드라인」의 채권추심 제한대상인 것만을 고른 것은?

ㄱ. 판결 등에 따라 권원이 인정되지 아니한 민사채권의 경우
ㄴ. 채무부존재 소송을 제기하는 경우
ㄷ. 채무자가 신용회복위원회의 신용회복지원 신청사실을 통지받은 경우
ㄹ. 개인회생절차개시 또는 파산·회생에 따라 면책된 채권인 경우
ㅁ. 채무자 사망 후 상속인이 상속포기한 경우

① ㄱ, ㄴ
② ㄷ, ㄹ
③ ㄹ, ㅁ
④ ㄴ, ㄹ, ㅁ
⑤ ㄱ, ㄴ, ㄷ, ㄹ, ㅁ

해설 채권추심 제한대상(「채권추심 및 대출채권 매각 가이드라인」 별표3 ②)
- 판결 등에 따라 권원이 인정되지 아니한 민사채권
- 채무자가 소멸시효 완성에 따라 추심중단을 요청하는 경우
- 소멸시효가 완성된 대출채권
- 채무부존재 소송을 제기하는 경우
- 채무자가 신용회복위원회의 신용회복지원 신청사실을 통지받은 경우
- 개인회생절차개시 또는 파산·회생에 따라 면책된 채권
- 중증환자 등으로 사회적 생활부조를 필요로 하는 경우
- 채무자 사망 후 상속인이 상속포기하거나 한정승인하는 경우

※ 시험 시행 당시 적용되었던 「채권추심 및 대출채권 매각 가이드라인」의 별표3은 개정(24.11.29.)을 거치며 삭제되었습니다.

정답 90 ⑤

91 「채권추심 가이드라인」의 채권추심 사후관리에 관한 다음 설명 중 가장 적절하지 않은 것은?

① 금융회사 등은 금융회사 등 임직원이 불법·부당한 추심행위를 하는지 여부를 수시로 확인하고 적법한 추심 활동이 이루어지도록 관리·감독하여야 한다.
② 채권추심회사는 전화 녹음시스템을 구축하여 채권추심업 종사자의 채권추심 내역을 녹음하고, 녹음기록을 일정 기간 보존하여야 한다.
③ 채권추심회사는 추심기록부의 세부적인 작성 기준을 마련하고 채권추심업 종사자가 추심활동 내역을 동 기록부에 작성하도록 하여야 한다.
④ 채무자의 개인정보가 외부로 유출되지 아니하도록 서면으로 보고하는 경우 등기우편으로 보내고, 저장 매체로 보고하는 경우 비밀번호를 지정하는 등 정보유출 소지를 사전에 차단하여야 한다.
⑤ 금융회사 등은 의뢰인의 주소와 성명, 의뢰받은 업무 내용 및 의뢰받은 날짜 등의 기록을 5년간 보존하여야 한다.

해설 금융회사 등은 「신용정보법」 제20조 제2항에 따라 의뢰인의 주소와 성명 또는 정보제공·교환기관의 주소와 이름, 의뢰받은 업무 내용 및 의뢰받은 날짜, 의뢰받은 업무의 처리내용 또는 제공한 신용정보의 내용과 날짜의 기록을 3년간 보존하여야 한다(「채권추심 및 대출채권 매각 가이드라인」 제29조 제6항).
※ 시험 시행 당시 적용되었던 「채권추심 및 대출채권 매각 가이드라인」의 제29조는 개정(24.11.29.)을 거치며 삭제되었습니다.

92 고객만족(CS)에 관한 다음 설명 중 가장 적절하지 않은 것은?

① 고객만족은 상품이나 서비스에 대한 고객의 사전기대보다 사용실감이 크거나 높은 것을 말한다.
② CS(고객만족)경영은 시장 내에서 공급이 수요를 초과(공급>수요)할 때 더욱 중요해진다.
③ 내부고객의 만족과 외부고객의 만족은 상호 반비례 관계이다.
④ 고객만족도를 결정하는 10가지 요소는 신뢰성, 접근성, 신용도, 기본자질, 안전성, 태도, 대화방법, 편의성, 고객 이해도, 신속한 대응이다.
⑤ 고객을 만족시키기 위해서는 기본적으로 고객을 충분히 이해하는 것이 선행되어야 한다.

해설 내부고객의 만족과 외부고객의 만족은 상호 비례 관계이다.

93 고객과 생산적인 대화를 위한 방법으로 다음 설명 중 가장 적절하지 않은 것은?

① 대화자 간에 대화가 서로 기대했던 자극과 반응으로 이어지면 원만한 대화가 이루어지며 이를 '상보대화'라 한다.
② '나' 전달법은 고객의 행동에 대한 나의 생각이나 감정을 표현하는 방법으로서 고객으로 하여금 내가 고객을 위하고 있다는 생각이 들게 하는 것이 바람직하다.
③ '너' 전달법은 상대방에게 책임을 추궁하듯이 말하는 화법으로 자칫하면 듣는 이에게 적대감을 일으키거나 감정적으로 격앙될 소지가 있는 화법이다.
④ '너' 전달법에서 고객은 나의 느낌을 수용하고 자발적으로 자신의 문제를 해결하고자 하는 의도를 지니게 된다.
⑤ 신용관리담당자는 연체 중인 채무자의 감정반응을 잘 포착하여 대응할 수 있도록 자신의 감성지수(EQ : Emotional Quotients)를 향상시키는 노력이 필요하다.

> **해설** '너' 전달법은 상대방의 잘못을 지적하는 것으로, '나' 전달법보다 위협적이고 공격적인 표현방법이다. 이에 상대방은 거부심리, 반항, 공격성 등을 보이게 된다.

94 채권추심업무 수행 시 민원예방을 위한 노력으로 가장 적절하지 않은 것은?

① 신용정보의 수집·조사 및 채권추심 시에는 신용정보업에 종사함을 나타내는 증표를 지니고 관계인에게 이를 내보여야 한다.
② 관련 법규 및 내규를 준수하고 사회규범과 윤리에 따라 행동하여야 하며 추심대상자의 인격과 권리를 존중하여야 한다.
③ 업무상 알게 된 타인의 신용정보 및 사생활 등 개인적 비밀을 업무목적 외에 누설하거나 이용하여서는 아니 된다.
④ 채무자에게 변제를 촉구하는 행위를 서면으로 할 경우에는 회사에서 공식적으로 제작한 서식, 문구 등을 사용하여야 한다.
⑤ 채무자의 주소지를 방문할 때에는 우발적 사고 예방을 위해 2명 이상이 한 조를 구성하여 행동하여야 한다.

> **해설** 채무자의 주소지를 방문할 때에는 우발적 사고 예방을 위해 2명 이상이 한 조를 구성하여 행동할 수도 있으나, 반드시 2명 이상이 한 조를 구성해야 하는 것은 아니다.

정답 93 ④ 94 ⑤

95 다음 중 불법·부당 채권추심행위가 아닌 것은?

① 채무자가 집 안에 없다는 사실을 알면서도 밖에서 장시간 서성거리며 가족에게 불안감을 주는 행위
② 채무자의 채무사실을 알고 있는 채무자의 관계인에게 채무자가 채무를 잘 변제하도록 설득하여 줄 것을 강요하는 행위
③ 채무자가 채무를 변제하였다는 증거를 제시하였음에도 사실관계 확인 없이 추심을 지속하는 행위
④ 채권자가 채권자 명의로 가압류·가처분 등의 채권보전조치를 취할 수 있다고 말하는 행위
⑤ 채무자가 실제 근무하고 있다는 사실을 알면서도 채권추심 사실을 직장 동료에게 알릴 목적으로 직장 동료에게 채권추심회사 소속임을 밝히고 채무자가 근무하는지 여부를 문의하는 행위

[해설] ①·②·③·⑤ 채권추심 금지행위 사례에 해당한다.

96 다음 설명 중 ( )에 들어갈 회사의 종류로 가장 적절한 것은?

> ( )는 1인 이상의 사원으로 구성되고 사원은 회사채권자에게 직접적인 책임을 부담하지 않고 자신이 출자한 금액의 한도에서 간접 책임을 진다(「상법」제553조). 조직형태는 이사회가 없고 사원총회에서 업무집행 및 회사대표를 위한 이사를 선임한다. 선임된 이사는 정관 또는 사원총회의 결의로 특별한 정함이 없으면 각각 회사의 업무를 집행하고 회사를 대표하는 권한을 가진다(「상법」제561조, 제562조 및 제547조).

① 주식회사　　　　　　　　　　② 유한회사
③ 유한책임회사　　　　　　　　④ 합명회사
⑤ 합자회사

[해설]
① 주식회사 : 주식의 발행을 통해 여러 사람으로부터 자본금을 조달받고 설립된 회사를 말한다. 주식을 매입하여 주주가 된 사원은 주식의 인수한도 내에서만 출자의무를 부담하고 회사의 채무에 대해서는 직접책임을 부담하지 않는다.
③ 유한책임회사 : 출자자인 사원이 직접 경영에 참여할 수 있는 반면, 각 사원은 자신이 출자한 투자액을 한도로 법적인 책임을 부담하는 형태의 회사를 말한다. 내부적으로는 정관자치가 보장되는 조합의 실질을 갖추고 외부적으로는 투자액의 범위 내에서 유한책임을 부담하는 주식회사의 장점을 결합하여 만들어진 회사제도이다.
④ 합명회사 : 무한책임사원으로 구성된 회사를 말한다. 무한책임사원은 회사에 대하여 출자의무 및 회사채권자에 대하여 직접 연대하여 무한의 책임을 진다.
⑤ 합자회사 : 한 명 이상의 무한책임사원과 한 명 이상의 유한책임사원으로 구성된 회사를 말한다. 무한책임사원은 회사에 대하여 출자의무를 부담할 뿐만 아니라 회사채권자에게 직접 연대하여 무한의 책임을 부담하며, 유한책임사원은 회사채권자에게 재산출자의 가액을 한도로 직접 연대하여 책임을 부담한다.

[정답] 95 ④　96 ②

97. 다음 설명 중 ( )에 들어갈 내용으로 가장 적절한 것은?

> 신용카드업자는 신용카드회원이나 직불카드회원으로부터 그 카드의 분실·도난 등의 통지를 받은 때부터 그 회원에 대하여 그 카드의 사용에 따른 책임을 진다(「여신전문금융업법」 제16조 제1항). 신용카드업자는 통지 (A)에 생긴 신용카드의 사용에 대하여 대통령령으로 정하는 기간의 범위에서 책임을 진다(「여신전문금융업법」 제16조 제2항). 여기서 "대통령령으로 정하는 기간"이란 분실·도난 등의 통지를 받은 날부터 (B)일 전까지의 기간을 말한다(「여신전문금융업법」 시행령 제6조의9 제1항).

	A	B
①	전	30
②	후	60
③	전	60
④	후	90
⑤	후	30

해설 신용카드업자는 통지 전에 생긴 신용카드의 사용에 대하여 대통령령으로 정하는 기간의 범위에서 책임을 진다(「여신전문금융업법」 제16조 제2항). 여기서 "대통령령으로 정하는 기간"이란 분실·도난 등의 통지를 받은 날부터 60일 전까지의 기간을 말한다(「여신전문금융업법」 시행령 제6조의9 제1항).

98. 다음 설명 중 ( )에 들어갈 법률용어로 가장 적절한 것은?

> ( )란 일단 유죄를 인정하여 형을 선고하되 일정한 요건 아래 일정한 기간 동안 그 형의 집행을 유예하고 그것이 취소 또는 실효됨이 없이 유예기간을 경과하면 형의 선고의 효력을 상실하게 하는 제도를 말한다.

① 선고유예 ② 기소유예
③ 집행유예 ④ 조건부 기소유예
⑤ 금 고

해설 ① 선고유예 : 법원이 경미한 범죄인에 대해 형의 선고를 유예하고, 유예기간 2년을 사고 없이 경과하면 면소된 것으로 간주하는 제도이다.
② 기소유예 : 범죄의 혐의가 인정되고 소송조건이 구비되었으나 여러 정황을 참작하여 검사가 공소를 제기하지 아니하는 것이다.
④ 조건부 기소유예 : 피의자에게 특정한 행위를 이행할 것을 조건으로 검사가 기소유예 처분을 내리는 것이다. 이때 특정한 행위란 선도, 교육, 상담, 치료 등이 있다.
⑤ 금고 : 수형자를 교도소 내에 구치하여 자유를 박탈하거나 정역을 부과하지 아니하는 형벌이다.

정답 97 ③ 98 ③

99 다음 설명 중 ( )에 공통적으로 들어갈 용어로 가장 적절한 것은?

> • ( )이란 부동산과 같은 실물자산의 가치와 주식과 같은 금융자산의 가치가 동반 하락하는 현상을 말한다. 일본의 경우 1990년대 초 버블 경제 후 부동산 가격과 주가의 급격한 하락이 금융시스템의 부실로 이어져 이로 인해 실물경제의 침체가 지속되었다.
> • 이러한 ( ) 현상은 담보가치의 하락 → 금융경색 → 소비 및 투자 위축 → 경기침체 → 기업도산 증가 → 실업증대 → ( ) 심화 → 장기적 복합불황으로 이어진다.

① 부채 디플레이션(Debt Deflation)
② 애그플레이션(Agflation)
③ 스태그플레이션(Stagflation)
④ 자산 디플레이션(Asset Deflation)
⑤ 스텔스플레이션(Stealthflation)

해설
① 부채 디플레이션(Debt Deflation) : 경제주체가 부채상환을 위해 자산을 서둘러 매각하는 것이 원인이 되어 경제 전체가 침체하는 현상이다.
② 애그플레이션(Agflation) : 농산물의 가격이 오르면서 일반 물가가 상승하는 현상이다.
③ 스태그플레이션(Stagflation) : 경기가 침체되고 있는 상황에서도 물가가 지속적으로 상승하는 현상이다.
⑤ 스텔스플레이션(Stealthflation) : 소비자물가지수나 생산자물가지수에 잡히지 않는 방식의 물가 상승이 일어나는 현상이다.

100 다음 설명 중 ( )에 공통적으로 들어갈 용어로 가장 적절한 것은?

> ( )이란 임차인이 제3자, 즉 임차건물의 양수인(그 밖에 임대할 권리를 승계한 자 포함)에게 임대차의 내용을 주장할 수 있는 법률상의 힘을 말한다. 상가건물임대차는 그 등기가 없는 경우에도 상가건물임차인이 ㉠ 상가건물을 인도받고 ㉡ 사업자등록을 신청하면 그다음 날부터 ( )이 생긴다.

① 우선변제권
② 최우선변제권
③ 유치권
④ 대항력
⑤ 배당요구권

해설 대항력이란 임차인이 제3자, 즉 임차건물의 양수인, 임대할 권리를 승계한 사람, 그 밖에 임차주택에 관해 이해관계를 가지고 있는 사람에게 임대차의 내용을 주장할 수 있는 법률상의 힘을 말한다. 임대차는 그 등기가 없더라도, 임차인이 주택의 인도와 주민등록을 마친 때에는 그다음 날부터 제3자에 대하여 효력이 생긴다(「주택임대차보호법」 제3조 제1항 참조).

2023

기출문제해설

제1과목 채권일반
제2과목 채권관리방법
제3과목 신용관리실무
제4과목 고객관리 및 민원예방

배우기만 하고 생각하지 않으면 얻는 것이 없고,
생각만 하고 배우지 않으면 위태롭다.

- 공자 -

끝까지 책임진다! 시대에듀!

QR코드를 통해 도서 출간 이후 발견된 오류나 개정법령, 변경된 시험 정보, 최신기출문제, 도서 업데이트 자료 등이 있는지 확인해 보세요! **시대에듀 합격 스마트 앱**을 통해서도 알려 드리고 있으니 구글 플레이나 앱 스토어에서 다운받아 사용하세요. 또한, 파본 도서인 경우에는 구입하신 곳에서 교환해 드립니다.

2023 기출문제해설

제1과목 채권일반

01 다음 중 채권에 속하는 권리는?

① 점유권
② 질권
③ 지역권
④ 유치권
⑤ 확정판결로 인정된 부당이득금반환청구권

해설 채권이란 특정인에게 급부를 청구할 수 있는 권리이며, 부당이득금반환청구권이 이에 속한다.

02 다음 중 권리의 원시취득인 것은?

① 건물의 신축
② 채권의 양도
③ 재산의 상속
④ 토지의 매수
⑤ 강제경매로 인한 취득

해설 원시취득이란 타인의 권리에 기초하지 않고 사회적으로 이전에 없었던 권리가 새롭게 생기는 것을 말한다. 건물을 신축하고 난 뒤 그 신축한 건물의 소유권 획득, 무주물의 선점(先占), 시효취득 유실물 습득 등으로 인한 소유권 취득은 원시취득에 해당한다.

03 다음은 동산에 관한 설명이다. 가장 적절하지 않은 것은?

① 동산은 점유를 공시방법으로 한다.
② 동산에 대하여는 점유의 공신력이 인정되지 않아 원칙적으로 선의취득이 인정되지 않는다.
③ 지상권은 부동산 위에만 성립한다.
④ 무주물이 동산인 경우에는 선점의 대상이 되지만, 부동산인 경우에는 국유가 된다.
⑤ 지역권은 부동산 위에만 성립한다.

해설 평온, 공연하게 동산을 양수한 자가 선의이며 과실없이 그 동산을 점유한 경우에는 양도인이 정당한 소유자가 아닌 때에도 즉시 그 동산의 소유권을 취득한다(「민법」 제249조).

정답 01 ⑤ 02 ① 03 ②

04 다음 법률행위 중 단독행위인 것은?

① 현상광고
② 종신정기금
③ 임 치
④ 증 여
⑤ 해 제

해설 단독행위란 행위자의 의사표시로만 성립하는 법률행위를 말한다. 단독행위는 상대방의 수령을 요하는 경우(동의, 채무면제, 상계, 추인, 취소, 해제, 해지 등)와 그렇지 않은 경우(권리의 포기, 유언, 재단법인 설립행위)로 나뉜다.

05 제척기간에 관한 다음 설명 중 가장 적절하지 않은 것은?

① 제척기간에 의한 권리의 소멸은 소급하여 효력이 생긴다.
② 소멸시효는 시효의 이익을 받은 자가 소송에서 주장하여야 하지만 제척기간은 법원이 직권으로 판단하여 재판한다.
③ 시효이익은 포기할 수 있으나 제척기간은 그렇지 않다.
④ 제척기간은 소멸시효기간과는 달리 중단이라는 제도는 인정되지 아니한다.
⑤ 소멸시효에는 시효정지에 관한 규정이 있으나 제척기간에는 정지에 관한 규정이 없다.

해설 소멸시효와 제척기간의 비교

구 분	소멸시효	제척기간
소급효	인 정	부 정
중 단	인 정	부 정
정 지	인 정	부 정
포 기	시효완성 후에만 가능	부 정
소송상	변론주의 사항	직권으로 참작
기간의 단축	인 정	부 정
구 별	법조문에서 소멸시효는 '소멸시효가 완성한다. 시효로 인하여 소멸한다'고 표현한 데 비해, 제척기간은 행사(제기)하여야 한다고 표현하고, 이를 가지고 원칙적으로 양자를 구별한다.	

정답 04 ⑤   05 ①

06 다음은 소멸시효의 중단사유와 관련한 내용이다. 가장 적절하지 않은 것은?

① 시효가 중단된 때에는 원칙적으로 중단까지 경과한 기간은 이를 산입하지 아니하고 중단사유가 종료한 때로부터 새로이 진행한다.
② 단순한 채무이행의 독촉, 즉 최고(催告)는 최고 후 6개월 내에 재판상의 청구, 압류, 가압류 등의 후속조치가 없으면 시효중단의 효력이 없다.
③ 채권자가 파산절차에 참가하여 채권을 신고한 때에는 시효중단의 효력이 있다.
④ 강제집행절차에서 채권자가 배당요구를 하는 것만으로는 시효가 중단되지 않는다.
⑤ 만기연장 합의는 채무승인으로서 소멸시효 중단의 효력이 있다.

해설 채권자가 배당요구를 하면 배당받을 권리가 발생하고, 배당이의의 소를 제기할 권리가 생긴다. 이러한 집행력 있는 정보에 의한 배당요구는 시효중단의 효력이 있다.

07 다음의 권리 중 소멸시효에 걸리지 않는 것은?

① 소유권
② 공증받은 어음
③ 주택임차보증금
④ 판결로 확정된 대여금
⑤ 근로자의 임금

해설 소유권 및 소유권에 기한 물권적 청구권은 소멸시효에 걸리지 않는다.

08 이자채권에 관한 다음 설명 중 가장 적절하지 않은 것은?

① 기본적 이자채권은 그 발생·소멸·처분에서 원본채권과 운명을 같이 한다.
② 원본채권이 양도되면 이미 변제기에 도달한 지분적 이자채권은 당연히 함께 양도된다.
③ 이자는 금전 기타 대체물의 사용대가라는 점에서 부대체물인 토지·기계·건물 등의 사용대가인 지료·차임 등은 이자가 아니다.
④ 1년 이내의 정기로 지급하기로 한 지분적 이자채권은 3년간 행사하지 아니하면 소멸시효가 완성한다.
⑤ 이자는 이율에 의해 산정되고 여기에는 법률의 규정에 의해 정해지는 법정이율과 당사자의 약정에 의해 정해지는 약정이율이 있다.

해설 이자채권은 원본채권에 대하여 종속성을 갖고 있으나 이미 변제기에 도달한 이자채권은 원본채권과 분리하여 양도할 수 있고 원본채권과 별도로 변제할 수 있으며, 시효로 인하여 소멸되기도 하는 등 어느 정도 독립성을 갖게 되는 것이므로, 원본채권이 양도된 경우 이미 변제기에 도달한 이자채권은 원본채권의 양도 당시 그 이자채권도 양도한다는 의사표시가 없는 한 당연히 양도되지는 않는다(대법원 1989.3.28. 선고 88다카12803 판결).

정답 06 ④ 07 ① 08 ②

09 이행지체에 관한 다음 설명 중 가장 적절하지 않은 것은?

① 채무이행의 기한이 없는 경우에는 그 기한이 객관적으로 도래한 때로부터 이행지체책임이 있다.
② 금전소비대차에 있어서 반환시기의 약정이 없는 때에는 대주는 상당한 기간을 정하여 반환을 최고하여야 한다. 따라서 그 상당기간이 경과한 때부터 이행지체가 된다.
③ 쌍무계약의 동시이행관계에 있는 상환채무의 경우에는 기한의 도래 외에도 상대방으로부터 이행의 제공을 받으면서 자기의 채무를 이행하지 않는 경우에 비로소 이행지체책임이 있다.
④ 지시채권과 무기명채권과 같은 증권적 채권은 그 확정기한이 도래한 후 소지인이 그 증서를 제시하여 이행을 청구한 때로부터 이행지체책임이 있다.
⑤ 채무이행의 불확정 기한이 있는 경우에는 채무자는 기한이 도래함을 안 때로부터 이행지체책임이 있다.

해설 ① 채무이행의 기한이 없는 경우에는 채무자는 이행청구를 받은 때로부터 지체책임이 있다(「민법」 제387조 제2항).
② 「민법」 제603조
③ 「민법」 제536조
④ 「민법」 제517조
⑤ 「민법」 제387조 제1항

10 손해배상의 범위에 관한 다음 설명 중 가장 적절하지 않은 것은?

① 손해의 발생이나 확대에 관하여 채권자에게 과실이 있었더라도 손해배상 범위의 산정에 원칙적으로 고려되지 않는다.
② 통상의 손해는 채무자가 그 사정을 알았는지 여부를 불문한다.
③ 특별한 사정으로 생긴 손해는 채무자가 알았거나 알 수 있었을 때에 한하여 배상책임이 있다.
④ 원칙적으로 통상의 손해를 그 범위로 한다.
⑤ 당사자는 채무불이행에 관한 손해배상액을 예정할 수 있다.

해설 ① 채무불이행에 관하여 채권자에게 과실이 있는 때에는 법원은 손해배상의 책임 및 그 금액을 정함에 이를 참작하여야 한다(「민법」 제396조).
② 「민법」 제392조
③ 「민법」 제393조 제2항
④ 「민법」 제393조 제1항
⑤ 「민법」 제398조 제1항

11 채무자가 기한의 이익을 상실할 사유가 아닌 것은?

① 담보의 손상
② 채무자의 파산
③ 채무자의 무자력
④ 담보제공의무의 불이행
⑤ 담보의 멸실

해설 기한의 이익의 상실
- 채무자는 채무자가 담보를 손상, 감소 또는 멸실하게 한 때 기한의 이익을 주장하지 못한다(「민법」 제388조 제1호).
- 채무자는 채무자가 담보제공의 의무를 이행하지 아니한 때 기한의 이익을 주장하지 못한다(「민법」 제388조 제2호).
- 기한부채권은 파산선고 시에 변제기에 이른 것으로 본다(「채무자 회생 및 파산에 관한 법률」 제425조).

12 법률규정에 의한 채권의 발생과 성립에 관한 다음 설명 중 가장 적절한 것은?

① 경매절차에서 배당을 받아야 할 자가 배당을 받지 못하고 배당을 받지 못할 자가 배당을 받은 경우에는 배당을 받지 못한 우선채권자는 배당을 받은 자에 대하여 불법행위로 인한 손해배상청구권을 행사할 수 있다.
② 불법행위로 인한 손해배상청구권은 피해자나 그 법정대리인이 그 손해 및 가해자를 안 날로부터 2년간 행사하지 않으면 시효로 소멸한다.
③ 「민법」은 법률의 규정에 의한 채권성립의 원인으로 사무관리, 부당이득, 불법행위를 규정하고 있다.
④ 행인이 지나가던 중 길가에서 갑자기 쓰러진 사람을 위하여 병원까지 택시를 타고 응급실로 후송하고 택시비와 응급실 접수비를 지급하였다면, 이 경우 부당이득에 의한 채권이 발생한다.
⑤ 불법행위에 의한 손해배상을 청구하기 위해서는 가해자가 자신의 고의나 과실이 없음을 입증하여야 한다.

해설 ③ 채권의 발생원인으로 법이 규정하는 것은 사무관리(「민법」 제734조)・부당이득(「민법」 제741조)・불법행위(「민법」 제750조)이다.
① 경매절차에서 배당을 받아야 할 자가 배당을 받지 못하고 배당을 받지 못할 자가 배당을 받은 경우에는 배당을 받지 못한 우선채권자는 배당을 받은 자에 대하여 부당이득으로 인한 부당이득반환청구를 할 수 있다(대법원 1997.2.25. 선고 96다10263 판결).
② 불법행위로 인한 손해배상의 청구권은 피해자나 그 법정대리인이 그 손해 및 가해자를 안 날로부터 3년간 이를 행사하지 아니하면 시효로 인하여 소멸한다(「민법」 제766조 제1항).
④ 의식 없는 중상자를 병원에 실어다 준 경우에는 사무관리가 성립한다.
⑤ 불법행위에 의한 손해배상을 청구하기 위해서는 피해자가 가해자의 고의나 과실을 입증하여야 한다.

정답 11 ③   12 ③

13 다음 중 소급효(遡及效)가 없는 것은? (다툼이 있는 경우는 판례에 의함)

① 소멸시효의 완성
② 취득시효의 완성
③ 무권대리 행위에 대한 추인
④ 당사자가 그 무효임을 알고 한 무효행위의 추인
⑤ 계약의 해제

해설 무효인 법률행위는 당사자가 무효임을 알고 추인할 경우 새로운 법률행위를 한 것으로 간주할 뿐이고 소급효가 없다(「민법」 제139조 참조).

14 계약의 해제와 해지에 관한 다음 설명 중 가장 적절한 것은?

① 해제의 의사표시에는 원칙적으로 조건 또는 기한을 붙일 수 있다.
② 당사자의 일방 또는 쌍방이 수인인 경우에는 계약의 해제나 해지는 그 전원으로부터 또는 전원에 대하여 하여야 한다.
③ 당사자 일방이 계약을 해지한 때에는 계약은 소급하여 그 효력을 잃는다.
④ 해제권은 법률의 규정에 의하여 발생하는 것으로서 계약으로 일정한 사유가 발생하면 해제권이 발생하도록 정할 수는 없다.
⑤ 계약이 적법하게 해제되어 금전을 반환하여야 하는 경우에는 그 해제 시부터 이자를 가산하여야 한다.

해설 당사자의 일방 또는 쌍방이 수인인 경우에는 계약의 해지나 해제는 그 전원으로부터 또는 전원에 대하여 하여야 한다(「민법」 제547조 제1항).

15 상행위와 관련한 다음 설명 중 가장 적절한 것은?

① 상행위의 대리인이 본인을 위한 것임을 표시하지 아니하고 한 행위는 본인에 대하여 효력이 없다.
② 상행위 채무는 원칙적으로 추심채무이다.
③ 어느 일방적 상행위로 인한 채권은 채권자를 위한 상행위이든, 채무자를 위한 상행위이든 모두 상사채권이 된다.
④ 오로지 임금을 받을 목적으로 물건을 제조하거나 노무에 종사하는 자의 행위는 기본적 상행위에 포함된다.
⑤ 수인의 보증인이 있는 때에 「민법」상 계약은 연대보증이 되는 반면, 상사 보증은 분별의 이익을 주장할 수 있다.

해설 상행위로 인하여 생긴 채권을 상사채권이라 하며, 이때 상인과 상인의 거래는 물론 당사자 중 그 1인의 행위가 상행위인 때에도 상사채권이 된다(「상법」 제3조 참조).

16 금융채권에 관한 다음 설명 중 가장 적절하지 않은 것은?

① 대출금 지급 한도를 미리 정해 놓고 채무자가 필요에 따라 약정한 한도 범위 내에서 대출금을 인출하는 것을 한도대출이라 한다.
② 자금융통 기능이 강한 금융리스인 경우에도 리스물건의 소유권은 여전히 리스회사에 있다.
③ 기업의 공장이나 기계장치 등과 같이 생산시설을 설치할 때 필요한 자금에 충당할 목적으로 취급된 대출은 시설자금대출이다.
④ 법인이 아닌 개인사업자에게 제공되는 영업활동에 필요한 운영자금의 대출은 가계자금대출로 분류되지 않고 기업자금대출로 분류된다.
⑤ 신용보증기금이 발행한 보증서를 담보로 취득한 후 취급하는 대출은 신용대출이다.

해설 타 은행이 발행한 지급보증서나 신용보증기금 또는 기술신용보증기금이 발행한 보증서를 담보로 취득하는 대출은 보증서 대출이다.

17 증서대출에 관한 다음 설명 중 가장 적절하지 않은 것은?

① 금전소비대차계약이 성립되면 금융기관은 약정일에 목적물인 금전의 지급의무를 지게 되고, 차주는 월정 이자지급의무와 만기상환의무를 지게 된다.
② 증서대출이란 대출신청자와 금융기관이 「민법」상의 금전소비대차약정을 체결하고 대출을 실행하는 형식의 대출을 말한다.
③ 증서대출에 있어서 증거의 확보라는 측면에서 채무자로부터 채권서류를 작성하게 하여 이를 제출받는데, 채권서류가 분실 또는 멸실되어도 채권의 소멸을 초래하는 것은 아니다.
④ 증서대출은 「민법」상의 요물계약의 성질을 갖는다.
⑤ 금전소비대차계약은 불요식계약이다.

해설 증서대출은 「민법」상의 소비대차계약의 성질을 갖는다.

18 다음 설명에 부합하는 어음의 성질은?

> A가 매매대금의 지급을 위하여 B에게 약속어음을 발행하고 그 어음이 C에게 배서양도된 경우에 A, B 간의 원인관계가 해제된 경우라도 일단 성립된 어음상의 권리에는 영향이 없다.

① 지시증권성　　　　　　　② 무인증권성
③ 상환증권성　　　　　　　④ 문언증권성
⑤ 면책증권성

정답 16 ⑤　17 ④　18 ②

해설 무인증권성

증권상 권리의 발생이 그 원인관계와 관계없는 증권을 무인증권이라고 하며, 어음·수표가 이에 해당한다. 무인증권의 경우에는 원인관계의 부존재·무효·취소 등이 증권상 행위에 원칙적으로 영향을 미치지 않는다. 이러한 무인성은 어음수수의 직접당사자 사이에서 원인관계가 해제되는 등 원인관계가 실효될 경우 원인관계상의 항변을 주장할 수 있다. 그러나 제3자에 대한 법률관계에 있어서는 제3자에게 해의가 없는 한 어음채무자는 제3자에게 원인관계상의 항변을 주장할 수 없다.

19 이자에 관한 다음 설명 중 가장 적절하지 않은 것은?

① 이자 있는 소비대차는 차주가 목적물의 인도를 받은 다음 날부터 이자를 계산하여야 한다.
② 이자는 자금사용자가 자금대여자에게 지불하는 대가이며, 법률적 의미로는 금전채권에 있어서의 이자를 법정과실이라고 한다.
③ 연체이자의 법률적 성격은 지연배상금이다.
④ 이자채무는 이자약정 또는 법률의 규정으로부터 발생하는 채무이다.
⑤ 이자는 금전 기타의 대체물의 사용대가로서 원본액과 사용기간에 비례하여 지급되는 금전 기타의 대체물이다.

해설 이자 있는 소비대차는 차주가 목적물의 인도를 받은 때로부터 이자를 계산하여야 한다(「민법」 제600조).

20 어음에 관한 다음 설명 중 가장 적절하지 않은 것은?

① 타인으로 하여금 그 어음에 의하여 제3자로부터 금융을 얻게 할 목적으로 수수되는 어음으로서 실제 거래는 수반되지 아니하는 어음을 융통어음이라고 한다.
② 금융기관이 기업이 발행한 어음을 할인해 사들인 뒤 이 원 어음을 바탕으로 만기 및 금액을 정형화하여 새로이 별도의 자체 어음을 발행해 일반 투자자에 파는 어음은 표지어음이라고 한다.
③ 어음의 만기 중에는 일람출급, 일람 후 정기출급, 발행일자 후 정기출급 등이 있다.
④ 어음의 만기는 언제나 확정일로 기재하여야 한다.
⑤ 진성어음이란 상거래가 원인이 되어 발행된 어음을 말한다.

해설 만기가 적혀 있지 아니한 경우는 일람출급의 약속어음으로 본다(「어음법」 제76조 제1호).

21 어음의 배서에 관한 다음 설명 중 가장 적절하지 않은 것은?

① 배서금지어음은 배서성을 박탈당했기 때문에 기일에 어음금을 지급받기 위해서 지급제시가 필요 없다.
② 지명채권양도방법에 의한 어음의 권리이전은 인적항변의 절단이나 선의취득이 인정되지 아니한다.
③ 기한 후 배서도 배서의 효력인 권리이전적 효력과 자격수여적 효력이 있다.
④ 배서금지 어음은 배서양도의 방법으로 어음상의 권리를 이전할 수는 없으나, 지명채권양도방법에 의해 권리를 이전시킬 수는 있다.
⑤ 발행인의 배서금지는 배서성이 박탈됨에 반하여 배서인의 배서금지는 배서성을 박탈하는 효과는 없고 단지 피배서인 이외의 자에 대하여만 담보책임을 지지 않는다.

해설 배서금지어음은 지명채권의 양도방식으로만 양도되고 그 효력이 있을 뿐 지급제시가 필요하다. 어음채무는 추심채무이므로 지급제시가 없는 한 발행인은 만기가 도래하였더라도 지급을 하지 않아도 되며, 이행지체의 책임을 지지 않게 된다(「어음법」 제38조, 「민법」 제517조 참조).

22 보증채무에 관한 다음 설명 중 가장 적절하지 않은 것은?

① 보증인은 자신의 보증채무를 변제함으로써 채권자의 승낙이 없어도 채권자를 대위한다.
② 보증채무를 이행한 보증인은 주채무자에 대하여 구상권을 갖는다.
③ 주채무자에 대한 시효의 중단은 보증인에 대하여도 그 효력이 있다.
④ 장래의 채무나 조건부 채무에 대한 보증은 불가능하다.
⑤ 보증채무에만 담보물권을 설정하는 것도 가능하다.

해설 보증인은 주채무자가 이행하지 아니하는 채무를 이행할 의무가 있으며, 보증은 장래의 채무에 대하여도 할 수 있다(「민법」 제428조 제1항 및 제428조 제2항 참조).

23 유치권에 관한 다음 설명 중 가장 적절하지 않은 것은?

① 유치권자는 채권의 변제를 받기 위하여 유치물을 유치할 수는 있어도 경매를 신청할 수는 없다.
② 유치권은 일정한 경우에 당연히 성립하는 법정담보물권이다.
③ 유치권은 그 점유가 불법행위로 인한 경우에는 발생하지 않는다.
④ 유치권자는 채권 전부의 변제를 받을 때까지 유치물 전부에 대하여 그 권리를 행사할 수 있다.
⑤ 유치권자가 유치물에 관하여 필요비를 지출한 때에는 소유자에게 그 상환을 청구할 수 있다.

해설 **유치권**
- 유치권자는 채권의 변제를 받기 위하여 유치물을 경매할 수 있다(「민법」 제322조 제1항).
- 유치권은 타인의 물건 또는 유가증권을 점유한 자가 그 물건이나 유가증권에 관하여 생긴 채권이 변제기에 있는 경우에는 변제를 받을 때까지 그 물건 또는 유가증권을 유치할 수 있는 권리를 말한다(「민법」 제320조 제1항).

정답 21 ① 22 ④ 23 ①

24 담보물권에 관한 다음 설명 중 가장 적절하지 않은 것은?

① 담보물권은 피담보채권의 존재에 의지하는 성질이 있어 피담보채권의 성립·소멸과 운명을 같이 한다.
② 피담보채권이 양도되면 담보물권도 따라서 양도된다.
③ 저당권자는 집행권원을 취득하지 않고서도 담보물의 처분(경매)을 법원에 신청할 수 있다.
④ 피담보채권을 위하여 부동산등기부에 저당권설정등기가 되어 있는 경우, 그 피담보채권이 변제되었어도 저당권 말소등기를 하여야만 저당권이 소멸한다.
⑤ 담보권자가 물상대위권을 행사하기 위해서는 담보권설정자가 금전 기타의 물건을 지급 또는 인도받기 전에 압류하여야 한다.

[해설] 저당권으로 담보한 채권이 시효의 완성 기타 사유로 인하여 소멸한 때에는 저당권도 소멸한다(「민법」 제369조).

25 동산질권에 관한 다음 설명 중 가장 적절하지 않은 것은?

① 동산질권자는 채권의 담보로 채무자 또는 제3자가 제공한 동산을 점유하고 그 동산에 대하여 다른 채권자보다 자기채권의 우선변제를 받을 권리가 있다.
② 질권자는 그 권리의 범위 내에서 자기의 책임으로 질물을 전질할 수 있다. 이 경우 전질을 하지 아니하였으면 면할 수 있는 불가항력으로 인한 손해에 대하여도 책임을 부담하지 아니한다.
③ 질권의 설정은 질권자에게 목적물을 인도함으로써 그 효력이 생긴다.
④ 수 개의 채권을 담보하기 위하여 동일한 동산에 수 개의 질권을 설정한 때에는 그 순위는 설정의 선후에 의한다.
⑤ 질권은 원본, 이자, 위약금, 질권실행의 비용, 질물보존의 비용 및 채무불이행 또는 질물의 하자로 인한 손해배상의 채권을 담보한다. 그러나 다른 약정이 있는 때에는 그 약정에 의한다.

[해설] ② 질권자는 그 권리의 범위 내에서 자기의 책임으로 질물을 전질할 수 있다. 이 경우에는 전질을 하지 아니하였으면 면할 수 있는 불가항력으로 인한 손해에 대하여도 책임을 부담한다(「민법」 제336조).
① 「민법」 제329조
③ 「민법」 제330조
④ 「민법」 제333조
⑤ 「민법」 제334조

제2과목 채권관리방법

26 채무자의 단독행위로서 채권소멸의 원인이 되는 것은?

① 포 기
② 대물변제
③ 면 제
④ 상 계
⑤ 혼 동

해설 상계란 채권자와 채무자가 서로 동종의 채권액을 가지고 있는 경우에 그 채권·채무를 대등액에서 소멸시키는 당사자 일방의 의사표시(단독행위)를 말한다(「민법」제492조 참조).

27 다음 채권회수 방법 중에서 채무자 및 제3자의 협력을 요하는 것은?

① 가압류
② 가처분
③ 선일자당좌수표의 지급제시
④ 병존적 채무인수
⑤ 상 계

해설 병존적 채무인수는 기존의 채무관계는 그대로 유지하면서 제3자가 채무자로 들어와 종래의 채무자와 더불어 동일한 내용의 채무를 부담하는 것으로 중첩적 채무인수라고도 한다. 판례는 채무인수가 병존적인지 면책적인지 불분명한 경우 원칙적으로 이를 병존적 채무인수로 보아야 한다는 입장이다(대법원 1989.9.12. 선고 88다카13806 판결).

28 채무자가 1개 또는 수 개의 채무의 비용 및 이자를 지급할 경우에 변제자가 그 전부를 소멸하게 하지 못한 급여를 한 때에 다른 의사표시가 없는 경우, 변제충당의 순서로서 맞는 것은?

① 이자 → 원본 → 비용
② 비용 → 이자 → 원본
③ 원본 → 비용 → 이자
④ 비용 → 원본 → 이자
⑤ 이자 → 비용 → 원본

해설 채무자가 1개 또는 수 개의 채무의 비용 및 이자를 지급할 경우에 변제자가 그 전부를 소멸하게 하지 못한 급여를 한 때에는 비용, 이자, 원본의 순서로 변제에 충당하여야 한다(「민법」제479조 제1항).

정답 26 ④ 27 ④ 28 ②

29 변제와 대물변제에 관한 다음 설명 중 가장 적절하지 않은 것은?

① 채무자가 채권자의 승낙을 얻어 본래의 채무이행에 갈음하여 다른 급여를 한 때에는 변제와 같은 효력이 있다.
② 대물변제는 본래의 급부와 다른 급부를 약속하는 것만으로 충분하며 그 다른 급부를 현실적으로 하여야 하는 것은 아니다.
③ 당사자의 특별한 의사표시가 없으면 변제기 전이라도 채무자는 변제할 수 있다. 그러나 상대방의 손해는 배상하여야 한다.
④ 채권의 준점유자에 대한 변제는 변제자가 선의이며 과실 없는 때에 한하여 효력이 있다.
⑤ 대물변제에 의해 그 채권을 담보하는 담보권도 소멸한다.

> **해설** 대물변제
> 채무자가 부담하는 본래의 급부에 갈음하여 다른 급부를 현실적으로 행함으로써 채권을 소멸시키는 계약을 말한다. 가령 채무자가 채권자와의 합의하에 본래의 급부인 50만 원의 지급 대신 카메라 한 대의 소유권을 현실적으로 채권자에게 이전해 주는 것이다.

30 변제공탁에 관한 다음 설명 중 가장 적절한 것은?

① 공탁을 하는 자는 채무자에 한한다.
② 공탁하여야 할 장소는 채무자 주소지를 관할하는 공탁소이다.
③ 본래의 채권에 부착하고 있지 않은 조건을 붙여서 한 공탁은 공탁 전부가 아니라 그 조건만 무효가 된다.
④ 채권자에 대한 공탁통지나 채권자의 수익의 의사표시가 있는 때에 공탁의 효력이 발생하여 채무는 소멸한다.
⑤ 채권자가 공탁을 승인하거나 공탁소에 대하여 공탁물을 받기를 통고하거나 공탁유효의 판결이 확정되기까지는 변제자는 공탁물을 회수할 수 있다.

> **해설**
> ⑤ 「민법」 제489조 제1항
> ① 공탁을 하는 자는 변제자이므로 채무자 이외의 제3자도 공탁이 가능하다.
> ② 「민법」 제488조 제1항
> ③ 채무자가 채권자에 대하여 동시이행의 항변권을 가지고 있는 경우를 제외하고는 본래의 채권에 부착하고 있지 않은 조건을 붙여 한 공탁은 그 조건뿐 아니라 공탁 전부가 무효가 된다(대법원 2002.12.6. 선고 2001다2846 판결).
> ④ 「민법」 제487조 참조

31 다음 중 양도를 할 수 없는 권리는?

① 물품대금 청구권
② 공사대금 청구권
③ 대여금 청구권
④ 카드대금 청구권
⑤ 부양 청구권

> **해설** 부양을 받을 권리는 이를 처분하지 못한다(「민법」 제979조).

32 상계에 관한 다음 설명 중 가장 적절하지 않은 것은?

① 고의의 불법행위로 인한 손해배상채권을 자동채권으로 한 상계는 금지된다.
② 상계는 상대방에 대한 의사표시로 한다. 이 의사표시에는 조건 또는 기한을 붙이지 못한다.
③ 채권이 압류하지 못할 것인 때에는 그 채무자는 상계로 채권자에게 대항하지 못한다.
④ 지급을 금지하는 명령을 받은 제3채무자는 그 후에 취득한 채권에 의한 상계로 그 명령을 신청한 채권자에게 대항하지 못한다.
⑤ 소멸시효가 완성된 채권이 그 완성 전에 상계할 수 있었던 것이면 그 채권자는 상계할 수 있다.

> **해설**
> ① 고의의 불법행위로 인한 손해배상채권을 수동채권으로 한 상계는 금지된다(「민법」 제496조 참조).
> ② 「민법」 제493조 제1항
> ③ 「민법」 제497조
> ④ 「민법」 제498조
> ⑤ 「민법」 제495조

33 채무인수(면책적 채무인수)에 관한 다음 설명 중 가장 적절하지 않은 것은?

① 채무 인수인은 전(前)채무자의 항변할 수 있는 사유로 채권자에게 대항할 수 없다.
② 이해관계 없는 제3자는 채무자의 의사에 반하여 채무를 인수하지 못한다.
③ 제3자는 채권자와의 계약으로 채무를 인수하여 채무자의 채무를 면하게 할 수 있다. 그러나 채무의 성질이 인수를 허용하지 아니하는 때에는 그러하지 아니하다.
④ 제3자가 채무자와의 계약으로 채무를 인수한 경우에는 채권자의 승낙에 의하여 그 효력이 생긴다.
⑤ 전채무자의 채무에 대한 보증이나 제3자가 제공한 담보는 채무인수로 인하여 소멸한다. 그러나 보증인이나 제3자가 채무인수에 동의한 경우에는 그러하지 아니하다.

> **해설** 채무 인수인은 전(前)채무자의 항변할 수 있는 사유로 채권자에게 대항할 수 있다(「민법」 제458조).

정답 31 ⑤ 32 ① 33 ①

34 상속에 관한 다음 설명 중 가장 적절하지 않은 것은?

① 상속은 사망으로 인하여 개시된다.
② 甲이 사망하고 甲의 자녀와 부모가 없다면 甲의 조부모가 있다 해도 甲의 아내가 단독으로 상속을 받게 된다.
③ 상속은 피상속인의 주소지에서 개시한다.
④ 상속에 관한 비용은 상속재산 중에서 지급한다.
⑤ 동순위의 상속인이 수인인 때에는 그 상속분은 균분으로 한다.

> **해설** ② 피상속인(甲)의 아내는 「민법」 제1000조 제1항 제1호와 제2호의 규정에 의한 상속인(甲의 조부모)이 있는 경우에는 그 상속인과 동순위로 공동상속인이 되고 그 상속인이 없는 때에는 단독상속인이 된다 (「민법」 제1003조 참조).
> ① 「민법」 제997조
> ③ 「민법」 제998조
> ④ 「민법」 제998조의2
> ⑤ 「민법」 제1009조

35 상속의 승인 및 포기에 관한 다음 설명 중 가장 적절하지 않은 것은?

① 상속의 포기는 상속개시된 때에 소급하여 그 효력이 있다.
② 상속인이 수인인 경우에 어느 상속인이 상속을 포기한 때에는 그 상속분은 다른 상속인의 상속분의 비율로 그 상속인에게 귀속된다.
③ 포기는 상속개시를 안 날로부터 3월 내에 하여야 한다.
④ 상속인이 한정승인을 한 때에는 피상속인에 대한 상속인의 재산상 권리의무는 소멸한다.
⑤ 상속인이 수인인 때에는 각 상속인은 그 상속분에 응하여 취득할 재산의 한도에서 그 상속분에 의한 피상속인의 채무와 유증을 변제할 것을 조건으로 상속을 승인할 수 있다.

> **해설** 상속인이 한정승인을 한 때에는 피상속인에 대한 상속인의 재산상 권리의무는 소멸하지 아니한다(「민법」 제1031조).

36 채권자대위권에 관한 다음 설명 중 가장 적절한 것은?

① 보전하려는 채권이 금전채권인 경우에는 채무자의 무자력을 요건으로 한다.
② 채권자가 채무자의 이름으로 채무자의 권리를 행사한다.
③ 물권적 청구권은 채권자가 대위할 수 없다.
④ 채무자가 스스로 권리를 행사하고 있어도 그 행사의 방법이 부당하다고 인정되면 대위권 행사가 가능하다.
⑤ 반드시 재판상 행사하여야 한다.

해설
② 채권자가 채권자의 이름으로 채무자의 권리를 행사한다(「민법」 제404조 참조).
③ 채무자의 책임재산보전과 관련 있는 재산권은 그 종류를 묻지 아니하고 채권자대위권의 목적으로 할 수 있는 바 채권적 청구권에 한하지 아니하며 등기청구권, 형성권(상계, 해제, 해지권 등), 물권적 청구권까지 포함된다.
④ 채권자는 원칙적으로 자기 채권의 보전 범위에서만 채무자의 권리를 대위 행사할 수 있으나 채무자의 권리가 불가분인 경우에는 자기 채권액을 넘어서도 채무자의 권리를 대위 행사할 수 있다.
⑤ 채권자대위권은 재판상, 재판 외에서의 행사가 모두 가능하다.

37. 채권자취소 소송의 제기기간에 관한 설명으로 ( )에 들어갈 기간으로 가장 적절한 것은?

채권자가 취소원인을 안 날로부터 (A)년, 법률행위가 있은 날로부터 (B)년 내에 제기하여야 한다.

	A	B
①	1	3
②	1	5
③	1	10
④	3	5
⑤	3	10

해설 채권자취소권은 채권자가 취소원인을 안 날로부터 1년, 법률행위 있은 날로부터 5년 내에 제기하여야 한다(「민법」 제406조 제2항).

38. 다음 중 가압류의 피보전권리와 가장 거리가 먼 것은?

① 손해배상 청구권
② 대여금 청구권
③ 공사대금 청구권
④ 물품대금 청구권
⑤ 건물명도 청구권

해설 피보전권리는 강제집행할 수 있는 청구권이 아니면 안 된다. 따라서 자연채무, 부집행특약이 있는 채권, 신분법상의 권리, 체납처분에 의하여 징수될 조세채권 등은 피보전적격이 없다(「민사집행법」상의 강제집행이 인정되지 아니하므로).

정답 37 ② 38 ⑤

39 보전처분의 집행에 관한 다음 설명 중 가장 적절하지 않은 것은?

① 부동산에 대한 가압류의 집행은 가압류재판에 관한 사항을 등기부에 기입하여야 한다.
② 제3채무자가 가압류 집행된 금전채권액을 공탁한 경우에는 그 가압류의 효력은 그 청구채권액에 해당하는 공탁금액에 대한 채무자의 출급청구권에 대하여 존속한다.
③ 보전처분은 채권자에게 결정서를 고지한 날로부터 2주 내에 착수하여 그 기간 내에 집행을 종료하여야 한다.
④ 가압류명령에는 가압류의 집행을 정지시키거나 집행한 가압류를 취소시키기 위하여 채무자가 공탁할 금액을 적어야 한다.
⑤ 유체동산의 가압류는 집행관이 이를 집행한다.

> **해설** 「민사집행법」제292조 제2항은 가압류에 대한 재판의 집행은 채권자에게 재판을 고지한 날부터 2주를 넘긴 때에는 하지 못한다고 규정하고 있으며, 이 규정은 「민사집행법」제301조에 의하여 가처분의 집행에도 준용된다. 2주 내에 집행하여야 한다는 의미는 2주 내에 집행에 착수하여야 하고 또 그것으로 족하다고 해석된다. 집행에 착수하면 그에 수반되는 절차는 집행기간 경과 후 이루어져도 된다.

40 민사소송에 관한 다음 설명 중 가장 적절한 것은?

① 법원은 당사자가 신청한 증거를 필요하지 아니하다고 인정한 때에는 조사하지 아니할 수 있다. 다만, 그것이 당사자가 주장하는 사실에 대한 유일한 증거인 때에는 그러하지 아니하다.
② 청구각하 판결의 경우 원칙적으로 다시 소송을 제기할 수 없다.
③ 법원의 관할은 소장이 피고에게 송달된 때를 표준으로 정한다.
④ 판결의 선고는 소송절차가 중단된 중에는 할 수 없다.
⑤ 1심 소송에서 패소한 당사자는 판결이 선고된 날로부터 2주 이내에 항소할 수 있다.

> **해설** ② 청구각하 판결의 경우 원칙적으로 다시 소송을 제기할 수 있다.
> ③ 법원의 관할은 소를 제기한 때를 표준으로 정한다(「민사소송법」제33조).
> ④ 판결의 선고는 소송절차가 중단된 중에도 할 수 있다(「민사소송법」제247조 제1항).
> ⑤ 항소는 판결서가 송달된 날부터 2주 이내에 하여야 한다. 다만, 판결서 송달 전에도 할 수 있으며, 이 기간은 불변기간으로 한다(「민사집행법」제396조).

41 지급명령(독촉절차)에 관한 다음 설명 중 가장 적절하지 않은 것은?

① 지급명령은 채무자를 심문하지 아니하고 한다.
② 채무자가 지급명령을 송달받은 날부터 2주 이내에 이의신청을 한 때에는 지급명령은 그 범위 안에서 효력을 잃는다.
③ 채무자는 지급명령이 송달된 날로부터 2주일 이내에 이의신청을 하여 불복할 수 있다.
④ 지급명령은 청구액이 3천만 원 이하인 사건의 경우에만 인정된다.
⑤ 지급명령에 대하여 이의신청이 없거나, 이의신청을 취하하거나, 각하결정이 확정된 때에는 지급명령은 확정판결과 같은 효력이 있다.

해설 지급명령은 청구액이나 청구의 발생원인을 불문한다.

42 피고가 원고의 청구를 다투는 경우에는 「민사소송법」상 원칙적으로 소장의 부본을 송달받은 날부터 얼마의 기간 이내에 답변서를 제출하여야 하는가?

① 7일   ② 10일
③ 14일 ④ 21일
⑤ 30일

해설 피고가 원고의 청구를 다투는 경우에는 소장의 부본을 송달받은 날부터 30일 이내에 답변서를 제출하여야 한다. 다만, 피고가 공시송달의 방법에 따라 소장의 부본을 송달받은 경우에는 그러하지 아니하다(「민사소송법」 제256조 제1항).

43 다음 중 강제집행 시 원칙적으로 집행문의 부여가 필요 없는 것을 모두 고른 것은?

> ㄱ. 확정된 지급명령   ㄴ. 확정된 종국판결
> ㄷ. 확정된 이행권고결정 ㄹ. 화해조서
> ㅁ. 확정된 화해권고결정

① ㄱ, ㄴ   ② ㄱ, ㄷ
③ ㄱ, ㅁ   ④ ㄴ, ㄹ
⑤ ㄷ, ㅁ

정답 41 ④ 42 ⑤ 43 ②

해설 **확정된 지급명령**
확정된 지급명령에 기한 강제집행은 원칙적으로 집행문을 부여받을 필요 없이 지급명령의 정본에 의해 행한다.

확정된 이행권고결정
소액사건에 관한 이행권고결정에 대하여 피고가 이의신청 기간 내에 이의신청을 하지 않거나 이의신청을 하였다가 이를 취하하거나 이의신청에 대한 각하결정이 확정되면, 이행권고결정은 확정되고 이는 확정판결과 동일한 효력을 갖는 바 집행권원이 된다.

44 다음 중 재산명시를 신청할 수 있는 채권자로 가장 적절하지 않은 자는?

① 금전청구의 조정조서 정본을 가진 자
② 금전소비대차계약공정증서를 가진 자
③ 금전청구의 화해조서 정본을 가진 자
④ 확정된 지급명령 정본을 가진 자
⑤ 근저당권자

해설 금전의 지급을 목적으로 하는 집행권원에 기초하여 강제집행을 개시할 수 있는 채권자는 채무자의 보통재판적이 있는 곳의 법원에 채무자의 재산명시를 요구하는 신청을 할 수 있다. 다만, 「민사소송법」 제213조에 따른 가집행의 선고가 붙은 판결 또는 같은 조의 준용에 따른 가집행의 선고가 붙어 집행력을 가지는 집행권원의 경우에는 그러하지 아니하다(「민사집행법」 제61조 제1항).

45 다음 중 배당요구 종기일로 가장 적절한 것은?

① 경매개시결정정본 송달일
② 매각기일
③ 매각결정기일
④ 법원이 정한 매수대금의 지급기한
⑤ 첫 매각기일 이전으로 법원이 정한 기일

해설 경매개시결정에 따른 압류의 효력이 생긴 때(그 경매개시결정 전에 다른 경매개시결정이 있은 경우는 제외함)에는 집행법원은 절차에 필요한 기간을 고려하여 배당요구를 할 수 있는 종기(終期)를 첫 매각기일 이전으로 정한다(「민사집행법」 제84조 제1항).

44 ⑤ 45 ⑤ **정답**

46 다음 중 금전청구채권의 강제집행 대상으로 가장 적절하지 않은 것은?

① 광업권
② 선 박
③ 개인택시 면허권
④ 어업권
⑤ 자동차

해설 「민사집행법」 제251조에 의하여 강제집행의 대상이 되는 재산권은 그 자체가 독립하여 재산적 가치를 가진 것으로서 양도 가능한 것이어야 하며 금전적 평가에 의하여 환가할 수 있는 것이어야 한다. 그러나 「여객자동차 운수사업법(구 자동차운수사업법)」의 관계규정에 따르면 인가를 받아 자동차운수사업의 양도가 적법하게 이루어지면 그 면허는 당연히 양수인에게 이전되는 것일 뿐, 여객자동차운수사업을 떠난 면허 자체는 여객자동차운수사업을 합법적으로 영위할 수 있는 자격에 불과하므로 여객자동차운수사업자의 여객자동차운수사업면허는 법원이 강제집행의 방법으로 이를 압류하여 환가하기에 적합하지 않다(대법원 1996.9.12. 자 96마1088, 1089 결정).

47 배당할 금액이 5천만 원이고, 배당에 참가한 채권자로서 등기부에 기입된 날짜나 대항력 갖춘 날짜 등을 기준으로 1순위 甲의 근저당 2,000만 원, 2순위 乙의 당해세 2,000만 원, 3순위 丙의 소액주택임차보증금(서울) 3,000만 원이 있는 경우 배당액을 계산하면?

	甲	乙	丙
①	2,000만 원	2,000만 원	1,000만 원
②	2,000만 원	1,000만 원	2,000만 원
③	1,000만 원	1,000만 원	3,000만 원
④	1,000만 원	2,000만 원	2,000만 원
⑤	0 원	2,000만 원	3,000만 원

해설 배당의 순위
- 1순위 : 최종 3개월분 임금채권, 최종 3년간 퇴직금과 재해보상금채권, 주택의 소액보증금
- 2순위 : 조세 중 당해세(증여세, 상속세 등)
- 3순위 : 담보권에 앞서는 일반조세
- 4순위 : 조세에 뒤지는 담보권
- 5순위 : 임금, 퇴직금, 재해보상금 등 기타 근로관계채권
- 6순위 : 납부기한 등이 저당권, 전세권의 설정보다 이후인 기타 조세채권
- 7순위 : 의료보험채권, 연금보험료채권, 산업재해보험료채권 등
- 8순위 : 일반채권

정답 46 ③ 47 ⑤

48 다음 중 전부명령의 대상이 될 수 있는 채무자의 제3채무자에 대한 채권으로서 가장 적절하지 않은 것은?

① 예금 청구권
② 유체물인도 청구권
③ 보험금 청구권
④ 상가임대차보증금반환 청구권
⑤ 물품대금 청구권

해설 유체물의 인도나 권리이전의 청구권에 대하여는 전부명령을 하지 못한다(「민사집행법」 제245조).

49 다음은 유체동산 강제집행 절차에 관한 설명이다. 가장 적절하지 않은 것은?

① 유체동산 소재지 집행관이 관할한다.
② 유체동산에 대한 강제집행신청서에는 집행력 있는 정본을 붙여야 한다.
③ 대리인에 의한 신청의 경우에는 대리권한을 증명하는 서면(위임장)을 붙여야 한다.
④ 대리인의 경우 변호사가 아니라면 소송의 경우처럼 소송대리 허가를 받아야 한다.
⑤ 유가증권으로서 배서가 금지되지 아니한 것은 압류의 대상이 된다.

해설 법정대리권이 있는 사실 또는 소송행위를 위한 권한을 받은 사실은 서면으로 증명하여야 한다(「민사소송법」 제58조).

50 추심명령에 관한 다음 설명 중 가장 적절한 것은?

① 추심명령에 관한 재판에 대하여 즉시 항고할 수 있다.
② 금전채권에 대한 추심명령은 확정되어야 그 효력이 생긴다.
③ 추심명령에 의한 추심권의 범위는 집행채권액과 집행비용에 한정되지만, 전부명령은 압류된 채권의 전액에 미친다.
④ 채권자는 추심명령의 대상인 채권의 일부만이 추심된 경우에는 법원에 추심신고를 할 의무가 없다.
⑤ 채권자는 추심명령에 따라 얻은 추심권리를 포기할 수 없다.

해설 ② 제3채무자에게 송달되었을 때 그 효력이 생긴다(「민사집행법」 제227조 제3항 참조).
③ 전부명령에 의한 추심권의 범위는 집행채권액과 집행비용에 한정되지만, 추심명령은 압류된 채권의 전액에 미친다.
④ 채권자는 추심명령의 대상인 채권의 일부만이 추심된 경우에는 법원에 추심신고를 할 의무가 있다.
⑤ 채권자는 추심명령에 따라 얻은 권리를 포기할 수 있다(「민사집행법」 제240조 제1항).

제3과목　신용관리실무

51 「신용정보법」(2020.2.4. 개정)에 따른 용어의 정의에 관한 다음 설명 중 가장 적절하지 않은 것은?

① "신용정보업"이란 개인신용평가업, 개인사업자신용평가업, 기업신용조회업, 신용조사업, 채권추심업에 해당하는 업(業)을 말한다.
② "신용정보집중기관"이란 신용정보를 집중하여 관리·활용하는 자로서 금융위원회로부터 허가받은 자를 말한다.
③ "신용정보제공·이용자"란 고객과의 금융거래 등 상거래를 위하여 본인의 영업과 관련하여 얻거나 만들어 낸 신용정보를 타인에게 제공하거나 타인으로부터 신용정보를 제공받아 본인의 영업에 이용하는 자와 그 밖에 이에 준하는 자로서 대통령령으로 정하는 자를 말한다.
④ "본인신용정보관리업"이란 개인인 신용정보주체의 신용관리를 지원하기 위하여 개인의 신용정보를 대통령령으로 정하는 방식으로 통합하여 그 신용정보주체에게 제공하는 행위를 영업으로 하는 것을 말한다.
⑤ "가명정보"란 가명처리한 개인신용정보를 말하고, "익명처리"란 더 이상 특정 개인인 신용정보주체를 알아볼 수 없도록 개인신용정보를 처리하는 것을 말한다.

> **해설**　"신용정보업"이란 개인신용평가업, 개인사업자신용평가업, 기업신용조회업, 신용조사업에 해당하는 업(業)을 말한다(「신용정보법」 제2조 제4호).

52 위임직채권추심인에 관한 다음 설명 중 가장 적절하지 않은 것은?

① 파산선고를 받은 자로서 복권이 되지 아니한 자는 위임직채권추심인이 될 수 있다.
② 채권추심회사는 그 소속 위임직채권추심인이 되려는 자를 금융위원회에 등록하여야 한다.
③ 금융위원회는 위임직채권추심인이 등록의 내용이나 조건을 위반한 경우 그 등록을 취소할 수 있다.
④ 위임직채권추심인은 소속 채권추심회사 외의 자를 위하여 채권추심업무를 할 수 없다.
⑤ 채권추심회사는 그 소속 위임직채권추심인이 채권추심업무를 함에 있어 법령을 준수하고 건전한 거래질서를 해하는 일이 없도록 성실히 관리하여야 한다.

> **해설**　파산선고를 받고 복권이 되지 아니한 자는 위임직채권추심인이 될 수 없다(「신용정보법」 제27조 제1항 제3호).

정답　51 ①　52 ①

53 다음 중 ( )에 들어갈 법률로 가장 적절한 것은?

「신용정보법」 제3조의2(다른 법률과의 관계) ① 신용정보의 이용 및 보호에 관하여 다른 법률에 특별한 규정이 있는 경우를 제외하고는 (A)에서 정하는 바에 따른다. ② 개인정보의 보호에 관하여 이 법에 특별한 규정이 있는 경우를 제외하고는 (B)에서 정하는 바에 따른다.

	A	B
①	「개인정보 보호법」	「신용정보법」
②	「신용정보법」	「신용정보법」
③	「신용정보법」	「개인정보 보호법」
④	「개인정보 보호법」	「개인정보 보호법」
⑤	「신용정보법」	「정보통신망 이용촉진 및 정보보호 등에 관한 법률」

해설 다른 법률과의 관계(「신용정보법」 제3조의2)
- 신용정보의 이용 및 보호에 관하여 다른 법률에 특별한 규정이 있는 경우를 제외하고는 「신용정보법」에서 정하는 바에 따른다.
- 개인정보의 보호에 관하여 이 법에 특별한 규정이 있는 경우를 제외하고는 「개인정보 보호법」에서 정하는 바에 따른다.

54 다음 중 채권추심회사가 채권자로부터 채권추심을 위임받을 수 있는 채권이 아닌 것은?

① 보험 업무에 따른 금전채권
② 특별법에 따라 설립된 조합의 조합원에 대한 보증채권
③ 판결 등에 따라 권원이 인정된 민사채권으로서 대통령령으로 정하는 채권
④ 「상법」에 따른 상행위로 생긴 금전채권
⑤ 고용인에 대한 임금채권

해설 채권추심 대상채권(「신용정보의 이용 및 보호에 관한 법률」 제2조 제11호)
- 「상법」에 따른 상행위로 생긴 금전채권
- 판결 등에 따라 권원(權原)이 인정된 민사채권으로서 대통령령으로 정하는 채권
- 특별법에 따라 설립된 조합·공제조합·금고 및 그 중앙회·연합회 등의 조합원·회원 등에 대한 대출·보증, 그 밖의 여신 및 보험 업무에 따른 금전채권
- 다른 법률에서 채권추심회사에 대한 채권추심의 위탁을 허용한 채권

55 개인정보와 가장 거리가 먼 것은?

① 사망했거나 관계 법령(실종선고 등)에 따라 사망한 것으로 보는 자에 관한 정보
② 아이디와 비밀번호 등 식별부호
③ 휴대전화번호 뒤의 4자리
④ 이메일 주소
⑤ 주민등록번호

> **해설** 개인정보 정의(「개인정보 보호법」제2조 제1호)
> 개인정보란 살아 있는 개인에 관한 정보로서 다음의 어느 하나에 해당하는 정보를 말한다.
> • 성명, 주민등록번호 및 영상 등을 통하여 개인을 알아볼 수 있는 정보
> • 해당 정보만으로는 특정 개인을 알아볼 수 없더라도 다른 정보와 쉽게 결합하여 알아볼 수 있는 정보. 이 경우 쉽게 결합할 수 있는지 여부는 다른 정보의 입수 가능성 등 개인을 알아보는 데 소요되는 시간, 비용, 기술 등을 합리적으로 고려하여야 한다.
> • 가명정보를 원래의 상태로 복원하기 위한 추가 정보의 사용·결합 없이는 특정 개인을 알아볼 수 없는 정보

56 「신용정보법」에 따른 "채권추심"과 가장 거리가 먼 것은?

① 채무자에 대한 소재파악 및 재산조사
② 채권에 대한 변제 요구
③ 채권자를 대리한 법률행위
④ 채무자에 대한 재산조사
⑤ 채무자로부터 변제 수령

> **해설** 채권추심업이란 채권자의 위임을 받아 변제하기로 약정한 날까지 채무를 변제하지 아니한 자에 대한 재산조사, 변제의 촉구 또는 채무자로부터의 변제금 수령을 통하여 채권자를 대신하여 추심채권을 행사하는 행위를 영업으로 하는 것을 말한다(「신용정보법」 제2조 제10호).

57 채권추심과 관련하여 채권추심자의 금지 행위와 가장 거리가 먼 것은?

① 채권추심을 위하여 다른 사람이나 단체의 명칭을 무단으로 사용하는 행위
② 무효이거나 존재하지 아니한 채권을 추심하는 의사를 표시하는 행위
③ 채권추심에 관한 법률적 권한이나 지위를 표시하는 행위
④ 법원 또는 검찰청에 의한 행위로 오인할 수 있는 말·글 등을 사용하는 행위
⑤ 채권추심에 관한 민사상 법적 절차가 진행되고 있지 아니함에도 그러한 절차가 진행되고 있다고 거짓으로 표시하는 행위

> **해설** ① 「채권추심법」 제11조 제5호
> ② 「채권추심법」 제11조 제1호
> ④ 「채권추심법」 제11조 제2호
> ⑤ 「채권추심법」 제11조 제4호

정답 55 ① 56 ③ 57 ③

58 다음 중 개인사업자의 사업자등록에 기재되어 있는 사항이 아닌 것은?

① 대표자
② 개업 연월일
③ 사업장 소재지
④ 사업의 종류
⑤ 대표자의 주민등록번호

> **해설** 사업자등록증 기재사항
> • 법인명
> • 대표자
> • 개업 연월일
> • 법인등록번호
> • 사업장 소재지
> • 본점 소재지
> • 사업의 종류

59 채권상담의 방법에 관한 다음 설명 중 가장 적절하지 않은 것은?

① 독촉은 채무를 변제할 것을 최고하는 것으로 주로 변제의지가 전혀 없거나 의도적으로 회피하거나 채무에 대해 무감각한 채무자의 감정을 자극하는 수단으로 많이 사용되는 방법이다.
② 타협은 주로 일정 부분 변제의사 및 변제능력이 있는 채무자와의 상담에서 변제조건(기일, 금액, 방법 등)을 조정함으로써 채무자의 채무변제 의지가 행동으로 이어질 수 있도록 유도하는 방법이다.
③ 양보는 신용관리담당자의 주장이나 요구사항을 조정하여 채무자의 의견을 쫓는 것으로 주로 도전적이고 융통적이지 못한 채무자와의 상담에서 많이 사용된다.
④ 보류는 변제의사 및 변제능력이 전무한 채무자의 객관적 상황이 변동될 때까지 일정 기간 채권관리를 미루어 두는 것을 말한다.
⑤ 부담은 채무자에게 객관적인 사실들을 잘 설명하고 이해시켜 채무변제의 당위성을 납득시키고 이를 행동에 옮기도록 독려하는 방법이다.

> **해설** 설득은 채무자에게 객관적인 사실들을 잘 설명하고 이해시켜 채무변제의 당위성을 납득시키고 이를 행동에 옮기도록 독려하는 방법이다.

60 「어음법」 및 「수표법」상 환어음, 약속어음, 수표에 관한 다음 설명 중 가장 적절하지 않은 것은?

① 환어음은 조건 없이 일정 금액을 지급할 것을 위탁하는 뜻을 적고, 약속어음은 조건 없이 일정 금액을 지급할 것을 약속하는 뜻을 적는다.
② 약속어음은 지급인이 없고 따라서 지급지도 기재하지 않는다.
③ 수표에는 만기와 수취인을 기재할 필요가 없다.
④ 수표는 발행인이 처분할 수 있는 자금이 있는 은행을 지급인으로 한다.
⑤ 환어음과 달리 수표는 인수하지 못한다.

정답 58 ⑤ 59 ⑤ 60 ②

> **해설** 어음 요건의 흠(「어음법」제76조)
> 「어음법」제75조 각 호의 사항을 적지 아니한 증권은 약속어음의 효력이 없으나, 다음의 경우에는 그러하지 아니하다.
> - 만기가 적혀 있지 아니한 경우 : 일람출급의 약속어음으로 본다.
> - 지급지가 적혀 있지 아니한 경우 : 발행지를 지급지 및 발행인의 주소지로 본다.
> - 발행지가 적혀 있지 아니한 경우 : 발행인의 명칭에 부기한 지(地)를 발행지로 본다.

61

甲은 乙에게 1,000만 원을 빌려주면서 乙로부터 어음금액이 기재되지 않은 丙 발행의 약속어음을 배서・교부받으면서 이자를 포함한 1,100만 원으로 어음금액을 보충하여 발행인에게 청구하기로 약정하였다. 위 사례에 관한 다음 설명 중 가장 적절하지 않은 것은? (다툼이 있는 경우에는 판례에 의함)

① 甲이 乙로부터 받은 어음은 백지어음으로 '미완성어음'이라고도 한다.
② 백지어음은 기명날인 또는 서명은 되어 있어야 하고, 어음의 필수기재사항 중 전부나 일부가 적혀 있지 않아야 하며, 어음소지인에게 백지부분을 보충시키려는 의사가 있어야 한다.
③ 甲이 백지부분을 보충하지 않고 그냥 백지어음인 채로 발행인 丙에게 돈을 달라고 지급제시하는 것은 적법하지 않아 지급거절을 당하더라도 발행인 丙에게 지체책임을 물을 수 없다.
④ 甲이 백지어음으로 법원에 발행인 丙을 상대로 어음금 청구의 소를 제기하였다면 사실심(1, 2심) 변론종결 시까지 백지부분을 보충하지 않을 경우에는 기각된다.
⑤ 만기가 기재된 백지어음의 경우 어음의 주채무자에 대한 권리는 만기로부터 3년의 소멸시효에 걸리지 않으므로 백지의 보충도 이 기간 내에 이루어질 필요가 없다.

> **해설** 백지어음
> 백지어음이란 기명날인 또는 서명 외에 어음 요건의 전부 또는 일부를 기재하지 않아도 후일의 보충에 의하여 완전한 어음으로 될 것이 예정되어 유통되는 미완성어음을 말한다.

62

다음 중 「일반신용정보관리규약」(2020.11.30. 개정)에 따른 공공기록정보 등록사유가 아닌 것은?

① 국세를 1년에 3회 이상 체납하고 체납액이 5백만 원 이상인 자
② 신용회복지원협약에 따라 신용회복지원이 확정된 거래처
③ 과태료를 1년에 3회 이상 체납하고 체납액이 3백만 원 이상인 자
④ 법원의 판결에 의하여 채무불이행자로 결정된 경우
⑤ 1년에 3회 이상 관세 등을 체납하고 그 체납액이 5백만 원 이상인 자

> **해설** 공공기록정보 등록사유로 적절한 것은 과태료를 1년에 3회 이상 체납하고 체납액이 5백만 원 이상인 자이다.

정답 61 ⑤ 62 ③

63 어음·수표의 부도에 관한 다음 내용 중 가장 적절하지 않은 것은?

① "어음·수표의 부도"란 어음·수표의 지급기일에 어음·수표금이 지급되지 아니하는 것을 말한다.
② 어음·수표의 분실·도난·피사취도 부도사유에 해당된다.
③ 어음·수표가 부도처리 되고 그 어음에 보증인이나 배서인이 있는 경우, 소지인은 발행인·보증인·배서인을 상대로 순서에 관계없이 그중 가장 재력이 있는 한 사람에게 청구할 수도 있고, 또는 모두에 대하여 동시에 전액을 청구할 수도 있다.
④ 수표발행 후 예금부족, 거래정지처분 등의 사유로 부도가 난 경우에는 제1심 판결 선고 전까지 그 수표를 회수하거나 수표 소지인과 합의를 하여도 형사처벌을 면할 수 없다.
⑤ 어음은 부도가 나더라도 사기죄가 되지 않는 한 발행인 등이 형사책임을 지지 않으나, 수표는 부도가 나면 발행인은 「부정수표 단속법」에 의하여 형사처벌을 받게 된다.

해설 수표의 소지인이 지급제시기간 내에 수표를 은행에 제시하지 않은 경우에는 부도가 났다 하더라도 「부정수표 단속법」 위반죄로 처벌되지 않는다. 수표발행 후 예금부족, 거래정지처분 등의 사유로 부도가 난 경우에는 제1심 판결 선고 전까지 그 수표가 회수되거나, 회수되지 않았더라도 수표 소지인의 명시한 의사에 반하여 발행인은 처벌되지 아니하므로 수표를 부도낸 경우 제1심 판결 선고 전까지 그 수표를 회수하거나 수표 소지인과 합의하도록 한다.

64 채무환경분석정보 및 그와 관련된 서류들에 관한 다음 설명 중 가장 적절하지 않은 것은?

① 채무자 사망 시 상속인 관련 정보는 제적등본·가족관계증명서 등을 통하여 확인할 수 있다.
② 부동산등기사항증명서는 부동산소재지만 알고 있다면 누구나 발급받을 수 있다.
③ 채권·채무관계 등 대통령령으로 정하는 정당한 이해관계가 있는 사람은 주민등록표 등본을 발급받을 수 있다.
④ 부가가치세 납세의무자는 원칙적으로 사업장별로 세무서에 신청하여 사업자등록증을 발급받을 수 있다.
⑤ 주민등록번호 뒤의 7자리 숫자 중 첫 번째 숫자는 남녀를 구분한다.

해설 채권·채무관계 등 대통령령으로 정하는 정당한 이해관계가 있는 사람이 신청하는 경우 주민등록표 초본을 발급받을 수 있다(「주민등록법」 제29조 제2항 제6호).

65 채권관리상담 업무에 관한 다음 설명 중 가장 적절하지 않은 것은?

① 전화상담은 우선 통화가능 시간을 고려하여 접근단계, 공감단계, 상담단계, 확인단계로 나누어 진행하는 것이 효과적이다.
② 방문상담은 관련 법규에 제한이 없는 한 학력, 연령 또는 직위, 성별 및 시간과 장소에 크게 구애됨이 없이, 채권자의 목적과 의사를 충분히 전달할 수 있는 수단이다.
③ 서면관리실무는 안내장, 통고서, 독촉장 등을 이용하여 서면을 통해 독촉하는 추심행위이다.
④ 방문상담은 채무자와 서로 대면하여 상담이 이루어지기 때문에 진지한 상담이 가능하고 채무자의 심리나 사고, 행동의 변화를 즉시 파악할 수 있다는 장점을 가지고 있다.
⑤ 방문상담은 변제의 독촉은 물론이고 행불추적 및 재산조사, 법적 집행, 추심행위 등이 동시에 이루어질 수 있는 특징이 있다.

해설 방문상담은 채무자의 거주지, 소재지를 방문하여 이루어지는 상담으로 시간과 장소에 영향을 받는다.

66 「소송촉진 등에 관한 특례법」에 관한 다음 설명 중 ( )에 들어갈 가장 적절한 이자율은?

> 금전채무의 전부 또는 일부의 이행을 명하는 판결을 선고할 경우, 금전채무 불이행으로 인한 손해배상액 산정의 기준이 되는 법정이율은 그 금전채무의 이행을 구하는 소장(訴狀) 또는 이에 준하는 서면(書面)이 채무자에게 송달된 날의 다음 날부터는 연 100분의 40 이내의 범위에서 「은행법」에 따른 은행이 적용하는 연체금리 등 경제 여건을 고려하여 대통령령으로 정하는 이율에 따른다. 여기서 대통령령(2019.5.21. 개정)으로 정하는 이율이란 연 ( )%를 말한다.

① 24　　　　　　　　　　② 20
③ 12　　　　　　　　　　④ 6
⑤ 5

해설 「소송촉진 등에 관한 특례법」 제3조 제1항 본문에서 "대통령령으로 정하는 이율"이란 연 100분의 12를 말한다(「소송촉진 등에 관한 특례법 제3조 제1항 본문의 법정이율에 관한 규정」).

정답 65 ②　66 ③

67 다음은 채권추심 관련 사례이다. 이에 관한 설명으로 가장 적절하지 않은 것은?

> A는 2022. 9.경부터 2022. 12. 20.경까지 사이에 B로부터 소개받은 피해자 C에게 수회에 걸쳐 합계 8,000만 원 상당을 대부해 주면서 제한이자를 초과하여 이자를 수취하여 오던 중 피해자가 경기 부진 등으로 원금과 이자를 제때 지급하지 못하며 미루자 2022. 12. 27. 13:49경 불상지에서 A의 휴대전화를 이용하여 C에게 "3,000만 원 다 안 되면 이모집 D(C의 딸) 싹 다 뿌리고 가만두지 않을 거야. 두고 봅시다"라는 내용의 문자메시지를 전송한 것을 비롯하여 그 무렵부터 2022. 12. 31. 13:49경까지 총 90회에 걸쳐 반복적으로 채무자인 C에게 문자메시지를 도달하게 하였다.

① A가 정당한 사유 없이 반복적으로 전화하는 등 말·글을 채무자 C에게 도달하게 함으로써 공포심이나 불안감을 유발하여 사생활 또는 업무의 평온을 심하게 해치는 행위를 하였다면 「채권추심법」 위반이 될 수 있다.
② A가 채무자 C에게 휴대전화 문자메시지 등을 보내어 협박을 하였다면 「채권추심법」 위반이 될 수 있다.
③ A가 채무자 C로부터 제한이자를 초과하여 이자를 수취한 것은 「대부업법」 위반죄가 성립될 수 있다.
④ A가 대부업체 회사(법인)의 직원이고 A의 불법행위가 밝혀졌다면 양벌규정에 따라 대부업체 법인도 징역 또는 벌금형을 처벌받을 수 있다.
⑤ 채권자 A는 변호사가 아닌 자에게 위 채권추심과 관련한 소송행위를 하도록 위임하여서는 안 된다.

해설 양벌규정(「대부업 등의 등록 및 금융이용자 보호에 관한 법률」 제20조)
법인의 대표자나 법인 또는 개인의 대리인, 사용인, 그 밖의 종업원이 그 법인 또는 개인의 업무에 관하여 제19조(벌칙)의 위반행위를 하면 그 행위자를 벌하는 외에 그 법인 또는 개인에게도 해당 조문의 벌금형을 과(科)한다. 다만, 법인 또는 개인이 그 위반행위를 방지하기 위하여 해당 업무에 관하여 상당한 주의와 감독을 게을리하지 아니한 경우에는 그러하지 아니하다.

68 「여신전문금융업법」에 관한 다음 내용 중 (　)에 들어갈 가장 적절한 것은? (단, 순서는 상관 없음)

> "여신전문금융업(與信專門金融業)"이란 (　), (　), (　) 또는 (　)을 말한다.

① 금융투자업　　　보험업　　　신용카드업　　　할부금융업
② 대부업　　　신용카드업　　　시설대여업　　　신용평가업
③ 신용카드업　　　시설대여업　　　할부금융업　　　신기술사업금융업
④ 투자매매업　　　투자자문업　　　시설대여업　　　할부금융업
⑤ 신용카드업　　　금융투자업　　　할부금융업　　　혁신금융서비스업

해설　여신전문금융업(與信專門金融業)이란 신용카드업, 시설대여업, 할부금융업 또는 신기술사업금융업을 말한다(「여신전문금융업법」 제2조 제1호).

69 신용회복위원회의 개인채무조정제도에 관한 다음 설명 중 가장 적절하지 않은 것은?

① 신용회복위원회 채무조정제도는 「서민의 금융생활 지원에 관한 법률」에 근거하여 신용회복지원 협약을 체결한 금융회사 채무를 조정하는 사적 채무조정제도이다.
② 연체 전 채무조정(신속채무조정)은 채무를 정상 이행 중이거나 1개월 미만 단기 연체 중인 채무자에 대한 신속한 채무조정 지원으로 연체 장기화를 방지한다.
③ 이자율 채무조정(프리워크아웃)은 1~3개월 미만 단기 연체채무자에 대한 선제적 채무조정을 통해 연체 장기화를 방지한다.
④ 채무조정(개인워크아웃)은 6개월 이상 장기 연체채무자에 대한 채무조정 프로그램으로 신용회복과 경제적 회생을 지원한다.
⑤ 채무조정제도는 상환기간 연장, 분할상환, 이자율 조정, 상환유예, 채무감면 등의 방법으로 하고, 신청 다음날부터 채권금융회사의 추심활동이 중단된다.

해설　채무조정(개인워크아웃)은 3개월 이상 장기 연체채무자에 대한 채무조정 프로그램으로 신용회복과 경제적 회생을 지원한다.

정답　68 ③　69 ④

70 개인회생절차와 개인파산절차에 관한 다음 설명 중 가장 적절하지 않은 것은?

① 개인회생 채권은 15억 원 이하로 제한이 있지만, 개인파산은 원칙적으로 무담보채무이든 담보채무이든 채무액에 제한이 없다.
② 개인회생의 경우 원칙적으로 최저생계비 이상의 지속적인 소득이 있는 자가 대상이 되지만, 개인파산은 최저생계비 이하인 저소득자도 대상이 될 수 있다.
③ 개인회생은 개인회생개시결정 당시 채무자의 재산만으로 변제하는 것이 기본원칙이지만, 개인파산은 채무자가 자신의 재산은 유지하면서 장래 수입만으로 변제하는 것이 기본원칙이다.
④ 개인회생은 채무 원금 일부를 변제조건으로 하고 나머지는 면책받을 수 있다.
⑤ 개인회생은 법인에게는 적용되지 않는다.

해설 개인회생은 개인회생개시결정 당시 채무자의 일정량의 소득, 재산으로 채무를 재조정하고 그 외의 채무를 면제받으며, 개인파산은 채무자가 자신의 모든 재산을 팔아 채무를 상환하고, 완전히 채무를 갚지 못했을 경우 나머지 채무를 면제받는다.

71 채무자 A는 채권자 B, C, D로부터 금 3억 원의 채무를 부담하고 있었는데, 2022. 9. 27.경 서울회생법원에 개인회생신청을 하여 2022. 10. 25. 개인회생절차개시의 결정을 받았다. 위와 같은 사례에 관한 다음 설명 중 가장 적절하지 않은 것은?

① 채권자 B가 개인회생절차개시의 결정 전에 A 소유 부동산에 강제경매를 신청하였다면, 위 강제경매는 중지된다.
② 채권자 C는 채무자 A를 상대로 대여금 7,000만 원을 달라는 소송을 할 수 없다.
③ 채권자 D는 개인회생채권자목록상 채권액이 다르면 이의기간 안에 서면으로 이의를 신청할 수 있다.
④ 변제계획인가 후 채무자 A가 인가된 변제계획을 이행할 수 없음이 명백할 때 원칙적으로 서울회생법원은 개인회생절차폐지의 결정을 한다.
⑤ 면책을 받은 채무자 A는 변제계획에 따라 변제한 것을 제외하고 개인회생채권자에 대한 채무에 관하여 그 책임이 면제되지만, 불법추심으로 벌금형을 선고받고 아직 벌금을 납부하지 않았다면 위 벌금은 면책되지 않는다.

해설 채권자 C는 채무자 A를 상대로 대여금 7,000만 원을 달라는 소송을 할 수 있다(「채무자 회생 및 파산에 관한 법률」 제600조 참조).

72 「채무자 회생 및 파산에 관한 법률」상 간이파산에 관한 다음 설명 중 가장 적절하지 않은 것은?

① 파산재단에 속하는 재산액이 5억 원 미만이라고 인정되는 때에는 법원은 파산선고와 동시에 간이파산의 결정을 한다.
② 파산절차 중 파산재단에 속하는 재산액이 5억 원 미만임이 발견된 때에는 법원은 이해관계인의 신청에 의하거나 직권으로 간이파산의 결정을 할 수 있다.
③ 간이파산절차의 경우 제1회 채권자집회의 기일과 채권조사의 기일은 원칙적으로 병합할 수 없다.
④ 간이파산절차의 경우 제1회 채권자집회의 결의와 채권조사 및 계산보고를 위한 채권자집회의 결의를 제외하고는 법원의 결정으로 채권자집회의 결의에 갈음한다.
⑤ 간이파산의 경우에는 감사위원을 두지 아니한다.

해설 간이파산절차의 경우 제1회 채권자집회의 기일과 채권조사의 기일은 부득이한 사유가 있는 때를 제외하고는 이를 병합하여야 한다(「채무자 회생 및 파산에 관한 법률」 제552조).

73 채무불이행자 명부등재에 관한 다음 설명 중 가장 적절하지 않은 것은?

① 금전의 지급을 명한 집행권원이 확정된 후 6월 이내에 채무를 이행하지 아니하는 때 채권자는 그 채무자를 채무불이행자명부에 올리도록 신청할 수 있다.
② 법원은 채무불이행자명부의 부본을 대법원규칙이 정하는 바에 따라 일정한 금융기관의 장이나 금융기관 관련단체의 장에게 보내어 채무자에 대한 신용정보로 활용하게 할 수 있다.
③ 채무불이행자 명부등재 결정이 확정된 후라도 변제, 그 밖의 사유로 채무가 소멸되었다는 것이 증명된 때에는 법원은 채무자의 신청에 따라 채무불이행자명부에서 그 이름을 말소하는 결정을 한다.
④ 채무불이행자명부나 그 부본은 채권자와 그 대리인만 보거나 복사할 것을 신청할 수 있다.
⑤ 채무불이행자명부에 오른 다음 해부터 10년이 지난 때에는 법원은 직권으로 그 명부에 오른 이름을 말소하는 결정을 하여야 한다.

해설 ④ 채무불이행자명부나 그 부본은 누구든지 보거나 복사할 것을 신청할 수 있다(「민사집행법」 제72조 제4항).
① 「민사집행법」 제70조 제1항 제1호
② 「민사집행법」 제72조 제3항
③ 「민사집행법」 제73조 제1항
⑤ 「민사집행법」 제73조 제3항

정답 72 ③ 73 ④

74 甲은 乙에 대한 5,000만 원의 채권에 대하여 지급명령을 신청하여 인용 결정을 받고 확정되었다. 위와 같은 사례에 대한 다음 설명 중 가장 적절하지 않은 것은?

① 甲이 乙의 은행에 가지는 예금채권에 대하여 강제집행을 신청하려면 원칙적으로 乙의 주소지를 관할하는 법원에 채권압류 및 추심명령(또는 전부명령)을 신청하여야 한다.
② 甲이 乙의 부동산에 대하여 강제경매를 신청하려면 부동산 소재지를 관할하는 법원에 하여야 한다.
③ 甲의 재산명시신청에 대하여 乙이 거짓의 재산목록을 낸 때에는 3년 이하의 징역 또는 500만 원 이하의 벌금에 처할 수 있다.
④ 재산명시절차에서 乙이 제출한 재산목록의 재산만으로는 집행채권의 만족을 얻기에 부족한 경우, 甲은 재산명시신청을 한 법원에 재산조회를 신청할 수 있다.
⑤ 甲은 위 집행권원으로 채무자 재산에 강제집행을 하려면 집행문 부여와 송달증명원, 확정증명원을 발급받아 첨부하여야 한다.

> **해설** 甲은 위 집행권원으로 채무자 재산에 강제집행을 하려면 집행문을 첨부하여 집행력을 부여받아야 한다.

75 아파트 경매 관련 다음의 배당 순위(우선순위 순) 중 가장 적절한 것은?

ㄱ. 일반채권자의 채권	ㄴ. 경매목적물의 재산세
ㄷ. 근저당권	ㄹ. 아파트 임차인의 소액보증금
ㅁ. 집행비용	

① ㄴ, ㄹ, ㄷ, ㄱ, ㅁ
② ㅁ, ㄱ, ㄴ, ㄷ, ㄹ
③ ㄴ, ㅁ, ㄹ, ㄷ, ㄱ
④ ㅁ, ㄹ, ㄴ, ㄷ, ㄱ
⑤ ㅁ, ㄴ, ㄹ, ㄷ, ㄱ

> **해설** ※ 시험 출제 후 이의제기가 수용되어 모두 정답 처리되었음
> 문제에서 'ㄹ. 아파트 임차인의 소액보증금'은 「주택임대차보호법」 시행령 제10조에 따른 우선변제를 받을 수 있는 '보증금 중 일정액'을 의미하는 것인지 동법 시행령 제11조에 따른 우선변제를 받기 위한 보증금의 기준인지 명확하지 않다.

정답 74 ⑤ 75 모두 정답

제4과목 고객관리 및 민원예방

76 다음 설명에 가장 부합하는 신용관리담당자의 역할은?

> 채권회수와 관련된 「민사소송법」 등 법적 처리절차와 법적 조치 등 풍부한 법률적 지식을 습득해야 한다.

① 재정조언자　　　　　　　　② 법률전문가
③ 협상전문가　　　　　　　　④ 정보관리자
⑤ 심리전문가

해설 신용관리사의 역할
- 법률전문가 : 채권추심 등과 관련된 제반 법적 절차나 관련 실무에 대한 적절한 지식을 보유하여야 한다.
- 재정조언자 : 채무자의 경제적 상황과 능력을 고려하여 채무자에게 유리하고 합리적인 상환계획을 제시하여야 한다.
- 심리전문가 : 채무자의 성향이나 특성 등을 객관적으로 분석하여 합리적인 대응방법을 강구하여야 한다.
- 협상전문가 : 양측의 이익과 목표를 최대한 이끌어낼 수 있도록 전략을 수립하고 협상을 수행하여야 한다.
- 정보관리자 : 합법적이고 효율적인 수단에 의한 정보의 수집과 분석 및 활용에 능숙하여야 한다.

77 설득의 심리학에 관한 다음 내용 중 (　　) 안에 들어갈 가장 적절한 것은?

> (　A　)(미국 애리조나 주립대학 심리학 교수)은/는 그의 저서 "Influence : Science and Practice"(우리나라 번역서명 "설득의 심리학")에서 상대의 마음을 사로잡는 6가지 법칙을 설명하였다. (　B　)은 먼저 호의를 베풀어 상대방을 빚진 상태로 만들면 상대방은 받은 게 있으니 뭔가 보답해야 할 것 같은 심리적 부담감을 유발한다는 법칙이다.

	A	B
①	Robert B. Cialdini	상호성의 법칙
②	Alvin Toffler	사회적 증거의 법칙
③	Robert B. Cialdini	일관성의 법칙
④	Alvin Toffler	상호성의 법칙
⑤	Robert B. Cialdini	일관성의 법칙

해설 Robert B. Cialdini(로버트 치알디니)는 그의 저서 "Influence : Science and Practice"에서 상대의 마음을 사로잡는 6가지 법칙을 설명하였다. 상호성의 법칙은 먼저 호의를 베풀어 상대방을 빚진 상태로 만들면 상대방은 받은 게 있으니 뭔가 보답해야 할 것 같은 심리적 부담감을 유발한다는 법칙이다.

정답 76 ② 77 ①

78 다음은 신용관리담당자의 상담기법에 관한 설명이다. 이에 대한 설명 중 가장 적절한 것은?

> 채무자의 거주지 및 소재지를 방문하여 변제 독촉을 하는 방법으로서, 고객과의 만남을 통해 인간적으로 서로의 입장을 이해할 수 있어 효율성 면에서 시간의 소요는 있지만 회수의 효과가 가장 크다.

① 전화상담
② 방문상담
③ 서면관리(최고서 등)
④ 스토리텔링
⑤ 스크립트(Script)

해설 방문상담관리
방문상담관리는 채무자의 거주지, 소재지를 방문하여 상담관리하는 것으로, 시간적 소요의 문제는 있지만 위약자와 연락두절인 채무자를 상대로 독촉하는 데 효율적인 방법이다. 동시에 가장 많이 사용되는 방법이며 장기, 상각 채권관리에서 주로 이루어진다. 방문상담관리는 채무자 관찰과 심리파악에 용이하고 장시간 진지한 상담이 가능하다는 장점이 있다. 또한, 변제의 독촉, 행불추적, 재산조사 등이 동시에 이루어질 수 있다는 특징 때문에 채무자가 상속인이거나 재산소유자인 경우 효과가 높다.

79 다음 설명 중 ( ) 안에 들어갈 용어로 가장 적절한 것은?

> (A)은 금융회사 등이 보유하는 부실자산의 효율적 정리를 촉진하고 부실징후기업의 경영정상화 노력을 지원하기 위하여 필요한 사항을 규정하며, (B)를 설립하여 부실자산의 정리와 개인채무자 및 기업의 정상화를 지원하고 국가기관 등의 재산에 대한 관리·처분·개발 등 업무를 수행하게 함으로써 금융회사 등의 건전성을 제고하고 경제주체들의 재기를 도모하며 공공자산의 가치를 제고하여 금융산업 및 국가경제의 발전에 이바지함을 목적으로 한다.

	A	B
①	「예금자보호법」	예금보험공사
②	「한국주택금융공사법」	한국주택금융공사
③	「한국자산관리공사 설립 등에 관한 법률」	한국자산관리공사
④	「금융위원회의 설치 등에 관한 법률」	금융위원회
⑤	「서민의 금융생활 지원에 관한 법률」	신용회복위원회

해설 「한국자산관리공사 설립 등에 관한 법률」은 금융회사 등이 보유하는 부실자산의 효율적 정리를 촉진하고 부실징후기업의 경영정상화 노력을 지원하기 위하여 필요한 사항을 규정하며, 한국자산관리공사를 설립하여 부실자산의 정리와 개인채무자 및 기업의 정상화를 지원하고 국가기관 등의 재산에 대한 관리·처분·개발 등 업무를 수행하게 함으로써 금융회사 등의 건전성을 제고하고 경제주체들의 재기를 도모하며 공공자산의 가치를 제고하여 금융산업 및 국가경제의 발전에 이바지함을 목적으로 한다(「한국자산관리공사 설립 등에 관한 법률」 제1조).

80 금융거래 시 유의사항에 관한 다음 설명 중 가장 적절하지 않은 것은?

① 통장을 개설할 경우, 「금융실명거래 및 비밀보장에 관한 법률」에 의하여 예금 거래는 반드시 본인의 실명으로 하여야 한다.
② 대출금을 승계(근저당권이 설정된 채무)하는 조건으로 부동산을 매수할 경우, 소유권이전등기 전에 근저당권이 설정된 금융기관을 방문하여 채무자 명의를 변경하거나 채무자의 잔존 채무금액이 확인된 부채증명서를 받아두는 것이 안전하다.
③ 신용카드업자는 분실·도난 등의 통지 전에 생긴 신용카드의 사용에 대하여 기간과 상관 없이 모두 책임을 진다.
④ 연대보증은 보통의 보증과 달리 최고·검색의 항변권 및 분별의 이익이 없으며 또한, 채권자는 어느 연대보증인에 대해서도 주채무의 전액을 청구할 수 있는 제도이기 때문에 이를 정확하게 알고 연대보증을 하여야 한다.
⑤ 전화 또는 문자를 통한 대출광고는 대출빙자형 보이스피싱일 수 있으므로 이러한 연락을 받은 경우 반드시 금융회사의 실제 존재여부를 우선 확인한 후, 대출을 권유하는 자가 금융회사 직원인지 또는 정식 등록된 대출모집인인지 여부를 확인하여야 한다.

해설 신용카드업자는 카드의 분실·도난 등의 통지를 받은 때부터 그 카드의 사용에 따른 책임을 진다(「여신전문금융업법」 제16조 제1항).

81 명함 교환 예절에 관한 다음 설명 중 가장 적절하지 않은 것은?

① 동시에 주고받을 때는 오른손으로 주고 왼손으로 받는 것이 좋다.
② 명함을 건넬 때는 일반적으로 아랫사람이 먼저 건네는 것이 기본이다.
③ 앉아서 대화를 나누다가 명함을 교환할 때는 일어서서 건네는 것이 좋다.
④ 명함을 건넬 시 본인의 이름이 본인 쪽에서 바르게 보이게끔 하는 것이 좋다.
⑤ 명함 뒷면에 만난 날짜·장소·이유 등을 메모해 놓는다.

해설 명함을 건넬 시 본인의 이름이 상대방이 읽기 편하도록 상대방 쪽에서 바르게 보이게끔 하는 것이 좋다.

정답 80 ③ 81 ④

82 불만고객의 민원 응대요령에 관한 다음 설명 중 가장 적절하지 않은 것은?

① 민원인의 요구사항을 들어줄 수 없는 경우 대안적 해결방안을 적극적으로 찾아 지원할 수 있도록 노력한다.
② 전화로 처리 불가능한 민원을 제기하며 언성을 높이는 경우, 전화로 처리 가능한 민원에 대하여 설명하고, 전화로 접수·처리 불가능한 민원은 서면으로 제출하거나 방문하도록 유도한다.
③ 민원인이 전화로 구체적 요구사항 없이 하소연을 하는 경우, 민원인의 말을 끊지 말고 성실하게 경청하며, 예의 바르게 응대해야 한다.
④ 전화상담 도중 폭언을 하는 경우, 폭언(고성, 욕설, 협박 등)을 중단할 것을 요청하고, 계속 같은 행동을 하면 즉시 전화를 끊고 응대를 하지 않는다.
⑤ 민원인이 찾아와 상담 중 목소리가 높아지는 등 민원인과의 마찰 또는 갈등이 발생할 우려가 있을 경우, 신속하게 부서장 또는 상급자가 적극적으로 개입하여 민원인을 진정시키고, 마찰이 커지지 않도록 노력한다.

해설 폭언이 최선의 방법이 아님을 이야기하며 상대방의 말을 경청함으로써 격한 감정을 풀어 주고, 칭찬화법을 사용하여 민원인이 마음을 열 수 있도록 도와야 한다.

83 TA(Transactional Analysis : 교류분석)에 관한 다음 설명 중 가장 적절하지 않은 것은?

① TA 대화 분석은 긍정 심리 이론이다.
② TA 대화 분석의 기본적 사상은 자기 이해이다.
③ TA 대화 분석을 통해 여러 가지 '감정'들에 대한 이해를 높일 수 있다.
④ TA 대화 분석에서 대화란 어떤 사람의 한 가지 자아상태에서 보내지는 자극에 대해 그 자극을 받은 사람의 한 가지 자아상태에서 반응이 되돌아오는 것이다.
⑤ 에릭 번(Eric Berne)이 개발한 TA이론에 의하면 사람의 자아상태의 특성에 따라 그 유형을 부모(P), 성인(A), 어린이(C)의 자아상태로 분류하였다.

해설 TA의 기본적 사상은 자기 이해와 타인 이해를 바탕으로 하는 조직 관계 이해이다.

82 ④ 83 ②

84 고객의 성향 및 욕구에 관한 다음 설명 중 가장 적절하지 않은 것은?

① 고객은 언제나 환영받기를 원하는 환영기대심리가 있으므로 밝은 미소로 맞이해야 한다.
② 고객은 불만족한 사실보다는 만족한 사실을 훨씬 크게 기억하는 경우가 많다.
③ 고객은 서비스 직원보다 우월하다는 심리를 갖고 있기 때문에 서비스직원은 직업의식을 가지고 고객의 자존심을 인정하고 자신을 낮추는 겸손한 자세가 필요하다.
④ 고객은 각자 자신의 가치 기준을 가지고 자기 위주로 모든 상황을 판단하는 심리(자기 본위적 심리)를 가지고 있다.
⑤ 고객은 중요한 사람으로 인식되고 기억해 주기를 바라는 존중 기대심리가 있다.

해설 고객은 만족한 사실보다는 불만족한 사실을 훨씬 크게 기억하는 경우가 많다.

85 불만고객에 관한 다음 설명 중 가장 적절하지 않은 것은?

① 고객의 불만을 잘 해결하는 경우 고객의 충성도를 높이는 기회가 될 수 있다.
② 고객 불만 관리의 핵심은 사후에 불만요인을 빠르게 제거하는 것이다.
③ 스칸디나비아항공의 CEO였던 얀 칼슨은 "100번의 고객 접점에서 99번 만족시켰더라도 고객이 한 번 불만을 느끼면 고객의 종합만족도는 0이 된다. 고객과 접하는 최초의 15초에서 100-1=0 이다"라고 주장하면서 고객접점관리를 강조한 바 있다.
④ 사소한 아이디어 하나 또는 경쟁사가 제공하지 않는 서비스 하나가 고객에게 큰 감동을 줄 수 있다.
⑤ 'MOT(Moment of Truth)'를 제대로 관리하기 위해서는 현장 직원들에게 고객의 불만과 문제를 해결할 수 있도록 권한을 위임해 줄 필요가 있다.

해설 고객 불만 관리의 핵심은 사전에 불만요인이 생기지 않게 대비하고 불만요인이 생겼을 경우 빠르게 해결책을 제시하는 것이다.

86 역피라미드형 조직과 피라미드형 조직의 가장 상위 단계에 해당하는 것으로 가장 적절한 것은?

	역피라미드형 조직	피라미드형 조직
①	최고경영자	고 객
②	고 객	제1선 사원
③	고 객	최고경영자
④	제1선 사원	고 객
⑤	고 객	고 객

해설 **역피라미드형 조직**
고객 주도형 조직이라고도 하며 경영조직이 경영자에 의한 명령보다 고객의 요구에 따라 설계되고 운영되는 조직을 말한다.

피라미드형 조직
경영진 주도형 조직이라고도 하며 경영조직이 경영자에 의한 명령으로 설계되고 운영되는 조직을 말한다.

87 고객만족관리에 관한 다음 설명 중 가장 적절하지 않은 것은?

① CS 평가시스템은 고객만족에 기여한 외부 경영활동의 과정과 결과를 회사 관점에서 평가하는 기법이다.
② CS 평가시스템은 고객이 만족한 정도를 측정함은 물론이며 평소 업무 과정에서 고객만족을 위해 노력한 내부활동에 대해서도 평가할 수 있다.
③ VOC(Voice of Customer)시스템은 고객의 소리를 통합 기업활동에 활용할 수 있도록 설계해 주는 시스템이다.
④ CRM(Customer Relationship Management)이란 고객관리에 필수적인 요소들을 고객중심으로 정리·통합하여 고객활동을 개선함으로써 고객과의 장기적인 관계를 구축하고 기업의 경영 성과를 개선하기 위한 새로운 경영방식이다.
⑤ CRM(Customer Relationship Management)의 궁극적인 목적은 고객 개개인에게 지속적으로 최적의 상품 솔루션을 제공함으로써 고객과 기업 모두에게 윈윈관계를 달성하는 데 있다.

해설 CS 평가시스템이란 고객만족에 기여한 내부 경영활동의 과정과 결과를 고객 관점에서 평가하는 기법이다.

88 「채권추심 및 대출채권 매각 가이드라인」에 관한 다음 설명 중 가장 적절하지 않은 것은?

① 가이드라인은 금융규제 운영규정에 따른 행정지도로 강제성이나 법적 구속력을 가지지 않는다.
② 가이드라인에서는 사회통념상 문제가 될 소지가 있는 불법·부당한 채권추심 행위에 대한 사례를 나열하고 있으나, 이러한 사례가 반드시 관련 법규에 위반된다고 단정할 수 없다.
③ 가이드라인을 준수하였다면 금융감독 및 사법당국의 제재조치가 없음을 보장한다.
④ 채권추심 과정에서 발생하는 개별적 행위의 법 위반 여부는 최종적으로 사법당국에서 판단하는 사항이다.
⑤ 채권추심회사는 채권자와 채권추심위임계약이 종결되더라도 종결 이전에 발생하는 불법·부당 행위에 대하여 책임이 있다.

해설 가이드라인을 준수하는 것만으로 감독당국 및 사법당국의 제재대상이 되지 아니함을 보장하지는 아니하며, 채권추심 과정에서 발생하는 개별적 행위의 법 위반 여부는 최종적으로 사법당국에서 판단하는 사항이다(「채권추심 및 대출채권 매각 가이드라인」 제5조 제3항).

89 「채권추심 및 대출채권 매각 가이드라인」에 따른 불법채권추심 대응요령에 관한 다음 설명 중 가장 적절하지 않은 것은?

① 채권추심자가 방문 등으로 최초 접촉 시 신분 확인에 대하여 이를 제시하지 못하거나 신원이 의심스러운 경우 소속회사나 관련 협회(예) 신용정보협회)에 재직여부 등을 확인한다.
② 채권추심자는 법률담당관, 법원집행관, 소송대리인 등으로 허위 기재한 명함을 사용하여서는 안 된다.
③ 채권추심자는 정당한 사유 없이 가족을 제외한 제3자에게 채무사실을 직접 알리거나 확인시켜 주는 행위를 할 수 없다.
④ 채권추심회사는 압류·경매 또는 채무불이행정보 등록 등의 조치를 직접 취할 수 없으며 법적 절차를 직접 진행하겠다고 채무자에게 안내할 수도 없다.
⑤ 채권추심자가 자신의 자금으로 채무를 변제한 후 채무자에게 이자를 요구하는 행위를 하여서는 안 된다.

해설 ③ 채권추심자는 정당한 사유 없이 가족을 포함한 제3자에게 채무사실을 직접 알리거나 확인시켜주는 행위를 할 수 없다(「채권추심 및 대출채권 매각 가이드라인」 별표3 ③).
① 「채권추심 및 대출채권 매각 가이드라인」 별표3 ①
② 「채권추심 및 대출채권 매각 가이드라인」 별표3 ①
④ 「채권추심 및 대출채권 매각 가이드라인」 별표3 ⑤
⑤ 「채권추심 및 대출채권 매각 가이드라인」 별표3 ⑥
※ 시험 시행 당시 적용되었던 「채권추심 및 대출채권 매각 가이드라인」의 별표3은 개정(24.11.29.)을 거치며 삭제되었습니다.

정답 88 ③ 89 ③

90 「채권추심 및 대출채권 매각 가이드라인」에 따른 추심채권의 세부명세 통지 및 채권추심업무 처리절차 안내문 통지에 관한 다음 설명 중 가장 적절하지 않은 것은?

① 변제독촉장, 변제최고장, 채무정리 최종촉구 통고서 등의 우편물을 발송하여 채무상환을 요구하고, 채무불이행 시 불이익(연체정보 등록에 따른 금융거래 제한 등)에 대하여 안내를 한다.
② "우편물과 별도로 전화나 문자메시지를 통하여 채무상환을 요구하고, 채무불이행 시 불이익에 대해 안내할 수 있다"라고 안내를 한다.
③ "우편물, 전화 또는 문자메시지 등을 통한 채무상환 요구에도 불구하고 변제가 이루어지지 아니하거나 연락이 닿지 아니하는 경우에는 우편물, 전화 또는 문자메시지 등을 통하여 방문추심에 대해 사전에 협의한 후 채무상환 요구, 소재파악 또는 재산조사를 위하여 자택, 근무지 또는 기타 소재지를 방문할 수 있다"라고 안내한다.
④ "상당기간 채무변제가 이루어지지 아니하는 경우 우편물, 전화 또는 문자메시지 등을 통하여 채권자에 의한 채무금액 강제회수에 대한 법적 조치(가압류신청, 지급명령신청, 강제경매신청 등) 예고통보를 할 수 있다"라고 안내한다.
⑤ 채권추심단계에서는 채권자에 의하여 법원에 재산관계명시 또는 채무불이행등록을 신청할 수 없으므로 이에 대한 안내를 할 필요가 없다.

> **해설** 채권추심단계에서는 채권자 또는 채권자협의회에 의하여 법원에 재산관계명시 또는 채무불이행등록을 신청할 수 있다.

91 소멸시효 완성채권 추심 관련 금융소비자 유의사항에 관한 다음 설명 중 가장 적절하지 않은 것은?

① 소멸시효는 채권자가 권리를 행사할 수 있음에도 불구하고 권리를 행사하지 아니한 사실상태가 일정 기간 계속되는 경우 그 권리의 소멸을 인정하는 제도이다.
② 3년(통신채권 등) 또는 5년(대출채권 등) 이상 채권자로부터 연락(유선, 우편, 소 제기 등)을 받지 못하였다면, 소멸시효가 완성되었을 가능성이 크므로 소멸시효 완성 여부를 확인할 필요가 있다.
③ 소멸시효 완성 사실이 확인되는 경우, 변제할 의사가 없다면 채권자 등에게 구두 또는 서면으로 소멸시효 완성 사실을 주장하고 채무상환을 거절할 수 있다.
④ 채무자가 채무를 일부 변제하거나, 변제하겠다는 각서 및 확인서 등을 작성해 주어도 소멸시효가 완성된 이상 위와 같은 각서 등은 소멸시효완성에 아무런 영향이 미치지 않는다.
⑤ 법원으로부터 지급명령 등을 받은 경우에도 변제할 의사가 없다면 채권매각통지서를 받은 경우와 마찬가지로 채권자·채무액은 물론 소멸시효 완성 여부를 꼼꼼히 따져볼 필요가 있다.

> **해설** 채무자가 채무를 일부 변제하거나, 변제하겠다는 각서 및 확인서 등을 소멸시효완성 전에 작성하면 소멸시효가 완성되어도 위와 같은 각서 등이 소멸시효완성에 영향을 미쳐 소멸시효중단문제가 생길 수 있다.

92 채권추심업무 수행 시 민원예방 및 민원처리를 위하여 준수해야 할 사항으로 가장 적절하지 않은 것은?

① 금융회사 등은 민원이 발생하는 경우 금융회사 등 임직원의 추심행위를 즉각 중단하는 등 신속하게 민원이 해결되도록 노력하여야 한다.
② 민원예방을 위한 최우선적인 예방책은 담당자 자신이 담당한 업무에 대해 고객이 불편함을 느끼지 않도록 그 업무를 신속하고 정확하게 처리하는 것이다.
③ 금융회사 등은 민원을 제기하였다는 이유만으로 민원인에게 불이익을 부여하거나 부여할 것이라는 의사표시를 하여서는 아니 된다.
④ 금융회사 등은 민원관련 교육자료 작성 및 교육일정 수립, 민원예방 교육 및 민원발생 사례연수 실시 등의 역할을 수행하는 민원처리 담당자를 지정하여야 한다.
⑤ 민원인에게 적절한 해명을 하거나 변명을 하고 때로는 적극적으로 반론을 제기하여 민원의 부당함을 이해시킨다.

> **해설** 금융회사 등은 민원처리 과정에서 민원인의 인격과 권리를 존중하여야 하며, 해명, 변명, 반론 등은 민원인의 불만을 가중한다는 점을 유의해야 한다.

93 다음 중 변제 독촉장 금지 문구로 가장 거리가 먼 것은?

① 채권추심회사가 직접 가압류 등 법적 조치를 취할 것이라는 내용
② 위법행위가 없음에도 채무 미변제 시 형사범죄에 해당된다는 내용
③ 채무 미변제 시 기본적인 가재도구를 압류할 것이라는 내용
④ 신용카드로 구입하는 물품을 매각하여 변제하도록 강요하는 내용
⑤ 채무자가 책임이 있는 비용을 부담하여야 한다는 내용

> **해설** 변제 독촉장 금지 문구(「채권추심 및 대출채권 매각 가이드라인」 별표12)
> • 채권추심회사가 직접 가압류 등 법적 조치를 취할 것이라는 내용
> • 위법행위가 없음에도 채무 미변제 시 형사범죄에 해당된다는 내용
> • 채무 미변제 시 기본적인 가재도구를 압류할 것이라는 내용
> • 신용카드로 구입하는 물품을 매각하여 변제하도록 강요하는 내용
> • 채무자가 책임이 없는 비용을 부담하여야 한다는 내용
>
> ※ 시험 시행 당시 적용되었던 「채권추심 및 대출채권 매각 가이드라인」의 별표12는 개정(24.11.29.)을 거치며 삭제되었습니다.

정답 92 ⑤ 93 ⑤

94 금융회사 등의 민원처리에 관한 내용으로 가장 적절하지 않은 것은?

① 악성 민원사항의 신청이 있는 때에는 그 접수를 보류하거나 거부할 수 있고, 접수된 민원서류를 되돌려 보낸다.
② 민원사무를 처리하는 담당자는 민원사무를 신속·공정·친절하게 처리하여야 한다.
③ 금융회사 등은 민원처리와 관련하여 알게 된 민원사항의 내용과 민원인의 신상정보 등이 누설되어 민원인의 권익이 침해되지 아니하도록 노력하여야 한다.
④ 민원인은 해당 민원사무의 처리가 종결되기 전에는 그 신청의 내용을 보완하거나 변경 또는 취하할 수 있다.
⑤ 금융회사 등은 민원인이 신청한 민원사항에 대한 처리결과를 민원인에게 문서로 통지하는 것이 바람직하다.

해설 악성 민원사항의 신청이 있는 때에는 문제를 정확히 파악하고, 접수된 민원서류의 즉각적인 해결방안을 모색한다.

95 다음 설명 중 ( ) 안에 들어갈 용어로 가장 적절한 것은?

> ( )은/는 질병·장애·노령, 그 밖의 사유로 인한 정신적 제약으로 사무를 처리할 능력이 부족한 사람으로서 일정한 자의 청구에 의하여 가정법원으로부터 후견개시의 심판을 받은 자이다(「민법」제12조).

① 미성년자후견인
② 피성년후견인
③ 특정후견인
④ 피한정후견인
⑤ 무능력자

해설 피한정후견인은 질병·장애·노령, 그 밖의 사유로 인한 정신적 제약으로 사무를 처리할 능력이 부족한 사람으로서 일정한 자의 청구에 의하여 가정법원으로부터 후견개시의 심판을 받은 자이다(「민법」제12조 참조).

96 다음 설명 중 (   ) 안에 들어갈 용어로 가장 적절한 것은? (단, 순서는 상관 없음)

> "공동주택"이란 건축물의 벽·복도·계단이나 그 밖의 설비 등의 전부 또는 일부를 공동으로 사용하는 각 세대가 하나의 건축물 안에서 각각 독립된 주거생활을 할 수 있는 구조로 된 주택을 말하며, 그 종류와 범위는 대통령령으로 정한다. 여기서 대통령령으로 정한 공동주택의 종류와 범위는 (   ), (   ), (   )와/과 같다.

① 아파트   연립주택   오피스텔
② 준주택   다중생활시설   다세대주택
③ 아파트   연립주택   다세대주택
④ 단독주택   연립주택   다세대주택
⑤ 국민주택   준주택   임대주택

해설 공동주택이란 건축물의 벽·복도·계단이나 그 밖의 설비 등의 전부 또는 일부를 공동으로 사용하는 각 세대가 하나의 건축물 안에서 각각 독립된 주거생활을 할 수 있는 구조로 된 주택을 말하며, 그 종류와 범위는 아파트, 연립주택, 다세대주택으로 정한다(「주택법」 제2조 제3호).

97 다음 설명 중 (   ) 안에 들어갈 용어로 가장 적절한 것은?

> 「전자금융거래법」상 (   )란/이란 이전 가능한 금전적 가치가 전자적 방법으로 저장되어 발행된 증표 또는 그 증표에 관한 정보를 말한다.

① 가상화폐   ② 증권예탁증권
③ 수익증권   ④ 전자화폐
⑤ 지분증권

해설 전자화폐라 함은 이전 가능한 금전적 가치가 전자적 방법으로 저장되어 발행된 증표 또는 그 증표에 관한 정보를 말한다(「전자금융거래법」 제2조 제15호).

정답 96 ③ 97 ④

98 다음 중 ( ) 안에 들어갈 용어로 가장 적절한 것은?

> ( )은/는 도저히 일어나지 않을 것 같은 일이 실제로 일어나는 현상을 이르는 말이다. 경제 영역에서 전 세계의 경제가 예상하지 못한 사건으로 위기를 맞을 수 있다는 의미로 사용된다. 당시 미국의 뉴욕 대학교 교수인 탈레브(Taleb, N. N.)가 월가의 허상을 파헤친 서적을 통해 서브프라임 모기지 사태를 예언하면서 널리 사용되기 시작하였다.

① 블랙먼데이(Black Monday)
② 배드뱅크(Bad Bank)
③ 블랙머니(Black Money)
④ 머니마켓펀드(Money Market Funds)
⑤ 블랙스완(Black Swan)

해설 블랙스완(Black Swan)
도저히 일어나지 않을 것 같은 일이 실제로 일어나는 현상을 이르는 말이다. 경제 영역에서 전 세계의 경제가 예상하지 못한 사건으로 위기를 맞을 수 있다는 의미로 사용된다. 당시 미국의 뉴욕 대학교 교수인 탈레브(Taleb, N. N.)가 월가의 허상을 파헤친 서적을 통해 서브프라임 모기지 사태를 예언하면서 널리 사용되기 시작하였다.

99 다음 중 ( ) 안에 들어갈 용어로 가장 적절한 것은?

> ( )은/는 인터넷을 기반으로 하는 전자상거래의 유형 가운데 하나로, '기업 간 거래' 또는 '기업 간 전자상거래'라고도 한다. 기업과 기업이 거래 주체가 되어 상호 간에 전자상거래를 하는 것을 말한다. 기업들이 온라인상에서 상품을 직거래하여 비용을 절감하고, 시간도 절약할 수 있다는 장점이 있다.

① B2G(Business to Government)
② B2B(Business to Business)
③ BIS(Bank for International Settlements)
④ B2C(Business to Consumer)
⑤ Bad Bank

해설 B2B(Business to Business)
인터넷을 기반으로 하는 전자상거래의 유형 가운데 하나로, '기업 간 거래' 또는 '기업 간 전자상거래'라고도 한다. 기업(Business)과 기업(Business)이 거래 주체가 되어 상호 간에 전자상거래를 하는 것을 말하며, B2B의 '2'는 영어에서 'to'와 발음이 같은 숫자를 차용한 것이다.

100 다음 중 ( ) 안에 들어갈 용어로 가장 적절한 것은?

> ( )은/는 소수의 비공개 투자자의 자금을 모아 주식이나 채권에 투자하는 펀드로 고수익기업 투자펀드라고도 한다. 고수익을 추구하지만 그만큼 위험도 크다. 소수 투자자들로부터 단순 투자목적의 자금을 모아 펀드로 운용하는 주식형과 기관으로부터만 자금을 조달하는 기관전용, 그리고 특정기업의 주식을 대량으로 인수해 기업 경영에 참여하는 방식으로 기업의 가치를 높인 후 주식을 되팔아 수익을 남기는 투자전문회사로 구분한다.

① 증권펀드(Securities Fund)
② 사모펀드(Private Equity Fund)
③ ELS(Equity Linked Securities)펀드
④ 우선주(Preference Shares)
⑤ 환매조건부채권(Repurchase Agreements)

해설 사모펀드(Private Equity Fund)
소수의 투자자로부터 모은 자금을 운용하는 펀드로, 금융기관이 관리하는 일반 펀드와는 달리 '사인(私人) 간 계약'의 형태를 띠고 있다. 따라서 금융감독기관의 감시를 받지 않으며, 공모펀드와는 달리 운용에 제한이 없는 만큼 자유로운 운용이 가능하다.

2022

기출문제해설

제1과목　채권일반
제2과목　채권관리방법
제3과목　신용관리실무
제4과목　고객관리 및 민원예방

아이들이 답이 있는 질문을 하기 시작하면
그들이 성장하고 있음을 알 수 있다.
– 존 J. 플롬프 –

끝까지 책임진다! 시대에듀!
QR코드를 통해 도서 출간 이후 발견된 오류나 개정법령, 변경된 시험 정보, 최신기출문제, 도서 업데이트 자료 등이 있는지 확인해 보세요! 시대에듀 합격 스마트 앱을 통해서도 알려 드리고 있으니 구글 플레이나 앱 스토어에서 다운받아 사용하세요. 또한, 파본 도서인 경우에는 구입하신 곳에서 교환해 드립니다.

2022 기출문제해설

제1과목 채권일반

01 다음 중 물권에 속하는 권리는?
① 구상권
② 손해배상 청구권
③ 소유권
④ 대여금 청구권
⑤ 물품대금 청구권

> **해설** 물권은 성질상 점유권과 본권으로 나뉘고, 본권에는 소유권, 지상권, 지역권, 전세권, 유치권, 질권, 저당권이 있다. 소유권은 물건을 자유롭게 사용, 수익, 처분할 수 있는 전면적 지배권이다. 구상권, 손해배상 청구권, 대여금 청구권, 물품대금 청구권은 채권에 속한다.

02 다음 설명 중 가장 적절하지 않은 것은?
① 권리의 행사와 의무의 이행은 신의에 좇아 성실히 하여야 한다.
② 권리는 남용하지 못한다.
③ 사람은 생존한 동안 권리와 의무의 주체가 된다.
④ 「민법」상 사람은 만 20세로 성년에 이르게 된다.
⑤ 물권과 채권과의 관계에서는 일반적으로 물권이 우선한다.

> **해설** ④ 사람은 19세로 성년에 이르게 된다(「민법」 제4조).
> ① 「민법」 제2조 제1항
> ② 「민법」 제2조 제2항
> ③ 「민법」 제3조
> ⑤ 물권과 채권이 대립하는 경우 그 성립의 시간적 선후에 관계없이 물권이 채권에 우선한다.

정답 01 ③ 02 ④

03 「민법」상 물건에 관한 다음 설명 중 가장 적절하지 않은 것을 모두 고르면 몇 개인가?

> ㄱ. 「민법」에서 물건이라 함은 유체물 및 전기 기타 관리할 수 있는 자연력을 말한다.
> ㄴ. 토지 및 그 정착물은 부동산이다.
> ㄷ. 물건의 소유자가 그 물건의 상용에 공하기 위하여 타인 소유인 다른 물건을 이에 부속하게 한 때에는 그 부속물은 종물이다.
> ㄹ. 주물은 종물의 처분에 따른다.

① 1개 ② 2개
③ 3개 ④ 4개
⑤ 없음

해설
ㄷ. 물건의 소유자가 그 물건의 상용에 공하기 위하여 자기소유인 다른 물건을 이에 부속하게 한 때에는 그 부속물은 종물이다(「민법」 제100조 제1항).
ㄹ. 종물은 주물의 처분에 따른다(「민법」 제100조 제2항).
ㄱ. 「민법」 제98조
ㄴ. 「민법」 제99조 제1항

04 의사표시에 관한 다음 설명 중 가장 적절하지 않은 것은?

① 의사표시는 표의자가 진의 아님을 알고 한 것이라도 그 효력이 있다. 그러나 상대방이 표의자의 진의 아님을 알았거나 이를 알 수 있었을 경우에는 무효로 한다.
② 상대방과 통정한 허위의 의사표시는 무효로 한다.
③ 의사표시는 법률행위의 내용의 중요부분에 착오가 있는 때에는 취소할 수 있다. 그러나 그 착오가 표의자의 중대한 과실로 인한 때에는 취소하지 못한다.
④ 사기나 강박에 의한 의사표시는 취소할 수 있다.
⑤ 상대방이 있는 의사표시는 원칙적으로 상대방에게 발송한 때에 그 효력이 생긴다.

해설
⑤ 상대방이 있는 의사표시는 상대방에게 도달한 때에 그 효력이 생긴다(「민법」 제111조 제1항).
① 「민법」 제107조 제1항
② 「민법」 제108조 제1항
③ 「민법」 제109조 제1항
④ 「민법」 제110조 제1항

03 ② 04 ⑤ **정답**

05 다음 중 권리의 원시취득에 해당하는 것은?

① 상속에 의한 취득
② 회사의 합병에 의한 취득
③ 매매로 인한 취득
④ 건물의 신축에 의한 취득
⑤ 경매로 인한 소유권 취득

해설 원시취득이란 승계취득에 대응하는 것으로 무주물선점, 유실물습득, 선의취득 등이 있다. 원시취득은 전주의 권리를 승계하는 것이 아니라 독립하여 권리를 취득하는 것으로 전주의 권리에 하자가 있더라도 취득자에게 승계되지 않는다. 매매, 상속 등은 승계취득에 해당한다.

06 법률행위의 대리에 관한 다음 설명 중 가장 적절한 것은?

① 대리인이 수인인 때에는 각자가 본인을 대리한다. 그러나 법률 또는 수권행위에 다른 정한 바가 있는 때에는 그러하지 아니하다.
② 대리인이 본인을 위한 것임을 표시하지 아니한 때에는 그 의사표시는 본인을 위한 것으로 본다.
③ 의사표시의 효력이 의사의 흠결, 사기, 강박 또는 어느 사정을 알았거나 과실로 알지 못한 것으로 인하여 영향을 받을 경우에 그 사실의 유무는 본인을 표준하여 결정한다.
④ 대리인이 그 권한 내에서 본인을 위한 것임을 표시한 의사표시는 대리인에게 대하여 효력이 생긴다.
⑤ 대리인은 행위능력자임을 요한다.

해설
① 「민법」 제119조
② 대리인이 본인을 위한 것임을 표시하지 아니한 때에는 그 의사표시는 자기를 위한 것으로 본다(「민법」 제115조).
③ 의사표시의 효력이 의사의 흠결, 사기, 강박 또는 어느 사정을 알았거나 과실로 알지 못한 것으로 인하여 영향을 받을 경우에 그 사실의 유무는 대리인을 표준하여 결정한다(「민법」 제116조 제1항).
④ 대리인이 그 권한 내에서 본인을 위한 것임을 표시한 의사표시는 직접 본인에게 대하여 효력이 생긴다(「민법」 제114조 제1항).
⑤ 대리인은 행위능력자임을 요하지 아니한다(「민법」 제117조).

07 제척기간에 관한 다음 설명 중 가장 적절하지 않은 것은?

① 채권자취소권에 의한 소는 제척기간에 걸린다.
② 제척기간의 경과에 의한 권리의 소멸은 그 기간이 경과한 때로부터 장래를 향해 소멸한다.
③ 제척기간은 포기 제도가 있다.
④ 소멸시효처럼 이를 중단시키는 제도가 없다.
⑤ 재판상 소멸시효의 주장은 당사자가 하여야 하나, 제척기간은 법원의 직권조사 사항이다.

해설 제척기간은 어떠한 권리를 일정 기간 내에 행사할 것을 강제함으로써 법질서를 조속히 안정시키는 것을 목적으로 하며, 주로 형성권에 적용된다. 제척기간은 시효의 중단·포기의 문제가 있을 수 없다.

정답 05 ④ 06 ① 07 ③

08 다음 중 '상대방 없는 단독행위'인 것은?

① 증 여
② 상 계
③ 채무면제
④ 해 제
⑤ 재단법인의 설립행위

해설 단독행위
- 상대방 있는 단독행위 : 취소, 해제, 해지, 동의, 철회, 추인, 상계, 채무면제 등
- 상대방 없는 단독행위 : 재단법인의 설립행위, 소유권의 포기, 유언, 유증, 상속의 승인과 포기 등

09 다음 중 「민법」 제164조의 1년의 단기소멸시효에 걸리는 채권으로 적절하지 않은 것은?

① 여관, 음식점의 숙박료 및 음식료 채권
② 의복, 침구, 장구 기타 동산의 사용료의 채권
③ 연예인의 임금채권
④ 학생 및 수업자의 교육비 채권
⑤ 의사, 간호사의 치료 및 조제에 관한 채권

해설 ⑤ 3년의 단기소멸시효에 걸리는 채권에 해당한다.

1년의 단기소멸시효(「민법」 제164조)
- 여관, 음식점, 대석, 오락장의 숙박료, 음식료, 대석료, 입장료, 소비물의 대가 및 체당금의 채권
- 의복, 침구, 장구 기타 동산의 사용료의 채권
- 노역인, 연예인의 임금 및 그에 공급한 물건의 대금채권
- 학생 및 수업자의 교육, 의식 및 유숙에 관한 교주, 숙주, 교사의 채권

3년의 단기소멸시효(「민법」 제163조)
- 이자, 부양료, 급료, 사용료 기타 1년 이내의 기간으로 정한 금전 또는 물건의 지급을 목적으로 한 채권
- 의사, 조산사, 간호사 및 약사의 치료, 근로 및 조제에 관한 채권
- 도급받은 자, 기사 기타 공사의 설계 또는 감독에 종사하는 자의 공사에 관한 채권
- 변호사, 변리사, 공증인, 공인회계사 및 법무사에 대한 직무상 보관한 서류의 반환을 청구하는 채권
- 변호사, 변리사, 공증인, 공인회계사 및 법무사의 직무에 관한 채권
- 생산자 및 상인이 판매한 생산물 및 상품의 대가
- 수공업자 및 제조자의 업무에 관한 채권

10 채권에 관한 다음 설명 중 가장 적절하지 않은 것은?

① 금전으로 가액을 산정할 수 없는 것은 채권의 목적으로 할 수 없다.
② 특정물의 인도가 채권의 목적인 때에는 채무자는 그 물건을 인도하기까지 선량한 관리자의 주의로 보존하여야 한다.
③ 채권액이 다른 나라 통화로 지정된 때에는 채무자는 지급할 때에 있어서의 이행지의 환금시가에 의하여 우리나라 통화로 변제할 수 있다.
④ 채권의 목적이 다른 나라 통화로 지급할 것인 경우에는 채무자는 자기가 선택한 그 나라의 각 종류의 통화로 변제할 수 있다.
⑤ 채권의 목적이 어느 종류의 통화로 지급할 것인 경우에 그 통화가 변제기에 강제통용력을 잃은 때에는 채무자는 다른 통화로 변제하여야 한다.

해설
① 금전으로 가액을 산정할 수 없는 것이라도 채권의 목적으로 할 수 있다(「민법」 제373조).
② 「민법」 제374조
③ 「민법」 제378조
④ 「민법」 제377조 제1항
⑤ 「민법」 제377조 제2항

11 이행지체에 관한 다음 설명 중 가장 적절하지 않은 것은?

① 채무이행의 확정한 기한이 있는 경우에는 채무자는 기한이 도래한 때로부터 지체책임이 있다.
② 채무이행의 불확정한 기한이 있는 경우에는 채무자는 기한이 도래함을 안 때로부터 지체책임이 있다.
③ 채무이행의 기한이 없는 경우에는 채무자는 이행청구를 받은 때로부터 지체책임이 있다.
④ 반환시기의 약정이 없는 소비대차에서는 대주는 상당한 기간을 정하여 반환을 최고하여야 한다. 그러나 차주는 언제든지 반환할 수 있다.
⑤ 불법행위로 인한 손해배상 채무는 이행청구를 받은 때로부터 지체책임이 있다.

해설
⑤ 불법행위가 없었더라면 피해자가 그 손해를 입은 법익을 계속해서 온전히 향유할 수 있었다는 점에서 불법행위로 인한 손해배상채무에 대하여는 원칙적으로 별도의 이행 최고가 없더라도 공평의 관념에 비추어 그 채무성립과 동시에 지연손해금이 발생한다고 보아야 한다(대법원 2011.1.13. 선고 2009다103950 판결).
①·② 「민법」 제387조 제1항
③ 「민법」 제387조 제2항
④ 「민법」 제603조 제2항

12 채무불이행에 의한 손해배상에 관한 다음 설명 중 가장 적절하지 않은 것은?

① 채무자가 채무의 내용에 좇은 이행을 하지 아니한 때에는 채권자는 손해배상을 청구할 수 있으나 채무자의 고의나 과실없이 이행할 수 없게 된 때에는 채권자는 손해배상을 청구할 수 없다.
② 다른 의사표시가 없으면 손해는 금전으로 배상한다.
③ 채무자의 법정대리인이 채무자를 위하여 이행하거나 채무자가 타인을 사용하여 이행하는 경우에 법정대리인 또는 피용자의 고의나 과실은 채무자의 고의나 과실로 보지 않는다.
④ 채무불이행으로 인한 손해배상은 통상의 손해를 그 한도로 한다.
⑤ 특별한 사정으로 인한 손해는 채무자가 그 사정을 알았거나 알 수 있었을 때에 한하여 배상의 책임이 있다.

해설 ③ 채무자의 법정대리인이 채무자를 위하여 이행하거나 채무자가 타인을 사용하여 이행하는 경우에는 법정대리인 또는 피용자의 고의나 과실은 채무자의 고의나 과실로 본다(「민법」 제391조).
① 「민법」 제390조
② 「민법」 제394조
④ 「민법」 제393조 제1항
⑤ 「민법」 제393조 제2항

13 손해배상에 관한 다음 설명 중 가장 적절하지 않은 것은?

① 당사자는 채무불이행에 관한 손해배상액을 예정할 수 있다.
② 손해배상의 예정액이 부당히 과다한 경우에는 법원은 적당히 감액할 수 있다.
③ 손해배상액의 예정은 이행의 청구에 영향을 미치지 않는다.
④ 손해배상액의 예정은 계약의 해제에 영향을 미친다.
⑤ 금전채무불이행의 손해배상액은 법정이율에 의한다. 그러나 법령의 제한에 위반하지 아니한 약정이율이 있으면 그 이율에 의한다.

해설 ③·④ 손해배상액의 예정은 이행의 청구나 계약의 해제에 영향을 미치지 아니한다(「민법」 제398조 제3항).
① 「민법」 제398조 제1항
② 「민법」 제398조 제2항
⑤ 「민법」 제397조 제1항

14 계약의 성립과 관련한 다음 설명 중 가장 적절하지 않은 것은?

① 계약의 청약은 이를 철회할 수 있다.
② 승낙의 기간을 정한 계약의 청약은 청약자가 그 기간 내에 승낙의 통지를 받지 못한 때에는 그 효력을 잃는다.
③ 승낙의 기간을 정하지 아니한 계약의 청약은 청약자가 상당한 기간 내에 승낙의 통지를 받지 못한 때에는 그 효력을 잃는다.
④ 격지자 간의 계약은 승낙의 통지를 발송한 때에 성립한다.
⑤ 승낙자가 청약에 대하여 조건을 붙이거나 변경을 가하여 승낙한 때에는 그 청약의 거절과 동시에 새로 청약한 것으로 본다.

[해설]
① 계약의 청약은 이를 철회하지 못한다(「민법」 제527조).
② 「민법」 제528조 제1항
③ 「민법」 제529조
④ 「민법」 제531조
⑤ 「민법」 제534조

15 다음 중 소급효(遡及效)가 없는 것은?

① 소멸시효의 완성
② 계약의 해지
③ 계약의 해제
④ 무권대리인 행위에 대한 추인
⑤ 계약의 취소

[해설] 소급효가 있는 것과 소급효가 없는 것

소급효가 있는 것	소급효가 없는 것
• 취소(무능력, 착오, 사기, 강박) • 실종선고 취소 • 무권대리 추인 • 소멸시효 완성 • 선택채권의 선택 • 상계 • 계약의 해제 • 부부 간의 계약 취소 • 협의 이혼, 협의 파양취소(통설) • 인지 • 상속재산 분할 • 상속 포기	• 미성년자에 대한 법정대리인의 영업허락, 동의, 허락의 취소 • 한정치산, 금치산 선고의 취소 • 부재자 재산관리에 대한 처분 • 법정 설립 허가 취소 • 무효행위 추인 • 조건 성취 • 기한도래 • 계약의 해지 • 혼인, 입양 취소

정답 14 ① 15 ②

16 다음의 약속어음 기재사항 중 이를 기재하지 않아도 어음이 무효로 되지 않는 것은?

① 약속어음 문언
② 수취인
③ 발행인(기명날인 또는 서명)
④ 발행일
⑤ 만 기

> **해설** 어음의 요건(「어음법」 제75조)
> 약속어음에는 다음의 사항을 적어야 한다.
> - 증권의 본문 중에 그 증권을 작성할 때 사용하는 국어로 약속어음임을 표시하는 글자
> - 조건 없이 일정한 금액을 지급할 것을 약속하는 뜻
> - 만 기
> - 지급지
> - 지급받을 자 또는 지급받을 자를 지시할 자의 명칭
> - 발행일과 발행지
> - 발행인의 기명날인 또는 서명
>
> 어음 요건의 흠(「어음법」 제76조)
> 「어음법」 제75조 각 호의 사항을 적지 아니한 증권은 약속어음의 효력이 없다. 그러나 다음의 경우에는 그러하지 아니하다.
> - 만기가 적혀 있지 아니한 경우 : 일람출급의 약속어음으로 본다.
> - 지급지가 적혀 있지 아니한 경우 : 발행지를 지급지 및 발행인의 주소지로 본다.
> - 발행지가 적혀 있지 아니한 경우 : 발행인의 명칭에 부기한 지(地)를 발행지로 본다.

17 「상법」상 상인과 관련한 다음 설명 중 가장 적절하지 않은 것은?

① 지배인, 상호, 상업장부와 상업등기에 관한 규정은 소상인에게 적용한다.
② 자기명의로 상행위를 하는 자를 상인이라 한다.
③ 점포 기타 유사한 설비에 의하여 상인적 방법으로 영업을 하는 자는 상행위를 하지 아니하더라도 상인으로 본다.
④ 「상법」 제46조에 열거된 행위(기본적 상행위)를 오로지 임금을 받을 목적으로 물건을 제조하거나 노무에 종사하는 자는 상인이 아니다.
⑤ 소상인이란 자본금 1천만 원 미만의 상인으로서, 회사가 아닌 자를 말한다.

> **해설** ① 지배인, 상호, 상업장부와 상업등기에 관한 규정은 소상인에게 적용하지 아니한다(「상법」 제9조).
> ② 「상법」 제4조
> ③ 「상법」 제5조 제1항
> ④ 「상법」 제46조
> ⑤ 「상법」 시행령 제2조

18 보증채무에 관한 다음 설명 중 가장 적절하지 않은 것은?

① 채권자가 보증인에게 채무의 이행을 청구한 때에는 보증인은 주채무자의 변제자력이 있는 사실 및 그 집행이 용이할 것을 증명하여 먼저 주채무자에게 청구할 것과 그 재산에 대하여 집행할 것을 항변할 수 있다.
② 보증은 장래의 채무에 대하여도 할 수 있다.
③ 보증채무는 주채무의 이자, 위약금, 손해배상 기타 주채무에 종속한 채무를 포함한다.
④ 보증인에 대한 시효의 중단은 주채무자에 대하여 그 효력이 있다.
⑤ 주채무자의 부탁 없이 보증인이 된 자가 변제 기타 자기의 출재로 주채무를 소멸하게 한 때에는 주채무자는 그 당시에 이익을 받은 한도에서 배상하여야 한다.

해설
④ 주채무자에 대한 시효의 중단은 보증인에 대하여 그 효력이 있다(「민법」 제440조).
① 「민법」 제437조
② 「민법」 제428조 제2항
③ 「민법」 제429조 제1항
⑤ 「민법」 제444조 제1항

19 다음은 상사채권의 민사채권에 대한 특칙을 열거한 것이다. 가장 적절한 것은?

① 상행위로 인한 채권의 소멸시효기간은 원칙적으로 10년이다.
② 상인이 그 영업에 관하여 수여한 대리권은 본인의 사망으로 인하여 소멸하지 아니한다.
③ 상사법정이율은 5%이고, 민사법정이율은 6%이다.
④ 상행위로 인하여 발생한 채권을 담보하기 위하여 설정된 질권에 대하여는 유질계약을 허용하지 않는다.
⑤ 수인의 채무자가 상행위로 인하여 보증채무를 부담하는 때에는 분할 채권 관계의 원칙이 적용되어 각자 균등한 비율로 채무를 부담한다.

해설
② 「상법」 제50조
① 상행위로 인한 채권은 본법에 다른 규정이 없는 때에는 5년간 행사하지 아니하면 소멸시효가 완성한다. 그러나 다른 법령에 이보다 단기의 시효의 규정이 있는 때에는 그 규정에 의한다(「상법」 제64조).
③ 상행위로 인한 채무의 법정이율은 연 6분으로 한다(「상법」 제54조). 이자 있는 채권의 이율은 다른 법률의 규정이나 당사자의 약정이 없으면 연 5푼으로 한다(「민법」 제379조).
④ 상행위로 인하여 생긴 채권을 담보하기 위하여 설정한 질권에 대하여는 유질계약을 허용한다(「상법」 제59조 참조).
⑤ 수인이 그 1인 또는 전원에게 상행위가 되는 행위로 인하여 채무를 부담한 때에는 연대하여 변제할 책임이 있다. 보증인이 있는 경우에 그 보증이 상행위이거나 주채무가 상행위로 인한 것인 때에는 주채무자와 보증인은 연대하여 변제할 책임이 있다(「상법」 제57조).

정답 18 ④ 19 ②

20 금융기관의 증서대출계약에 관한 다음 설명 중 가장 적절하지 않은 것은?

① 금융기관이 일정한 금전을 대여해 줄 것을 의사표시하고 채무자가 일정 기일에 변제할 것을 의사표시함으로써 성립하는 소비대차계약으로서의 성질을 갖는다.
② 채권증서가 분실되는 경우에는 증거가 멸실되어 채권의 소멸을 초래하게 된다.
③ 계약의 쌍방이 대가적인 부담을 지는 유상계약이다.
④ 쌍방당사자가 채무를 부담하는 쌍무계약이다.
⑤ 계약당사자(금융기관과 채무자) 사이에 합의로 성립하는 낙성계약이다.

> **해설** 채권증서는 사문서 중 처분문서로서 증명하고자 하는 법률적 행위가 그 문서 자체에 의하여 이루어진 경우의 문서를 말한다. 사문서는 거증자 측이 그 성립의 진정을 증명하여야 하지만 그 문서의 서명이나 날인이 진정한 것임이 증명되면 진정한 문서로서 추정을 받는다. 채권증서를 분실하였다 하더라도 채권의 소멸을 초래하는 것은 아니므로 채무자에게 청구권을 행사하는 데 아무런 문제가 없다.

21 채무자 B는 A에게 3,000만 원을 차용하였고 이 채무에 대하여 C가 연대보증을 하고 있다. 다음 설명 중 가장 적절하지 않은 것은?

① A는 B에 대하여 3,000만 원의 지급을 청구할 수 있다.
② A는 C에 대하여 3,000만 원의 지급을 청구할 수 있다.
③ A는 B 및 C에 대하여 동시에 3,000만 원의 지급을 청구할 수 있다.
④ B의 A에 대한 채무가 소멸하면 C의 채무도 소멸한다.
⑤ C는 B가 변제자력이 있다는 사실 및 그 집행이 용이할 것을 증명하여 먼저 B에게 청구할 것과 그 재산에 대하여 집행할 것을 항변할 수 있다.

> **해설** 채권자가 보증인에게 채무의 이행을 청구한 때에는 보증인은 주채무자의 변제자력이 있는 사실 및 그 집행이 용이할 것을 증명하여 먼저 주채무자에게 청구할 것과 그 재산에 대하여 집행할 것을 항변할 수 있다. 그러나 보증인이 주채무자와 연대하여 채무를 부담한 때에는 그러하지 아니하다(「민법」 제437조).

22 다음 중 '사고신고서 접수'를 이유로 부도 반환되는 어음부도의 사유에 해당하지 않는 것은?

① 예금부족
② 어음의 분실
③ 어음의 도난
④ 피사취
⑤ 계약불이행

해설 어음의 분실, 도난, 피사취, 계약불이행의 경우 어음발행인은 지급위탁사무 처리자인 은행에 사고신고서를 접수하여 사전에 지급위탁의 취소를 할 수 있다.

23 매매계약과 관련한 다음 설명 중 가장 적절하지 않은 것은?

① 매매는 당사자 일방이 재산권을 상대방에게 이전할 것을 약정하고 상대방이 그 대금을 지급할 것을 약정함으로써 그 효력이 생긴다.
② 매매계약의 법률적 성질은 낙성, 요식, 유상, 편무계약이다.
③ 매도인이 매매계약과 동시에 환매할 권리를 보류한 때에는 그 영수한 대금 및 매수인이 부담한 매매비용을 반환하고 그 목적물을 환매할 수 있다.
④ 매매의 당사자 일방이 계약 당시에 금전 기타 물건을 계약금, 보증금 등의 명목으로 상대방에게 교부한 때에는 당사자 간에 다른 약정이 없는 한 당사자의 일방이 이행에 착수할 때까지 교부자는 이를 포기하고 수령자는 그 배액을 상환하여 매매계약을 해제할 수 있다.
⑤ 매도인은 매수인에 대하여 매매의 목적이 된 권리를 이전하여야 하며 매수인은 매도인에게 그 대금을 지급하여야 한다.

해설 ② 매매계약은 유상계약, 쌍무계약, 낙성계약, 불요식계약이라는 특성을 지닌다. 또한, 「민법」상 계약은 모두 불요식계약이다.
① 「민법」 제563조
③ 「민법」 제590조 제1항
④ 「민법」 제565조 제1항
⑤ 「민법」 제568조 제1항

정답 22 ① 23 ②

24 근저당에 관한 다음 설명 중 가장 적절하지 않은 것은?

① 근저당권은 일반 저당권과 달리 피담보채권에 대한 부종성이 전혀 없어서 원칙적으로 그 피담보채권의 성립·소멸과 운명을 같이 하지 않는 것이 특징이다.
② 피담보채권이 상속·양도 등으로 그 동일성을 잃지 않고서 승계되는 때에는 근저당권도 이에 따라 승계됨이 원칙이다.
③ 근저당권이 성립하기 위해서는 당사자 사이에 설정계약이 필요한 것은 보통의 저당권과 같지만 근저당권을 등기함에 있어서는 근저당권임과 채권최고액을 반드시 명시해야만 한다.
④ 근저당권은 계속적 거래관계에서 생기는 여러 가지 채권을 장래의 결산기에 일정 한도액까지 담보한다.
⑤ 주택이나 아파트에 근저당권이 설정된 경우에도 근저당권설정자는 제3자에 대한 매매가 가능하다.

해설 저당권으로 담보한 채권이 시효의 완성 기타 사유로 인하여 소멸한 때에는 저당권도 소멸한다(「민법」 제369조).

25 질권, 양도담보권, 가등기담보권에 관한 다음 설명 중 가장 적절하지 않은 것은?

① 질권의 목적물은 동산 또는 채권 등 재산권이다.
② 부동산 위에는 질권이 설정될 수 없다.
③ 지명채권의 입질을 가지고 채권증서상의 채무자에 대항하려면 제3채무자에게 채무자가 통지하거나 제3채무자에게 질권설정에 대한 승낙을 받아야 하고, 제3자에게 대항하기 위해서는 통지나 승낙은 확정일자 있는 증서로서 하여야 한다.
④ 양도담보설정자는 목적물을 이용할 수 없다.
⑤ 피담보채권의 변제기가 도래하였음에도 채무자가 채무를 이행하지 않는 경우에 가등기담보권자가 목적부동산의 경매를 청구할 수 있다.

해설 양도담보를 설정하려면 양도담보설정자에게 목적물에 대한 소유권이나 처분권 등 양도담보를 설정할 권한이 있어야 한다. 양도담보설정자에게 이러한 권한이 없는데도 양도담보설정계약을 체결한 경우에는 특별한 사정이 없는 한 양도담보가 유효하게 성립할 수 없다(대법원 2022.1.27. 선고 2019다295568 판결).

제2과목 채권관리방법

26 「민사소송법」상 소송의 전부 또는 일부에 대하여 관할권이 없다고 인정하는 경우 법원이 취하여야 할 조치에 대한 설명으로서 가장 적절한 것은?

① 명령으로 소장 각하
② 결정으로 소장 각하
③ 판결로 관할법원에 이송
④ 판결로 소 각하
⑤ 결정으로 관할법원에 이송

해설 법원은 소송의 전부 또는 일부에 대하여 관할권이 없다고 인정하는 경우에는 결정으로 이를 관할법원에 이송한다(「민사소송법」 제34조 제1항).

27 기한의 이익에 관한 다음 설명 중 가장 적절하지 않은 것은?

① 기한의 이익은 포기할 수 없다.
② 대출금 채권에서 기한의 이익이란 채무자가 대출약정의 만기까지 대출금을 변제하지 않아도 된다는 것을 의미한다.
③ 「민법」상의 기한의 이익 상실 조항은 강행규정이 아니므로 채권자・채무자 간 약정에 의하여 기한의 이익 상실 규정을 둘 수 있다.
④ 「민법」은 당사자의 특약이나 법률행위의 성질상 반대의 취지가 없는 한 기한의 이익은 채무자를 위한 것으로 추정한다.
⑤ 은행여신거래의 경우에는 당연 기한이익의 상실사유(일정한 사유가 발생하면 채권자의 통지가 없어도 채무자의 이행지체가 성립하는 경우)도 인정된다.

해설 기한의 이익은 이를 포기할 수 있다. 그러나 상대방의 이익을 해하지 못한다(「민법」 제153조 제2항).

정답 26 ⑤ 27 ①

28 다음 채권회수 방법 중에서 채무자 또는 제3자의 협력을 요하지 않는 것은?

① 채권양도
② 신규담보 추가설정
③ 약속어음공정증서 작성
④ 강제경매
⑤ 채무인수

> **해설** ④ 강제경매는 채권자가 일방적으로 할 수 있는 채권회수 방법이다.
>
> **채권회수 방법 중 임의회수**
> - 채무자 및 제3자의 협력을 요하는 채권회수
>   - 채권양도
>   - 채무인수(면책적 채무인수, 병존적 채무인수)
>   - 신규담보 및 보증인 추가
>   - 임의변제, 대물변제(보관상품, 기계 등)
>   - 약속어음공정증서 또는 집행증서 작성
>   - 제소 전 화해
> - 채권자의 일방적인 채권회수
>   - 선일자·당좌수표의 지급제시
>   - 기한미도래 어음·수표의 지급제시(채무자 부도 발생 시)
>   - 상 계

29 다음 설명 중 가장 적절하지 않은 것은?

① 채무자가 채권자의 승낙을 얻어 본래의 채무이행에 갈음하여 다른 급여를 한 때에는 변제와 같은 효력이 있다.
② 당사자의 특별한 의사표시가 없으면 변제기 전이라도 채무자는 변제할 수 있다. 그러나 상대방의 손해는 배상하여야 한다.
③ 변제자가 변제수령권한이 없는 영수증의 소지인에 대하여 변제한 때에는 그 변제자의 선의·악의 여부를 불문하고 그 변제는 유효하게 된다.
④ 채권의 준점유자에 대한 변제는 변제자가 선의이며 과실 없는 때에 한하여 효력이 있다.
⑤ 이해관계 없는 제3자는 채무자의 의사에 반하여 변제하지 못한다.

> **해설** 변제의 수령권한이 없는 자에 대한 변제는 일정한 경우를 제외하고는 무효이나 채권자가 그러한 무효의 변제를 통하여 사실상 이익을 얻은 때에는 그 한도에서 변제는 유효하고 따라서 채권도 소멸한다(「민법」 제472조 참조).

30 다음 중 변제충당 시 고려하여야 할 기준으로 적절하지 않은 것은?

① 변제이익
② 변제자의 충당지정
③ 당사자의 충당합의
④ 대출일자
⑤ 이행기

해설 변제충당의 순위

순위	채무의 종류별 순위	채무의 내용별 순위
1순위	비 용	각 채무액에 비례하여 충당
2순위	이 자	변제이익이 많은 채무
3순위	원 금	이행기가 도래한 채무
4순위	–	이행기가 미도래한 채무

31 다음 중 채권양도가 가능하지 않은 채권은? (양도금지 특약이 없는 경우를 전제로 함)

① 신용카드대금 채권
② 물품대금 채권
③ 공사대금 채권
④ 국민연금급여청구권
⑤ 대여금 채권

해설 채권은 양도할 수 있다. 그러나 채권의 성질이 양도를 허용하지 아니하는 때에는 그러하지 아니하다(「민법」 제449조). 예를 들어 채권자가 변경되면 급부의 내용이 전혀 달라지는 채권, 채권자가 변경되면 권리의 행사가 크게 달라지는 채권, 특정의 채권자와의 사이에서 결제되어야 하는 채권, 채권 사이에 주·종의 관계가 있는 경우의 종된 채권의 경우에는, 채권의 성질이 양도를 허용하지 않는 것으로 해석된다.

32 변제공탁에 관한 다음 설명 중 가장 적절하지 않은 것은?

① 채권자가 변제를 받지 아니하거나 받을 수 없는 때에는 변제자는 채권자를 위하여 변제의 목적물을 공탁하여 그 채무를 면할 수 있다.
② 공탁은 원칙적으로 채무자의 주소지의 공탁소에 하여야 한다.
③ 공탁소에 관하여 법률에 특별한 규정이 없으면 법원은 변제자의 청구에 의하여 공탁소를 지정하고 공탁물보관자를 선임하여야 한다.
④ 채권자가 공탁을 승인하거나 공탁소에 대하여 공탁물을 받기를 통고하거나 공탁유효의 판결이 확정되기까지는 변제자는 공탁물을 회수할 수 있다.
⑤ 채무자가 채권자의 상대의무이행과 동시에 변제할 경우에는 채권자는 그 의무이행을 하지 아니하면 공탁물을 수령하지 못한다.

해설 ② 공탁은 채무이행지의 공탁소에 하여야 한다(「민법」 제488조 제1항).
① 「민법」 제487조
③ 「민법」 제488조 제2항
④ 「민법」 제489조 제1항
⑤ 「민법」 제491조

정답 30 ④ 31 ④ 32 ②

33 다음 중 상계가 허용되는 경우는?

① 고의의 불법행위로 인한 손해배상 청구채권을 수동채권으로 하는 상계
② 압류금지채권을 수동채권으로 하는 상계
③ 근로자의 임금채권을 수동채권으로 하는 상계
④ 지급금지명령을 받은 제3채무자가 그 후에 취득한 채권을 자동채권으로 하는 상계
⑤ 상가임대차보증금반환채권을 수동채권으로 하는 상계

해설
① 채무가 고의의 불법행위로 인한 것인 때에는 그 채무자는 상계로 채권자에게 대항하지 못한다(「민법」 제496조).
② 채권이 압류하지 못할 것인 때에는 그 채무자는 상계로 채권자에게 대항하지 못한다(「민법」 제497조).
③ 사용자가 근로자에 대하여 가지는 채권을 가지고 일방적으로 근로자의 임금채권을 상계하는 것은 금지된다(대법원 20001.10.23. 선고2001다25184 판결).
④ 지급을 금지하는 명령을 받은 제3채무자는 그 후에 취득한 채권에 의한 상계로 그 명령을 신청한 채권자에게 대항하지 못한다(「민법」 제498조).

34 채무인수에 관한 다음 설명 중 가장 적절하지 않은 것은?

① 제3자는 채권자와의 계약으로 채무를 인수하여 채무자의 채무를 면하게 할 수 있다. 그러나 채무의 성질이 인수를 허용하지 아니하는 때에는 그러하지 아니하다.
② 이해관계 없는 제3자는 채무자의 의사에 반하여 채무를 인수하지 못한다.
③ 전채무자의 채무에 대한 보증이나 제3자가 제공한 담보는 원칙적으로 채무인수로 인하여 소멸하지 않는다.
④ 제3자와 채무자 간의 계약에 의한 채무인수는 채권자의 승낙이 있을 때까지 당사자는 이를 철회하거나 변경할 수 있다.
⑤ 제3자가 채무자와의 계약으로 채무를 인수한 경우에는 채권자의 승낙에 의하여 그 효력이 생긴다.

해설 인수인은 전채무자가 채권자에 대하여 가지는 대항사유를 주장할 수 있다. 다만, 전채무자의 채무에 대한 보증이나 제3자가 제공한 담보는 보증인이나 제3자가 동의하지 않는 한 채무인수로 인하여 소멸함이 원칙이다.

35 무기명채권의 양도방식으로서 가장 적절한 것은?

① 의사표시만으로 한다.
② 배서만으로 한다.
③ 교부만으로 한다.
④ 의사표시와 배서가 있어야 한다.
⑤ 배서와 교부가 있어야 한다.

해설 무기명채권은 양수인에게 그 증서를 교부함으로써 양도의 효력이 있다(「민법」 제523조).

정답 33 ⑤ 34 ③ 35 ③

36 甲은 사망하면서 재산을 남겼고 甲에게는 乙(모친), 丙(이혼한 전처), 丁(아들), 戊(손자)가 있다. 상속포기나 한정승인 등이 없이 단순승인이 이루어진 경우에 관한 다음 설명 중 가장 적절한 것은?

① 乙도 상속을 받을 수 있다.
② 丙도 상속을 받을 수 있다.
③ 丁과 戊가 공동 상속인이 된다.
④ 丁이 단독 상속인이 된다.
⑤ 乙, 丙, 丁, 戊 모두 공동 상속인이 된다.

해설 상속의 순위에 따라 피상속인의 직계비속(丁)이 제1순위가 된다(「민법」 제1000조 제1항). 이혼한 전처(丙)는 배우자의 상속권을 상실한다.

37 원칙적으로 유효하게 변제를 수령할 권한이 없는 자는?

① 파산한 채권자
② 대항요건을 갖춘 채권질권자
③ 채권자대위권자
④ 채권추심을 위임 받은 신용정보회사
⑤ 부재자의 재산관리인

해설 변제자는 원칙적으로 채권자에게 급부하여야 한다. 다만, 채권이 압류 또는 가압류된 경우, 채권이 질권의 목적이 된 경우, 채권자가 파산신청을 한 경우에는 채권자에게 급부수령권이 없다.

38 지급명령에 관한 다음 설명 중 가장 적절하지 않은 것은?

① 채무자가 지급명령을 송달받은 날부터 2주 이내에 이의신청을 한 때에는 지급명령은 그 범위 안에서 효력을 잃는다.
② 지급명령신청서에 붙이는 인지대는 일반 민사소송의 소장에 붙이는 인지대의 5분의 1이다.
③ 지급명령은 당사자에게 송달하여야 한다.
④ 채무자는 지급명령에 대하여 이의신청을 할 수 있다.
⑤ 채무자가 지급명령에 대하여 적법한 이의신청을 한 경우에는 지급명령을 신청한 때에 이의신청된 청구목적의 값에 관하여 소가 제기된 것으로 본다.

해설 지급명령신청서에 붙이는 인지대는 일반 민사소송의 소장에 붙이는 인지대의 10분의 1이다(「민사소송 등 인지법」 제7조 제2항 참조).

정답 36 ④ 37 ① 38 ②

39 다음은 사해행위 취소소송을 제기하여야 하는 기간에 대한 설명이다. ( )에 들어갈 내용으로 가장 적절한 것은?

> 채권자취소의 소는 채권자가 취소원인을 안 날로부터 1년, 법률행위가 있은 날로부터 ( ) 내에 제기하여야 한다.

① 1년 ② 2년
③ 3년 ④ 4년
⑤ 5년

해설 채권자취소의 소는 채권자가 취소원인을 안 날로부터 1년, 법률행위 있은 날로부터 5년 내에 제기하여야 한다(「민법」 제406조 제2항).

40 「민사소송법」상 항소의 제기기간에 관한 다음의 설명 중 가장 적절한 것은?

① 1심 판결을 선고한 날부터 1주
② 1심 판결서가 송달된 날부터 1주
③ 1심 판결을 선고한 날부터 2주
④ 1심 판결서가 송달된 날부터 2주
⑤ 1심 판결을 선고한 날부터 3주

해설 항소는 판결서가 송달된 날부터 2주 이내에 하여야 한다. 다만, 판결서 송달 전에도 할 수 있다(「민사소송법」 제396조 제1항).

41 변제와 관련한 다음 설명 중 가장 적절하지 않은 것은?

① 변제비용은 다른 의사표시가 없으면 채권자의 부담으로 한다.
② 금전채무는 원칙적으로 지참채무이다.
③ 지참채무는 채권자의 주소 또는 영업소에서 이행하여야 하는 채무이다.
④ 계약으로 변제기를 정함에 있어서 불확정기한으로 정할 수도 있다.
⑤ 변제의 제공은 그때로부터 채무불이행의 책임을 면하게 한다.

해설 ① 변제비용은 다른 의사표시가 없으면 채무자의 부담으로 한다. 그러나 채권자의 주소이전 기타의 행위로 인하여 변제비용이 증가된 때에는 그 증가액은 채권자의 부담으로 한다(「민법」 제473조).
②·③ 「민법」 제467조 참조
④ 「민법」 제387조 참조
⑤ 「민법」 제461조

42 가압류에 관한 다음 설명 중 가장 적절하지 않은 것은?

① 가압류는 금전채권이나 금전으로 환산할 수 있는 채권의 강제집행을 보전하기 위하여 할 수 있다.
② 금전채권이 조건이 붙어 있는 것이거나 기한이 차지 아니한 것인 경우에도 가압류를 할 수 있다.
③ 가압류신청에 대한 재판은 변론 없이 할 수 없다.
④ 가압류는 보전의 필요성이 있어야 한다.
⑤ 가압류는 가압류할 물건이 있는 곳을 관할하는 지방법원이나 본안의 관할법원이 관할한다.

> **해설** ③ 가압류신청에 대한 재판은 변론 없이 할 수 있다(「민사집행법」 제280조 제1항).
> ① 「민사집행법」 제276조 제1항
> ② 「민사집행법」 제276조 제2항
> ④ 「민사집행법」 제277조 참조
> ⑤ 「민사집행법」 제278조

43 보전처분의 집행에 관한 다음 설명 중 가장 적절하지 않은 것은?

① 부동산에 대한 가압류의 집행은 법원사무관 등이 등기관에 촉탁하여 가압류명령을 부동산 등기부에 기입(기록)하는 방법을 이용하고 있다.
② 채권가압류는 채무자에게 가압류결정문이 송달된 때에 효력이 발생한다.
③ 보전처분의 집행력은 그 명령의 성립과 동시에 발생하므로 그 명령의 확정을 기다릴 필요가 없다.
④ 보전처분의 집행력은 재판의 고지 후 2주일 내에 집행에 착수하지 않으면 상실된다.
⑤ 유체동산에 대한 가압류 집행은 집행관이 이를 집행한다.

> **해설** ②·③ 가압류 집행은 채무자에게 재판을 송달하기 전에도 할 수 있다(「민사집행법」 제292조 제3항).
> ① 「민사집행법」 제293조 제1항
> ④ 「민사집행법」 제292조 제2항
> ⑤ 「민사집행법」 제296조 제1항

정답 42 ③ 43 ②

44 재산명시, 재산조회, 채무불이행자명부등재에 관한 다음 설명 중 가장 적절한 것은?

① 재산명시명령을 송달받은 채무자가 정당한 사유 없이 재산명시기일에 불출석하는 경우에는 법원은 3년 이하의 징역 또는 500만 원 이하의 벌금에 처한다.
② 채무자가 거짓의 재산목록을 제출한 때에는 결정으로 20일 이내의 감치에 처한다.
③ 채무불이행자명부등재신청은 금전의 지급을 명한 집행권원이 확정된 후 또는 집행권원을 작성한 후 원칙적으로 3개월 이내에 채무를 이행하지 아니하는 때 신청할 수 있다.
④ 재산명시목록은 누구나 제한 없이 일정수수료를 내고 열람・복사할 수 있다.
⑤ 채무불이행자명부나 그 부본은 누구든지 보거나 복사할 것을 신청할 수 있다.

> **해설** ⑤ 「민사집행법」 제72조 제4항
> ① 재산명시기일에 불출석한 경우에는 법원은 결정으로 20일 이내의 감치에 처한다(「민사집행법」 제68조 제1항).
> ② 채무자가 거짓의 재산목록을 낸 때에는 3년 이하의 징역 또는 500만 원 이하의 벌금에 처한다(「민사집행법」 제68조 제9항).
> ③ 금전의 지급을 명한 집행권원이 확정된 후 또는 집행권원을 작성한 후 6월 이내에 채무를 이행하지 아니하는 때 채권자는 그 채무자를 채무불이행자명부에 올리도록 신청할 수 있다(「민사집행법」 제70조 제1항).
> ④ 채무자에 대하여 강제집행을 개시할 수 있는 채권자는 재산목록을 보거나 복사할 것을 신청할 수 있다(「민사집행법」 제67조).

45 다음의 집행권원 중 원칙적으로 집행문을 부여받지 않아도 강제집행을 할 수 있는 것은?

① 가집행의 선고가 있는 종국판결
② 확정된 화해권고결정
③ 조정조서
④ 소송상 화해조서
⑤ 확정된 이행권고결정

> **해설** 집행문의 부여는 모든 집행권원에 필요한 것이 원칙이지만 집행의 신속・간이성을 위해 확정된 지급명령, 확정된 이행권고판결, 가압류명령이 있을 때에는 집행문을 부여받지 않아도 된다(「민사집행법」 제58조 제1항 및 제292조, 「소액사건심판법」 제5조의8 제1항).

46 다음 중 강제경매의 대상이 될 수 없는 것은?

① 어업권
② 광업권
③ 등록된 자동차
④ 등기된 선박
⑤ 무허가 건물

> **해설** 강제경매신청을 한 건물의 지번・구조・면적이 건축허가 또는 건축신고된 것과 동일하다고 인정되지 아니하는 때에는 법원은 강제경매신청을 각하한다. 건축허가나 건축신고를 하지 않은 무허가 건물에 대해서는 경매신청을 할 수 없다.

47 부동산 경매신청의 절차 및 배당요구에 관한 다음 설명 중 가장 적절하지 않은 것은?

① 근저당권자가 부동산 임의경매를 신청하는 경우 집행권원의 존재를 요하지 아니한다.
② 매수신고가 있은 뒤 경매신청을 취하하는 경우에는 부동산 강제경매는 물론 부동산 임의경매에서도 최고가매수신고인 또는 매수인과 「민사집행법」 제114조의 차순위매수신고인의 동의를 받아야 그 효력이 생긴다.
③ 집행력 있는 정본을 가진 채권자는 배당요구하지 않아도 당연히 배당에 참가할 수 있는 자이다.
④ 경매개시결정등기 후에 가압류를 한 채권자는 배당요구가 필요한 채권자이다.
⑤ 대항력과 확정일자를 갖춘 주택임차인은 배당요구를 할 수 있다.

해설 부동산 경매에 있어서 배당요구를 하지 않아도 배당을 받을 수 있는 사람은 선행사건의 배당요구 종기까지 이중경매신청을 한 채권자, 첫 경매 개시결정등기 전에 등기된 근저당권자 등이다. 집행력 있는 정본을 가진 채권자, 경매개시결정이 등기된 뒤에 가압류를 한 채권자, 「민법」・「상법」, 그 밖의 법률에 의하여 우선변제청구권이 있는 채권자는 배당요구를 할 수 있다(「민사집행법」 제88조 제1항).

48 다음 중 배당 시 우선변제를 받는 순서로 가장 적절한 것은? (모두 배당요구 종기 내에 배당참가를 한 것을 전제로 함)

| 가. 저당권에 의하여 담보되는 채권 | 나. 당해세 |
| 다. 일반채권 | 라. 소액주택임대차보증금 |

① 라 - 나 - 가 - 다   ② 나 - 라 - 가 - 다
③ 라 - 가 - 나 - 다   ④ 가 - 라 - 나 - 다
⑤ 가 - 나 - 다 - 라

해설 **매각재산에 대한 배당의 원칙적인 순위**
- 1순위 : 최종 3개월분 임금채권, 최종 3년간 퇴직금과 재해보상금채권, 주택의 소액보증금
- 2순위 : 조세 중 당해세(증여세, 상속세 등)
- 3순위 : 담보권에 앞서는 일반조세
- 4순위 : 조세에 뒤지는 담보권
- 5순위 : 임금, 퇴직금, 재해보상금 등 기타 근로관계채권
- 6순위 : 납부기한이 저당권, 전세권의 설정보다 이후인 기타 조세채권
- 7순위 : 의료보험채권, 연금보험료채권, 산업재해보험료채권 등
- 8순위 : 일반채권

정답 47 ③ 48 ①

49 채권자 갑이 채무자 을의 제3채무자 병 은행에 대한 예금에 대하여 채권압류 및 추심명령을 한 경우와 관련한 다음 설명 중 가장 적절하지 않은 것은?

① 을의 예금채권 중 185만 원은 압류금지채권에 해당한다.
② 원칙적으로 을의 주소지 지방법원이 관할법원이 된다.
③ 채권압류 및 추심명령은 확정되어야 효력이 발생한다.
④ 채권압류 및 추심명령에 대하여 을이나 병은 즉시항고를 할 수 있다.
⑤ 갑이 병으로부터 을의 예금채권을 추심한 때에는 추심신고를 하여야 한다.

해설 ③ 채권압류 및 추심명령이 제3채무자에게 송달되면 효력이 생긴다(「민사집행법」 제227조 제3항 참조).
① 「민사집행법」 시행령 제3조 참조
② 「민사집행법」 제224조 제1항 참조
④ 「민사집행법」 제227조 제4항 참조
⑤ 「민사집행법」 제236조 제1항 참조

50 유체동산 강제집행에 관한 다음 설명 중 가장 적절하지 않은 것은?

① 채무자가 점유하고 있는 유체동산의 압류는 집행관이 그 물건을 점유함으로써 한다.
② 국가에 대한 강제집행은 국고금을 압류함으로써 한다.
③ 압류일과 매각일 사이에는 3주 이상 기간을 두어야 한다.
④ 집행관이 금전을 추심한 때에는 채무자가 지급한 것으로 본다.
⑤ 채무자와 그 배우자의 공유로서 채무자가 점유하거나 그 배우자와 공동으로 점유하고 있는 유체동산은 압류할 수 있다.

해설 ③ 압류일과 매각일 사이에는 1주 이상 기간을 두어야 한다. 다만, 압류물을 보관하는 데 지나치게 많은 비용이 들거나, 시일이 지나면 그 물건의 값이 크게 내릴 염려가 있는 때에는 그러하지 아니하다(「민사집행법」 제202조).
① 「민사집행법」 제189조 제1항
② 「민사집행법」 제192조
④ 「민사집행법」 제201조 제2항
⑤ 「민사집행법」 제190조

제3과목 신용관리실무

51 신용정보의 생성요건으로 가장 적절한 것은?

		생성요건	
①	상거래 관련성	공개성	신용판단 가능성
②	민사거래 관련성	기밀성	신용의 명확성
③	상거래 관련성	기밀성	신용판단 가능성
④	민사거래 관련성	기밀성	신용판단 가능성
⑤	상거래 관련성	공개성	신용의 명확성

해설 신용정보의 생성요건
- 상거래 관련성 : 상거래에서 필요한 정보일 것
- 기밀성 : 공시·공개되지 않은 정보일 것
- 신용판단 가능성 : 신용판단의 자료가 될 수 있을 것

52 다음은 신용정보집중기관에 관한 설명이다. ( )에 들어갈 용어로 가장 적절한 것은?

신용정보의 유통·이용을 촉진하기 위해 (A)은 신용정보집중기관 제도를 두고 있다. 신용정보집중기관은 신용정보를 집중하여 체계적·종합적으로 관리하고 금융기관 등 상호 간에 신용정보를 교환·활용하게 하는 기관으로 일정한 인적·물적 요건을 갖추고 (B)에 등록하여야 한다. 신용정보집중기관의 종류로는 종합신용정보집중기관과 개별신용정보집중기관이 있다. 현재 종합신용정보집중기관은 (C)이다.

	A	B	C
①	「신용정보법」	금융감독원	신용정보협회
②	「개인정보 보호법」	금융위원회	한국신용정보원
③	「신용정보법」	금융위원회	신용정보협회
④	「신용정보법」	금융위원회	한국신용정보원
⑤	「개인정보 보호법」	금융감독원	한국신용정보원

정답 51 ③ 52 ④

53 「신용정보법」에 따른 신용정보회사, 본인신용정보관리회사, 채권추심회사, 신용정보집중기관 및 신용정보제공·이용자가 신용정보를 관리함에 있어서 준수할 사항을 열거한 다음의 내용 중 가장 적절하지 않은 것은?

① 신용정보관리책임의 명확화
② 신용정보의 정확성 및 최신성 유지
③ 신용정보전산시스템의 안전보호
④ 신용정보 제공·이용의 확대
⑤ 폐업 시 보유정보의 폐기

> 해설 신용정보 관리의 4대 원칙
> • 신용정보의 정확성 및 최신성의 유지
> • 신용정보전산시스템의 안전보호
> • 신용정보관리책임의 명확화 및 업무처리기록의 보존
> • 폐업 시 보유정보의 처리

54 신용정보의 유형 및 예시로 가장 적절하지 않은 것은?

	신용정보의 유형	예시
①	식별정보	개인사업자의 업종정보
②	신용거래정보	개인채무보증정보
③	신용도판단정보	개인대출정보
④	신용능력정보	재무정보
⑤	공공기록정보	채무불이행자 정보

> 해설 신용도판단정보란 신용정보주체의 신용도를 판단할 수 있는 정보이다. 금융거래 등 상거래와 관련하여 발생한 채무의 불이행, 대위변제, 그 밖에 약정한 사항을 이행하지 아니한 사실과 관련된 정보, 금융거래 등 상거래와 관련하여 신용질서를 문란하게 하는 행위와 관련된 정보 등이 있다(「신용정보의 이용 및 보호에 관한 법률」 제2조 제1의4호 참조).

55 다음 중 대상자 본인의 가족관계증명서상 기록사항이 아닌 것은?

① 대상자 본인의 손자녀
② 대상자 본인의 부모
③ 대상자 본인의 배우자
④ 대상자 본인의 자녀
⑤ 대상자 본인의 등록기준지

> 해설 가족관계증명서상에는 본인의 등록기준지, 성명, 성별, 본, 출생연월일, 주민등록번호, 부모, 배우자, 자녀에 관한 사항을 기록한다.

56 「채권추심법」상 "채권추심자"가 아닌 자는?

① 대부업의 등록을 하지 아니하고 사실상 대부업을 영위하는 자
② 「상법」에 따른 상행위로 생긴 금전채권을 양도받은 자
③ 금전이나 그 밖의 경제적 이익을 대가로 받거나 받기로 약속하고 타인의 채권을 추심하는 자
④ 법인에게 금전을 대여한 여신금융기관
⑤ 채권추심을 목적으로 채권의 양수를 가장한 자

해설 채권추심자(「채권추심법」제2조 제1호)
가. 「대부업 등의 등록 및 금융이용자 보호에 관한 법률」에 따른 대부업자, 대부중개업자, 대부업의 등록을 하지 아니하고 사실상 대부업을 영위하는 자, 여신금융기관 및 이들로부터 대부계약에 따른 채권을 양도받거나 재양도 받은 자[시험 시행 당시 적용되었던 '대부업의 등록을 하지 아니하고 사실상 대부업을 영위하는 자'라는 표현이 법령 개정으로 '불법사금융업자, 불법사금융중개업자'로 변경되었음(25.7.22. 시행)]
나. 가목에 규정된 자 외의 금전대여 채권자 및 그로부터 채권을 양도받거나 재양도 받은 자
다. 「상법」에 따른 상행위로 생긴 금전채권을 양도받거나 재양도받은 자
라. 금전이나 그 밖의 경제적 이익을 대가로 받거나 받기로 약속하고 타인의 채권을 추심하는 자(채권추심을 목적으로 채권의 양수를 가장한 자를 포함한다)
마. 가목부터 라목까지에 규정된 자들을 위하여 고용, 도급, 위임 등 원인을 불문하고 채권추심을 하는 자

57 「채권추심법」상 금지행위와 가장 거리가 먼 것은?

① 채권추심자가 다른 법률에 따라 신용정보나 개인정보를 제공하는 행위
② 채무자가 채무의 존재를 다투는 소를 제기하여 그 소송이 진행 중인 경우 채무불이행정보를 등록하는 행위
③ 동일한 채권에 대하여 동시에 2인 이상의 자에게 채권추심을 위임하는 행위
④ 관계인에게 위계나 위력을 사용하는 행위
⑤ 채권추심회사의 채권추심과 관련한 소송행위

해설 ① 채권추심자가 다른 법률에 따라 신용정보나 개인정보를 제공하는 경우는 누설 또는 이용으로 보지 아니한다(「채권추심법」제10조 제2항).
② 「채권추심법」 제8조
③ 「채권추심법」 제7조
④ 「채권추심법」 제9조 제1호
⑤ 「채권추심법」 제8조의4

정답 56 ④ 57 ①

58 다음 중 부동산등기사항증명서(부동산등기부등본)의 '갑구'에 기록되는 것이 아닌 것은?

① 매매로 인한 소유권이전등기 시 거래가액
② 공유지분권에 대한 가처분
③ 전세권에 대한 가압류
④ 소유권이전청구권가등기
⑤ 소유권에 대한 가압류

> **해설** 부동산등기사항증명서의 갑구 및 을구
> - 갑구 : 소유권에 관한 사항 기재. 현재 소유자와 과거의 소유자(소유권 변동사항), 가압류, 가처분, 압류(경매), 가등기, 예고등기 등, 권리의 변경등기, 말소 및 회복등기 등
> - 을구 : 소유권 이외의 권리 기재. 저당권, 전세권, 지역권, 지상권, 임차권 등

59 채권원인 서류 및 채권 관련 서류에 관한 다음 설명 중 가장 적절하지 않은 것은?

① 금전차용계약은 당사자 일방이 금전의 소유권을 상대방에게 이전할 것을 약정하고 상대방은 그와 같은 종류, 품질 및 수량으로 반환할 것을 약정함으로써 그 효력이 생긴다.
② 당좌수표는 은행이 자기를 지급인으로 하여 발행(발행인과 지급인이 모두 은행으로 되어 있음)하는 수표를 말한다.
③ 부동산의 개황, 소유주 관계, 용익물권, 담보물권 현황 등을 알 수 있는 자료는 부동산등기사항증명서(부동산등기부등본)이다.
④ 법인의 형태 및 대표자 여부, 단독대표인지 공동대표인지, 주소의 일치여부 등을 알 수 있는 자료는 법인등기사항전부증명서(법인등기부등본)이다.
⑤ 자동차 등록원부는 차량의 기종과 연식, 재원, 소유주관계, 담보물권 현황 및 보전처분 관계정보를 담고 있어 채무자가 보유한 차량의 재산적 가치를 파악할 수 있는 자료로 활용된다.

> **해설** 은행이 자기를 지급인으로 하여 발행하는 수표는 자기앞수표이다. 당좌수표는 은행에 당좌예금을 가진 사람이 그 예금을 기초로 은행 앞으로 발행하는 수표이다.

60 약속어음의 필요적 기재사항에 해당되지 않는 것들만 모두 고르면 몇 개인가?

> ㄱ. 수취인
> ㄴ. 발행인(기명날인)
> ㄷ. 발행일
> ㄹ. 발행지
> ㅁ. 지급기일(만기)
> ㅂ. 지급지

① 1개
② 2개
③ 3개
④ 4개
⑤ 5개

해설 ※ 시험 출제 후 이의제기가 수용되어 모두 정답 처리되었음
「어음법」제75조 및 제76조에서는 각각 어음의 요건과 어음 요건의 흠을 규정한다. 문제에 단지 필요적 기재사항이라고 기재할 경우 오해의 소지가 있는 것으로 판단하였다.

61 어음의 발행인란의 유·무효한 날인방법에 관한 다음 설명 중 가장 적절한 것은?

① 기명 + 서명 = 무효
② 기명 + 직인 = 무효
③ 기명 + 무인 = 무효
④ 서명 + 직인 = 무효
⑤ 서명 = 무효

해설 발행인란의 유·무효한 날인
• 기명 + 서명 = 유효 / 기명 + 직인 = 유효 / 기명 + 무인 = 무효
• 서명 + 직인 = 유효 / 서명 + 무인 = 무효

정답 60 모두 정답   61 ③

62 어음·수표의 부도 시 대처방법 등에 관한 다음 설명 중 가장 적절하지 않은 것은?

① 피사취부도인 경우에 어음발행인이 거래정지처분 등의 불이익을 받는다.
② 수표의 정당한 소지인은 수표를 회수하기 위해서 발행일로부터 10일 이내에 발행인(또는 지급은행)에게 지급제시를 하여야 한다.
③ 어음·수표가 부도처리되고 그 어음에 보증인이나 배서인이 있는 경우, 소지인은 발행인·보증인·배서인을 상대로 순서에 관계없이 그중 가장 재력이 있는 사람에게 청구할 수도 있고, 또는 모두에 대하여 동시에 전액을 청구할 수도 있다.
④ 발행인 및 보증인, 배서인들을 피고로 하여 '약속어음금·수표금 청구의 소'를 제기한다.
⑤ 어음의 정당한 소지인은 어음의 회수를 위해서 지급기일 또는 이에 이은 2거래일 이내에 발행인(또는 지급은행)에게 지급제시를 하여야 한다.

> 해설 피사취부도란 어음 또는 수표 발행의 전제가 되었던 원인관계의 불이행, 무효, 취소를 이유로 어음발행인이 어음금액의 일부 또는 전체에 대하여 이의를 제기하는 것이다. 피사취 신고가 발생하면 지급금융기관에서는 해당 어음 등을 부도처리하고 지급을 거절한다. 어음발행인은 은행에 피사취 신고를 제출할 수 있으며, 그 어음의 지급 정지를 요청하려면 원칙적으로 어음금액에 해당하는 금액을 사고 신고 담보금으로 예치하여야 한다. 예치된 후 6개월 경과 후까지 별도의 조치가 없으면 예치금은 어음발행인에게 반환된다.

63 부동산처분금지가처분신청서의 기재사항이 아닌 것은?

① 채권자
② 채무자
③ 신청이유
④ 신청취지
⑤ 청구채권 및 금액

> 해설 부동산처분금지가처분신청서에는 청구채권 및 금액이 아닌 목적물의 가액, 피보전권리 및 목적 부동산을 기재해야 한다.

64 「신용정보법」과 「개인정보 보호법」상 손해배상청구에 관한 다음 설명 중 가장 적절하지 않은 것은?

① 정보주체는 개인정보처리자의 고의 또는 과실로 인하여 개인정보가 분실·도난·유출·위조·변조 또는 훼손된 경우에는 300만 원 이하의 범위에서 상당한 금액을 손해액으로 하여 배상을 청구할 수 있다.
② 신용정보주체는 신용정보회사 등이나 그로부터 신용정보를 제공받은 자가 「신용정보법」의 규정을 위반한 경우에는 신용정보회사 등이나 그로부터 신용정보를 제공받은 자에게 일반 손해배상을 청구하는 대신 300만 원 이하의 범위에서 상당한 금액을 손해액으로 하여 배상을 청구할 수 있다.
③ 신용정보회사 등이나 그 밖의 신용정보 이용자가 고의 또는 중대한 과실로 이 법을 위반하여 개인신용정보가 누설되거나 분실·도난·누출·변조 또는 훼손되어 신용정보주체에게 피해를 입힌 경우에는 해당 신용정보주체에 대하여 그 손해의 5배를 넘지 아니하는 범위에서 배상할 책임이 있다.
④ 개인정보처리자 또는 신용정보회사 등이나 그 밖의 신용정보이용자가 고의 또는 과실이 없음을 증명한 경우에도 책임을 면할 수 없다.
⑤ 개인정보처리자의 고의 또는 중대한 과실로 인하여 개인정보가 분실·도난·유출·위조·변조 또는 훼손된 경우로서 정보주체에게 손해가 발생한 때에는 법원은 그 손해액의 3배를 넘지 아니하는 범위에서 손해배상액을 정할 수 있다.

해설 ④ 개인정보처리자 또는 신용정보회사 등이나 그 밖의 신용정보이용자가 고의 또는 과실이 없음을 증명하지 아니하면 책임을 면할 수 없다(「신용정보법」 제43조 제1항, 「개인정보 보호법」 제39조 제1항 참조).
① 「개인정보 보호법」 제39조의2 제1항
② 「신용정보법」 제43조의2 제1항
③ 「신용정보법」 제43조 제2항
⑤ 「개인정보 보호법」 제39조 제3항[시험 시행 당시 적용되었던 '3배'라는 손해배상액의 범위가 법령 개정으로 '5배'로 변경되었음(25.3.13. 시행)]

정답 64 ④

65 「채무자 회생 및 파산에 관한 법률」상 개인파산에 관한 다음 설명 중 가장 적절하지 않은 것은?

① 파산신청은 은행대출, 신용카드 사용, 사채 등 원인을 불문하고 총 채무액이 무담보채무의 경우에는 10억 원, 담보부채무의 경우에는 15억 원 이하인 개인채무자가 한다.
② 신청인이 소재불명인 때에는 법원은 파산신청을 기각할 수 있다.
③ 법원은 파산재단으로 파산절차의 비용을 충당하기에 부족하다고 인정되는 때에는 파산선고와 동시에 파산폐지의 결정을 하여야 한다.
④ 채무자가 절차의 비용을 예납하지 아니한 때에는 면책신청의 기각사유에 해당한다.
⑤ 채무자가 양육자 또는 부양의무자로서 부담하여야 하는 비용은 면책되지 않는다.

> **해설** 개인채무자의 정의(「채무자 회생 및 파산에 관한 법률」 제579조 제1호)
> "개인채무자"라 함은 파산의 원인인 사실이 있거나 그러한 사실이 생길 염려가 있는 자로서 개인회생절차 개시의 신청 당시 다음의 금액 이하의 채무를 부담하는 급여소득자 또는 영업소득자를 말한다.
> - 유치권·질권·저당권·양도담보권·가등기담보권·「동산·채권 등의 담보에 관한 법률」에 따른 담보권·전세권 또는 우선특권으로 담보된 개인회생채권은 15억 원
> - 위 사항 외의 개인회생채권은 10억 원

66 다음 중 「채권추심법」에 위반되지 않는 행위는?

① 법적인 집행권원이 없으면서도 채무를 변제하지 않을 경우 곧바로 압류·경매 등 강제집행 신청이나 재산관계명시 신청 등을 취하겠다고 언급하는 행위
② 기존 채무자의 채무를 일부 변제하고 있던 채무자의 관계인이 "자신은 더 이상 채무를 변제할 의사가 없다"고 밝혔음에도 불구하고 계속적으로 변제를 요구하는 행위
③ 채권추심에 관한 민사상 또는 형사상 법적인 절차가 진행되고 있지 아니함에도 그러한 절차가 진행되고 있다고 거짓으로 표시하는 행위
④ 강제집행 착수통보서 등과 같이 법적 권한이 있는 것처럼 가장하여 채무자에게 안내문 등을 발송하는 행위
⑤ 사망한 채무자의 상속인이 상속포기를 한 사실을 모르고 채무를 변제하라고 요구하는 행위

> **해설** ① 채무자 또는 관계인을 폭행·협박·체포 또는 감금하거나 그에게 위계나 위력을 사용하는 행위(「채권추심법」 제9조 제1호)
> ② 채무를 변제할 법률상 의무가 없는 채무자 외의 사람에게 채무자를 대신하여 채무를 변제할 것을 요구함으로써 공포심이나 불안감을 유발하여 사생활 또는 업무의 평온을 심하게 해치는 행위(「채권추심법」 제9조 제6호)
> ③ 채권추심에 관한 민사상 또는 형사상 법적인 절차가 진행되고 있지 아니함에도 그러한 절차가 진행되고 있다고 거짓으로 표시하는 행위(「채권추심법」 제11조 제4호)
> ④ 법원, 검찰청, 그 밖의 국가기관에 의한 행위로 오인할 수 있는 말·글·음향·영상·물건, 그 밖의 표지를 사용하는 행위(「채권추심법」 제11조 제2호)

67 채무자의 소득 및 재산정보, 대위변제 가능성을 확인하기 위하여 수집하는 자료에 관한 다음 설명 중 가장 적절하지 않은 것은?

① 수목에 대하여 이해관계 있는 자는 입목등록원부를 열람하거나 그 등본 또는 초본의 발급을 청구할 수 있다.
② 부동산등기사항증명서(부동산등기부등본) 을구란에 기록되어 있는 전세권은 우선변제를 받을 수 있는 권리이다.
③ 법인등기사항증명서(법인등기부등본)에 수인이 공동대표로 등재되어 있는 경우 별도의 규정이 없으면 각자 회사를 대표하는 것이 원칙이나, 만약 공동으로 대표행위를 하도록 규정되어 있는 경우에는 공동대표 전원의 동의와 서명을 받아야 계약이 유효하게 성립된다.
④ 주식회사의 대표자는 특별한 경우를 제외하고는 주식회사의 채무에 대해 연대책임을 부담하지 않는다.
⑤ 채권·채무의 상속과 관련하여 상속인의 범위를 확인하기 위해서 제적부의 열람 및 등·초본, 등록사항별 증명서가 필요한 경우 법원의 보정 명령 등 이해관계를 소명하는 자료가 있더라도 상속인의 위임장이 있어야 위 서류의 교부를 청구할 수 있다.

해설 채권·채무 등 재산권의 상속과 관련하여 상속인의 범위를 확인하기 위해서 등록사항별 증명서가 필요한 경우로서 이를 소명하는 자료와 신청인의 신분증명서를 첨부한 때에는 본인 등의 위임 없이 교부를 청구할 수 있다(「등록사항별 증명서의 발급 등에 관한 사무처리지침」 제2조 제5항 제5호).

68 다음 중 「일반신용정보관리규약」(2021.12.2. 개정)에 따른 신용도판단정보 등록사유가 아닌 것은?

① 5만 원 이상의 신용카드대금을 3개월 이상 연체한 자
② 5만 원 이상의 카드론대금을 3개월 이상 연체한 자
③ 5만 원 이상의 할부금융대금을 3개월 이상 연체한 자
④ 대출원금, 이자 등을 3개월 이상 연체한 자
⑤ 분할상환방식의 개인주택자금대출금을 1개월 이상 연체한 자

해설 신용도판단정보 등록사유로 적절한 것은 분할상환방식의 개인주택자금대출금을 1개월이 아닌 9개월 이상 연체한 자(다만, 만기 경과 시에는 3개월 이후 등록함)이다.

정답 67 ⑤ 68 ⑤

69 집행권원을 획득하기 위한 각종 소송제도에 관한 다음 설명 중 가장 적절하지 않은 것은?

① 「소액사건심판법」상 소액사건의 적용대상은 제소한 때의 소송목적의 값이 3,000만 원을 초과하지 아니하여야 한다.
② 지급명령제도의 적용대상은 제소한 때의 소송목적의 값이 10억 원을 초과하지 아니하여야 한다.
③ 민사에 관한 분쟁의 당사자는 법원에 민사조정을 신청할 수 있다.
④ 제소 전 화해란 민사분쟁에 대한 소송을 제기하기 전 화해를 원하는 당사자의 신청으로 지방법원 단독판사 앞에서 행해지는 화해를 말한다.
⑤ 강제집행을 인낙하는 취지의 약속어음 공정증서를 작성하면 그 공정증서가 집행권원이 되어 채무불이행 시 별도의 소송 없이도 강제집행을 할 수 있다.

해설 지급명령은 청구액이나 청구의 발생원인을 불문한다.

70 다음 중 「서민의 금융생활 지원에 관한 법률」상 신용회복지원 내용으로 가장 적절하지 않은 것은?

① 상환기간 연장
② 분할상환
③ 무담보채무일 경우 이자 및 원금 전액 감면
④ 담보채무는 연체이자만 감면
⑤ 변제기 유예

해설 무담보채무일 경우 이자와 연체이자를 전액 감면한다.

71 다음 중 개인회생절차개시 결정이 있을 때 각종 절차 또는 행위가 중지 또는 금지되지 않는 것은?

① 「국세징수법」 또는 「지방세징수법」에 의한 체납처분
② 채무자에 대한 회생절차 또는 파산절차
③ 개인회생채권(채권자 목록에 기재된 채권)에 기하여 개인회생재단에 속하는 재산에 대하여 한 강제집행·가압류 또는 가처분
④ 개인회생채권(채권자 목록에 기재된 채권)을 변제받거나 변제를 요구하는 일체의 행위
⑤ 소송행위

해설 개인회생절차개시의 결정이 있는 때에는 다음의 절차 또는 행위는 중지 또는 금지된다. 다만, 제2호 내지 제4호의 절차 또는 행위는 채권자목록에 기재된 채권에 의한 경우에 한한다(「채무자회생법」 제600조 제1항).
1. 채무자에 대한 회생절차 또는 파산절차
2. 개인회생채권에 기하여 개인회생재단에 속하는 재산에 대하여 한 강제집행·가압류 또는 가처분
3. 개인회생채권을 변제받거나 변제를 요구하는 일체의 행위. 다만, 소송행위를 제외한다.
4. 「국세징수법」 또는 「지방세징수법」에 의한 체납처분, 국세징수의 예(국세 또는 지방세 체납처분의 예를 포함)에 의한 체납처분 또는 조세채무담보를 위하여 제공된 물건의 처분

72 가압류된 물건에 대하여 집행관이 봉한 봉인 등의 표시를 제거하고 처분하였을 때의 죄책은?

① 공무상비밀표시무효죄
② 횡령죄
③ 사기죄
④ 절도죄
⑤ 공용물의 파괴죄

해설 공무상비밀표시무효(「형법」 제140조 제1항)
공무원이 그 직무에 관하여 실시한 봉인 또는 압류 기타 강제처분의 표시를 손상 또는 은닉하거나 기타 방법으로 그 효용을 해한 자는 5년 이하의 징역 또는 700만 원 이하의 벌금에 처한다.

73 A는 B를 상대로 대여금의 집행권원을 획득하고, 강제집행 등 각종 신청을 하려고 한다. 다음 설명 중 가장 적절하지 않은 것들만 모두 고르면 몇 개인가?

ㄱ. 부동산강제경매를 신청하려면 A는 B의 부동산 소재지를 관할하는 법원에 신청하여야 한다.
ㄴ. 예금채권에 대하여 강제집행을 신청하려면 A는 B가 예금한 은행의 주소지를 관할하는 법원에 채권압류 및 추심명령(또는 전부명령)을 신청하여야 한다.
ㄷ. 가압류를 본압류로 이전하는 채권압류 및 추심명령(또는 전부명령)을 신청하려면 A는 본인 주소지를 관할하는 법원에서 가압류결정을 받았다고 하더라도 채무자 B의 주소지 관할하는 법원에 신청하여야 한다.
ㄹ. 재산명시신청을 하려면 A는 B의 주소지를 관할하는 법원에 신청하여야 한다.
ㅁ. B가 재산명시절차 위반에 해당함을 이유로 채무불이행자명부등재신청을 하려면 A는 B의 주소지를 관할하는 법원에 신청하여야 한다.

① 1개   ② 2개
③ 3개   ④ 4개
⑤ 5개

해설 ㄴ. 채권의 압류명령의 집행법원은 채무자의 보통재판적이 있는 곳의 지방법원으로 한다(「민사집행법」 제224조 제1항).
ㄷ. 가압류에서 이전되는 채권압류의 경우에 집행법원은 가압류를 명한 법원이 있는 곳을 관할하는 지방법원으로 한다(「민사집행법」 제224조 제3항).
ㅁ. B가 재산명시절차 위반에 해당함을 이유로 채무불이행자명부등재신청을 하려면 A는 B의 주소지를 관할하는 법원이 아닌 재산명시 법원에 신청해야 한다.

정답 72 ① 73 ③

74 다음 설명 중 ( ) 안에 들어갈 법률로 가장 적절한 것은?

> ( )은 2009.2.6. 법률 제9418호로 제정되어 2009.8.7.부터 시행되었다. 이 법은 고리 사채업자 및 불법대부업자들이 현행 법제의 맹점을 이용하여 채무자와 그 가족들을 과도한 추심행위를 통해 괴롭히는 사례가 빈발하여 사회적으로 문제가 심각해짐에 따라 그 대책으로서 제정된 법이다. 이 법은 채권자의 정당한 권리행사를 보장하면서 채무자의 인간다운 삶과 평온한 생활을 보호함을 목적으로 한다.

① 「대부업법」
② 「신용정보법」
③ 「보증인보호법」
④ 「채권추심법」
⑤ 「채무자 회생 및 파산에 관한 법률」

75 현행 「민사집행법」상 인정되지 않는 제도는?

① 강제관리제도
② 자력구제
③ 채권압류 및 추심명령제도
④ 인도집행제도
⑤ 가처분제도

해설 ① 「민사집행법」 제164조 및 제169조 참조
③ 「민사집행법」 제227조 및 제232조 참조
④ 「민사집행법」 제258조 참조
⑤ 「민사집행법」 제300조 참조

74 ④ 75 ② **정답**

제4과목　고객관리 및 민원예방

76 다음과 같은 민원해결의 기본 상황으로 가장 적절한 것은?

> - 이해합니다.
> - 잘 알겠습니다.
> - 그러니까, ~ 하라는 말씀이시군요.

① 적극적 청취
② 문제 파악
③ 동 감
④ 해결방안 제시
⑤ 반론 극복

해설　적극적 청취
- 상대방의 말에 주의를 기울이고 있음을 드러낸다.
- 상대방의 언어적 표현과 비언어적 표현에 주목한다.
- 상대방의 말과 감정을 이해하려고 노력한다.
- 상대방의 말을 듣고 적절한 반응, 질문, 요약 등을 통해 적절하게 소통한다.

77 다음 설명 중 (　　) 안에 들어갈 내용으로 가장 적절한 것은?

> (　　)은/는 고객과 대화를 원활히 진행하기 위해 사전에 작성한 대화대본을 말한다. 신용관리담당자는 이것을 작성하여 채권추심 관련 상담업무에 활용함으로써 상담의 목적과 방향성을 명확히 하고 응대의 수준을 일정하게 유지하며 일관성 있게 업무를 수행할 수 있다.

① 응대기록표
② 화 법
③ 스토리텔링 대본
④ 스크립트(Script)
⑤ 역할연기 대본

해설　스크립트(Script)
스크립트(Script)는 고객에게 제공하는 정보의 일관성을 유지할 수 있도록 도우며, 상담 서비스를 표준화하여 상담의 질을 평준화한다. 또한, 고객서비스 향상을 통한 고객만족이라는 궁극적인 목적이 있다.

정답　76 ①　77 ④

78 다음 설명 중 (   ) 안에 들어갈 내용으로 가장 적절한 것은?

> 신용관리담당자의 추심업무는 채권자와 채무자의 중간 지대에서 일어나는 업무이다. 이들과의 상호관계에서 부정적·비호의적인 태도를 지니고 있다면 이를 바람직한 방향으로 변화시킬 수 있어야 한다. 언어, 문서, 영상 등의 메시지를 이용한 논리적인 주장과 사실을 제시하는 (   )은 채무자의 변제의지를 고취시키는 데 효과적이다.

① 공포유발
② 참여제도의 활용
③ 인지부조화의 유발
④ 감정이입
⑤ 설 득

해설 설 득
설득은 상대방이 자신의 의견이나 주장에 동의하도록 여러 가지로 깨우쳐 말하는 방법이다. 이때 논리적인 주장과 사실이 활용된다.

79 신용관리담당자의 업무능력 향상방법에 대한 다음 설명 중 가장 적절하지 않은 것은?

① 역할연기를 통해 말의 속도, 억양의 조절, 적절한 용어의 구사, 질문시기의 선택 등 상담능력을 향상시킬 수 있다.
② 스토리텔링(Story Telling) 기법에서 하나의 스토리에는 가급적 여러 가지의 메시지가 담기도록 하는 것이 좋다.
③ 스크립트(Script)를 작성할 때에는 질문할 내용과 순서를 충분히 생각한 후에 작성한다.
④ 스토리텔링은 채무자의 지성과 감성을 자극할 수 있어야 효과적이다.
⑤ 고객과 대화를 원활히 진행하기 위해 사전에 작성한 대화 대본을 스크립트(Script)라 한다.

해설 스토리텔링(Story Telling) 기법에서는 하나의 스토리에 하나의 메시지를 담는 것이 좋다. 이는 스토리의 전개와 메시지가 논리적으로 전달되는 데 효과적이다.

80 다음 설명 중 효과적인 불만처리 내용으로 가장 적절하지 않은 것은?

① 흥분하지 말고 스스로 마음의 평안부터 찾는다.
② 대충 말로만 사과하는 것이 아니라 고객이 진심으로 느낄 수 있도록 적극적으로 사과한다.
③ 고객의 불만이 무엇인지 적극적으로 경청한다.
④ 고객의 불만에 대하여 사실과 감정을 구분하여 듣되, 고객이 잘못 알고 있는 부분은 이야기 도중이라도 끼어들어 상세히 설명한다.
⑤ 일방적인 처리보다는 어떻게 처리하는 것이 좋은지에 대한 동의를 구한다.

해설 긍정적인 대화와 고객의 존중을 위해 고객이 잘못 알고 있는 부분은 이야기를 다 듣고 난 후 정정하거나 설명해야 한다.

81 예절에 관한 다음 설명 중 가장 적절하지 않은 것은?

① 얼굴 표정은 상대방에게 호감을 주느냐 못 주느냐의 중요한 요소로 작용한다.
② 화장실에서도 상대방의 눈을 보며 큰 목소리로 반드시 인사한다.
③ 목소리는 자신의 인격과 지식, 성품, 자세를 반영하는 의사표현의 중요한 도구임과 동시에 상대방이 대화에 임하는 자세와 태도를 상상할 수 있도록 만드는 요소이기도 하다.
④ 명함은 자신의 증명서와 같으므로 타인의 것을 포함하여 자신의 명함을 전달할 때도 겸손하고 공손함이 깃들어 있는 좋은 예절로 교환한다.
⑤ 용모나 옷차림은 개성을 표현하는 것 이상으로 중요하지만 직장 생활에서는 주위나 상대를 고려해야 하며 누구에게나 호감을 주는 용모나 옷차림이 되도록 신경을 쓰도록 한다.

해설 화장실에서 만났을 때에는 인사를 하지 않고, 눈이 마주쳤을 때에는 가볍게 목례를 한다.

82 다음 설명 중 항의전화에 대한 응대요령으로 가장 적절하지 않은 것은?

① 고객의 항의 내용을 끝까지 잘 들으면서 적당한 대꾸와 맞장구를 하여 고객의 기분을 풀어준다.
② 우선 사실을 확인하고 변명보다는 정중히 사과한다.
③ 고객이 납득하지 않을 때에는 다른 사람이 나서서 해결해 본다.
④ 항의전화를 받을 때 큰 소리로 다투지 않는다.
⑤ 항의의 원인을 즉시 알 수 없을 때에는 혼자서 적당히 판단하여 해결한다.

해설 고객이 가지고 있는 불만의 원인을 즉시 파악하지 못했다면 고객에게 내용을 다시 질문하여 정확히 확인해야 한다.

83 다음과 같이 서로 기대했던 자극과 반응이 원만히 이어진 대화로 가장 적절한 것은?

- 담당자 : "언제쯤 연체 해결이 가능하십니까?"
- 고 객 : "내일 오후쯤 가능하겠네요."

① 상보대화
② 교차대화
③ 이면대화
④ 일방대화
⑤ 쌍방대화

해설 **상보대화**
상대방이 이야기를 하면 듣는 쪽은 그것을 인정하고 공감하며 언어적 메시지와 비언어적 메시지가 일치되게 표현해 주는 것이다.

정답 81 ② 82 ⑤ 83 ①

84 고객의 성향 및 욕구에 관한 다음 설명 중 가장 적절하지 않은 것은?

① 고객은 자기가 안고 있는 문제해결에만 관심이 있으므로 자기중심적인 특성을 가진다.
② 고객은 회사의 서비스를 이용하는 회사의 가장 중요한 자산이다.
③ 고객은 상대적으로 중요도가 낮은 업무를 수행하는 제1선 종사자와 접촉한다.
④ 고객서비스도 제품과 마찬가지로 하나의 상품이다.
⑤ 고객은 불만족한 사실을 기억하기보다는 만족한 사실을 훨씬 크게 기억하는 경우가 많다.

해설 고객은 만족한 사실을 기억하기보다는 불만족한 사실을 훨씬 크게 기억하는 경우가 많다.

85 다음 중 채권추심업무 수행 시 민원예방 및 민원처리를 위하여 준수해야 할 사항으로 가장 적절하지 않은 것은?

① 민원예방을 위한 최우선적인 예방책은 담당자 자신이 담당한 업무에 대해 고객이 불편함을 느끼지 않도록 그 업무를 신속하고 정확하게 처리하는 것이다.
② 독촉 시 일시적으로 감정이 폭발하거나 채무자로부터 여러 가지 형태의 유혹을 받을 수 있으므로 신용관리담당자로서의 품위를 잃지 않도록 항상 유의하여야 한다.
③ 상담 시 감정적이지 않도록 하고, 지시적·권위적인 강요나 무례한 언사를 사용하여서는 아니 된다.
④ 금융회사 등은 민원이 발생하는 경우 추심행위를 중단하지 않고 신속하게 민원이 해결되도록 노력하여야 한다.
⑤ 금융회사 등은 민원을 제기하였다는 이유만으로 민원인에게 불이익을 부여하거나 부여할 것이라는 의사표시를 하여서는 아니 된다.

해설 금융회사 등은 민원이 발생하는 경우 신속하게 민원이 해결되도록 노력해야 하며, 추심행위를 즉각 중단하는 등 적절한 조치를 취해야 한다.

86 불만고객에 관한 다음 설명 중 가장 적절하지 않은 것은?

① 고객의 사전기대와 회사의 목적이나 행동이 서로 다르기 때문에 고객은 불만을 갖게 되고 그 정도가 심하면 화를 낸다.
② 고객은 만족한 사실을 기억하기보다는 불만족한 사실을 훨씬 크게 기억하는 경우가 많다.
③ 불만을 제기하는 고객에게 감사하라는 의미는 그만큼 우리 회사에 관심이 있다는 뜻이다.
④ 불만고객 응대 시 고객의 이야기를 의심하거나 책임을 전가·회피해서는 안 된다.
⑤ 고객 불만의 신속한 처리를 위하여 어떻게 처리하는 것이 좋은지에 대한 고객의 동의를 구할 필요는 없다.

해설 불만의 처리방안을 제시하고, 이에 대해 고객이 동의할 경우 시행하고, 그렇지 않을 경우 다른 처리방안을 모색한다.

87 전화상담예절에 관한 다음 설명 중 가장 적절하지 않은 것은?

① 전화상담자의 대화진행 기술이나 언어의 선택방법에 의해 회수율이 좌우된다.
② 전화응대는 고객과 직접 대면을 통한 대화가 아니고 우리의 표정이나 현재의 상황을 전혀 알 수가 없기 때문에 오해나 실수가 생긴다 하더라도 회사의 신뢰성과 이미지에 영향을 미치지 않는다.
③ 전화 목소리는 첫인상을 심어 주는 중요한 요소이고, 억양(Tone)은 듣는 이에게 강한 인상을 남길 수 있다.
④ 먼저 전화를 했다고 해서 자신의 용건만 전할 수는 없고, 상대방의 당부와 별도의 용건도 있을 수 있으므로 항상 메모할 준비를 한다.
⑤ 불만 고객을 대할 때는 제일 먼저 완곡한 표현을 사용하여 고객의 불만을 진정시킨 다음 고객의 불만에 공감을 표시하고, 상황에 대해 사과하며 고객의 감정을 건드리지 않고 끝까지 경청한다.

해설 전화응대는 고객과 직접 대면하지 않고 이루어지기 때문에 고객은 회사의 상황이나 전화상담자의 비언어적인 표현을 알기 어렵다. 따라서 오해나 실수가 발생할 경우 회사의 신뢰성과 이미지에 부정적인 영향을 끼치기 쉽다.

88 고객만족의 원칙에 관한 다음 설명 중 가장 적절하지 않은 것은?

① 고객만족은 회사와 고객 간의 신뢰감이 연속되는 상태이다.
② 고객만족은 미리 알 수도, 조절할 수도 없는 과정이다.
③ 고객도 사람이고 직원도 사람이기 때문에 고객과 만나는 시점에서부터 심리적인 만족을 통해서 지속적인 관계를 유지해야 한다.
④ 서비스란 일회성의 프로그램이 아니며, 서비스의 방법과 기술은 변한다.
⑤ 자신의 일에 숙달된 전문가는 언제나 고객을 만족시킨다.

해설 자신의 일에 숙달된 전문가라도 고객을 언제나 만족시키는 것은 어렵다.

89 역할연기에 관한 다음 설명 중 가장 적절하지 않은 것은?

① '언제, 누가, 무엇을, 어떻게 실시할까'라는 계획을 상세하게 세워서 실시해 가지 않으면 의욕만으로는 결코 오래 지속하지 못한다.
② 역할연기는 지위에 따라 차별화하여 실시하는 것이 중요하다.
③ 역할연기 교육 훈련 중에서 가장 중요한 것은 지속적으로 훈련하는 것이다.
④ 연기자나 관찰자 모두가 신중하게 임함과 동시에 교정해야 할 점은 교정하도록 엄격히 지적하는 것이 필요하다.
⑤ 가르치는 자는 단지 가르치는 자로서가 아니라 '함께 배우고 공부한다'라는 자세로 임해야 한다.

해설 역할연기의 목적은 개인의 경험을 타인의 경험과 연관시킬 수 있는 능력을 부여함으로써 공감성을 증대시키는 것에 있다. 지위에 따라 차별화하여 실시하는 것은 이러한 목적에 어긋난다.

정답 87 ② 88 ⑤ 89 ②

90 다음 설명 중 ( ) 안에 들어갈 사업으로 가장 적절한 것은?

> 정비기반시설은 양호하나 노후·불량건축물에 해당하는 공동주택이 밀집한 지역에서 주거환경을 개선하기 위한 사업을 ( )이라 한다.

① 재개발사업
② 도시생활주택개발사업
③ 재건축사업
④ 주거환경개선사업
⑤ 공공임대사업

해설
① 재개발사업 : 정비기반시설이 열악하고 노후·불량건축물이 밀집한 지역에서 주거환경을 개선하거나 상업지역·공업지역 등에서 도시기능의 회복 및 상권활성화 등을 위하여 도시환경을 개선하는 사업
② 도시생활주택개발사업 : 도시 지역에 전용면적 85㎡ 이하, 300가구 미만으로 건설되는 주택을 개발하는 사업
④ 주거환경개선사업 : 낡고 오래된 주택이 밀집한 지역에 도로, 주차장, 공원 등 정비기반시설을 설치하고, 불량주택을 개량함으로써 도시주민의 복지증진과 도시환경개선에 이바지하는 사업
⑤ 공공임대사업 : 저소득층, 청년, 신혼부부 등 주거 취약계층에게 저렴한 비용으로 장기간 임대 주택을 제공하는 사업

91 다음 설명 중 ( ) 안에 들어 갈 용어로 가장 적절한 것은? (단, 순서는 상관 없음)

> 임대차 3법이란 (A), (B), (C) 등을 핵심으로 하는 「주택임대차보호법」과 「부동산 거래신고 등에 관한 법률」을 말한다.

	A	B	C
①	차임이나 보증금의 증액청구 상한 제한	임대인의 계약갱신요구권	상가 임대차 계약의 신고
②	차임이나 보증금의 감액청구 상한 제한	임차인의 계약갱신요구권	상가 임대차 계약의 신고
③	차임이나 보증금의 증액청구 상한 제한	임대인의 계약갱신요구권	주택 임대차 계약의 신고
④	차임이나 보증금의 증액청구 상한 제한	임차인의 계약갱신요구권	주택 임대차 계약의 신고
⑤	차임이나 보증금의 감액청구 상한 제한	임차인의 계약갱신요구권	주택 임대차 계약의 신고

92 채권추심 시 광고 및 홍보물에 관한 다음 설명 중 가장 적절하지 않은 것은?

① 채권추심회사는 광고 또는 홍보 시 채권추심의 대상이 되는 채권의 종류 등을 명시하여야 한다.
② 금융회사 등은 광고물 제작·사용 시 본사의 사후 승인절차를 거쳐야 한다.
③ 광고의 명의 및 연락처는 채권추심회사의 명의와 연락처를 사용하여야 한다.
④ 광고물 제작·사용 시 '해결', '떼인 돈' 등 부정적 이미지를 주는 용어를 사용하여서는 아니 된다.
⑤ 채권추심회사는 채권회수의 확실성, 수임수수료, 채권추심회사의 업무 범위·실적 등에 대해 현저하게 사실과 다른 내용을 표시하여서는 아니 된다.

> **해설** 금융회사 등은 광고물 제작·사용 시 본사의 사전 승인절차를 거쳐야 하며, 금융회사 등의 임직원이 별도의 광고물을 제작·사용하여서는 아니 된다.

93 채무자의 부모 또는 가족 등 제3자가 채무상환을 촉구하는 서류를 받고 대위변제 의사를 밝히며 상세한 문의를 해 온 경우의 응대로서 가장 적절한 것은?

① 서류상 내용대로 납입 또는 이행하면 된다고 설명하여 주는 행위
② 사용내역을 알려주는 행위
③ 사용금액을 알려주는 행위
④ 연체사실을 알려주는 행위
⑤ 연체금액을 알려주는 행위

> **해설** 가족 등 제3자가 대위변제 의사를 표시하였다면 서류상 내용대로 설명하면 된다. 또한, 제3자의 의사에 반하여 변제를 요구할 수 없다.

정답 92 ② 93 ①

94 채권추심 단계에서의 준수사항으로 가장 적절하지 않은 것은?

① 채권추심회사가 채권추심을 할 때에는 채권추심회사의 명의로 채무자에게 연락하거나 우편물을 발송하여야 한다.
② 채권추심회사 등은 변제촉구 등을 위한 서면통지서가 반송된 경우에는 그 사유를 파악하여 필요한 조치를 취하여야 하며, 채무자가 명백히 거주하지 않음에도 불구하고 반복적으로 발송하여 실거주자에게 불편을 초래하지 않아야 한다.
③ 채무자에 대한 소재파악은 장기간에 걸쳐 채무자와 연락이 이루어지지 않거나 채무자가 행방불명 상태인 경우에 한하여 실시한다.
④ 채권추심회사 등은 재산조사를 실시함에 있어 채권추심의 목적 달성에 필요한 범위에서 합리적이고 공정한 수단을 사용하여야 하며, 조사 실시내역을 기록·유지하여야 한다.
⑤ 채권금융회사 등은 소멸시효가 완성된 대출채권을 직접 추심하거나 채권추심회사에 위임할 수 있다.

해설 금융회사는 소멸시효가 완성된 대출채권을 직접 추심하거나 그 추심을 채권추심회사에 위임할 수 없다(「채권추심 및 대출채권 매각 가이드라인」 제9조 제1항).

95 다음 설명 중 ( ) 안에 들어갈 법률로 가장 적절한 것은?

> ( )은/는 실지명의(實地名義)에 의한 금융거래를 실시하고 그 비밀을 보장하여 금융거래의 정상화를 꾀함으로써 경제정의를 실현하고 국민경제의 건전한 발전을 도모함을 목적으로 한다.

① 「금융실명거래 및 비밀보장에 관한 법률」
② 「부동산 실권리자명의 등기에 관한 법률」
③ 「예금자보호법」
④ 「금융거래정보의 보고 및 이용 등에 관한 법률」
⑤ 「유사수신행위의 규제에 관한 법률」

해설 문제에서 설명하는 것은 「금융실명거래 및 비밀보장에 관한 법률」 제1조에 해당하는 내용이다.

96 금융회사의 평판리스크를 감안하여 사회적 취약계층에 대한 배려 및 금융소비자 보호 관점에서 '채권추심 및 대출채권 매각 가이드라인'에 따라 압류를 제한하고 있는데, 다음 설명 중 가장 적절하지 않은 것은?

① 채무원금이 「민사집행법」 제195조 제3호에 따른 1개월간의 생계비(185만 원) 이하인 경우 유체동산(TV, 냉장고, 휴대폰 등 가전제품 포함) 압류를 제한한다.
② 채무원금이 「국민기초생활보장법」에 따라 보건복지부장관이 정하는 4인 가구 최저생계비 이상인 경우에도 연체채무자가 영구 임대주택에 거주하거나, 기초수급자, 중증환자·장애인, 65세 이상 고령자 등 취약계층에 해당되는 경우에는 원칙적으로 유체동산의 압류를 제한한다.
③ 채무자의 예금(적금, 부금, 예탁금과 우편대체를 포함한다)은 어느 정도 능력이 증명되기 때문에 압류 제한이 없다.
④ 생명, 상해, 질병, 사고 등을 원인으로 채무자가 지급받는 보장성보험의 보험금(해약환급 및 만기환급금을 포함한다)은 압류 제한이 있다.
⑤ 유체동산을 압류하는 과정에서 집행 장소에 임산부, 중증환자, 장애인, 70세 이상 고령자, 어린이, 심신박약자 등의 노약자가 채무자와 함께 살고 있는 경우 압류과정에서 심리적 쇼크를 받지 아니하도록 업무처리에 주의하여야 한다.

해설 채무자의 1월간 생계유지에 필요한 예금(적금·부금·예탁금과 우편대체를 포함)은 압류하지 못한다. 다만, 그 금액은 「국민기초생활 보장법」에 따른 최저생계비, 제195조 제3호에서 정한 금액 등을 고려하여 대통령령으로 정한다(「민사집행법」 제246조 제1항 제8호).

97 다음 설명 중 (   ) 안에 들어갈 용어로 가장 적절한 것은?

> (   )은/는 차주의 금융부채 원리금 상환액이 소득에서 차지하는 비율을 의미하는 것으로 담보대출을 취급하는 하나의 기준이다. '해당 주택담보대출 연간 원리금상환액'과 '기타부채의 연간 이자상환액'을 더한 금액을 연소득으로 나누어 산정한다.

① 담보인정비율(LTV : Loan To Value ratio)
② 총부채상환비율(DTI : Debt To Income ratio)
③ 임대업이자상환비율(RTI : Rent To Interest)
④ 자산대비부채비율(DTA : Debt To Asset ratio)
⑤ 소득대비대출비율(LTI : Loan To Income)

정답 96 ③ 97 ②

98 다음 설명 중 ( ) 안에 들어갈 용어로 가장 적절한 것은?

> ( )은/는 회원의 신용카드 이용액의 일정비율을 적립한 후 일정시점에 고객의 결제계좌에 직접 현금으로 돌려주는 서비스를 말한다. 이용금액에 따라 포인트를 적립한 후 특정 사은품을 증정하는 서비스 방식과 구별된다.

① 캐시백서비스
② 현금서비스
③ 카드론
④ 할부금융
⑤ 전자화폐

99 "甲이 신용관리사 시험에 합격하면 500만 원을 지급하겠다"는 乙과 丙 사이의 계약은 다음 어느 것에 해당하는가?

① 수의조건부계약
② 확정기한
③ 정지조건부계약
④ 불확정시기부계약
⑤ 확정시기부계약

해설 정지조건부계약은 계약의 성립이나 효력이 특정 조건이 달성·충족되어야만 발휘되는 계약이다.

100 다음 설명 중 ( ) 안에 들어갈 용어로 가장 적절한 것은?

> ( )은/는 Finance(금융)와 Technology(기술)의 합성어로, 금융과 IT의 융합을 통한 금융서비스 및 산업의 변화를 통칭한다. 금융서비스의 변화로는 모바일, SNS, 빅데이터 등 새로운 IT기술 등을 활용하여 기존 금융기법과 차별화된 금융서비스를 제공하는 기술기반 금융서비스 혁신이 대표적이며 최근 사례는 모바일 뱅킹과 앱카드 등이 있다.

① 인터넷 뱅킹(Internet Banking)
② 핀테크(FinTech)
③ 디지털 뱅킹(Digital bank)
④ 뱅크런(Bank Run)
⑤ 프로젝트 파이낸싱(Project Financing)

정답 98 ① 99 ③ 100 ②

기출문제 OX마무리

제1과목 채권일반
제2과목 채권관리방법
제3과목 신용관리실무
제4과목 고객관리 및 민원예방

무언가를 위해 목숨을 버릴 각오가 되어 있지 않는 한
그것이 삶의 목표라는 어떤 확신도 가질 수 없다.

- 체 게바라 -

끝까지 책임진다! 시대에듀!

QR코드를 통해 도서 출간 이후 발견된 오류나 개정법령, 변경된 시험 정보, 최신기출문제, 도서 업데이트 자료 등이 있는지 확인해 보세요! **시대에듀 합격 스마트 앱**을 통해서도 알려 드리고 있으니 구글 플레이나 앱 스토어에서 다운받아 사용하세요. 또한, 파본 도서인 경우에는 구입하신 곳에서 교환해 드립니다.

제1과목 채권일반

001 보증인이 채무이행을 하지 아니하는 경우 주채무이행 여부와 무관하게 보증인에게만 별도의 위약금을 배상하기로 약정할 수 있다.
☐ O ☐ X

002 보증채무는 주채무에 대한 보충성을 가지고 있으므로 보증채무가 일부 면제되었다고 해서 주채무까지 그만큼 소멸하는 것은 아니다.
☐ O ☐ X

003 채권자가 주채무자로부터 채무의 일부를 상환받았더라도 그 상환된 만큼을 보증인에게 청구할 수 있다.
☐ O ☐ X

003 보증인에게 청구할 수 없다.

004 상행위로 인한 채무에 대한 보증은 연대보증이 된다.
☐ O ☐ X

005 보통의 보증에는 부종성이 인정되나 연대보증에는 인정되지 않는다.
☐ O ☐ X

005 연대보증에도 부종성이 인정된다.

006 연대보증에는 보충성이 인정되나 보통의 보증에는 인정되지 않는다.
☐ O ☐ X

006 보통의 보증에는 보충성이 인정되나 연대보증에는 인정되지 않는다.

| 001 | O | 002 | O | 003 | × |
| 004 | O | 005 | × | 006 | × |

007 근저당이란 계속적 거래관계로부터 발생·소멸하는 불특정 다수의 채권을 장래의 결산기에 일정한 한도액(최고액)까지 담보하는 저당권을 말한다.

011 저당권·질권·유치권은 「민법」에서 규정하고 있는 담보물권이다.

012 저당권과 질권은 약정담보물권에 속하고 유치권은 법정담보물권에 속한다.

007 근저당이란 특정한 채권을 담보하려는 것이다.
O | X

008 근저당권 등기에서 채권최고액의 담보범위는 이자를 포함한다.
O | X

009 근저당권을 등기함에 있어서는 근저당권임을 명시하고 채권최고액을 반드시 명시해야만 한다.
O | X

010 채권의 변제확보를 위한 담보 중 하나인 유치권은 법률규정에 의해서만 성립한다.
O | X

011 현재 우리나라 「상법」에서 규정하고 있는 담보물권으로는 저당권·질권·유치권이 있다.
O | X

012 저당권과 질권은 법정담보물권에 속하며 유치권은 약정담보물권에 속한다.
O | X

007	×	008	O	009	O
010	O	011	×	012	×

013 질권과 저당권에는 물상대위성이 인정된다.
☐ O ☐ X

014 담보물권은 피담보채권이 이전되어도 함께 이전되지 않는다.
☐ O ☐ X

014 담보물권은 피담보채권이 이전됨에 따라 함께 이전되는데, 이를 담보물권의 수반성이라 한다.

015 담보물권에는 부종성이 있으나 절대적인 것은 아니므로 근저당권에서는 부종성이 완화된다.
☐ O ☐ X

016 권리행사의 자유로 「민법」 제2조 제1항에서는 '권리의 행사와 의무의 이행은 신의에 좇아 성실히 하여야 한다.'라고 규정하고 있다.
☐ O ☐ X

016 「민법」 제2조 제1항은 신의성실의 원칙을 설명하며, 이는 권리행사의 한계를 규정한다.

017 권리남용금지의 원칙, 실효의 원칙은 권리행사의 한계와 관련이 깊다.
☐ O ☐ X

018 권리의 충돌에서 파생된 원칙으로 모순행위금지의 원칙이 있다.
☐ O ☐ X

018 모순행위금지의 원칙은 권리행사의 한계에서 파생되었다.

| 013 | O | 014 | × | 015 | O |
| 016 | × | 017 | O | 018 | × |

019 배우자의 생사가 3년 이상 분명하지 아니한 때에 부부의 일방은 가정법원에 이혼을 청구할 수 있다(「민법」 제840조 제5호).

019 배우자의 생사가 5년 이상 분명하지 아니한 때에 부부의 일방은 가정법원에 이혼을 청구할 수 있다.
○ ×

020 채권자취소권과 재판상 이혼권은 재판상으로 권리를 행사하여 그 판결에 의해 효과를 발생시키는 권리이다.
○ ×

021 채무자가 채권자를 해함을 알고 재산권을 목적으로 한 법률행위를 한 때에는 채권자는 그 취소 및 원상회복을 법원에 청구할 수 있는데, 이를 채권자취소권이라 한다.
○ ×

022 예외적으로 타인의 불법행위에 대하여 자기 또는 제3자의 이익을 방위하기 위한 경우 또는 급박한 위난을 피하기 위한 경우에 한하여 정당방위·긴급피난 등 사력구제가 인정된다.
○ ×

023 채권과 물권이 경합하는 경우 물권은 채권에 우선한다.
○ ×

024 채권자 평등의 원칙은 저당권·질권 등 약정담보물권이 설정된 채권이나 법률이 특히 다른 채권보다 우선권을 규정한 채권(고용인의 급료·운송임채권 등), 유치권 및 기타 법정담보물권, 조세채권 등에 한해 광범위한 예외가 인정된다.
○ ×

019	×	020	○	021	○
022	○	023	○	024	○

025 공공용물은 공용물과 달라서 반드시 국가·공공단체의 소유에 속하여야 한다.
☐ O ☐ X

025 공공용물은 도로·항만 등 일반 사람들이 공공으로 사용하는 것으로, 국가·공공단체의 소유에 속하는 것도 있지만 사인 소유의 것들도 해당된다. 반면 공용물은 반드시 국가·공공단체의 소유에 속한다.

026 도로부지는 개인 소유가 될 수 있다.
☐ O ☐ X

027 아편과 위조화폐는 소지할 수는 없지만 금제물은 아니다.
☐ O ☐ X

027 아편과 위조화폐는 금제물로서 소유 또는 소지할 수 없다.

028 대리권의 수여(수권행위)는 민법상 요식행위로 문서로만 가능하다.
☐ O ☐ X

028 대리권의 수여는 불요식을 원칙으로 한다.

029 대리권의 범위는 수권행위에 의하여 정해진다.
☐ O ☐ X

030 대리권의 수여(수권행위)는 서면으로만 가능하다.
☐ O ☐ X

030 대리권의 수여(수권행위)는 구두로도 할 수 있으며, 묵시적인 대리권의 수여도 가능하다.

| 025 | × | 026 | O | 027 | × |
| 028 | × | 029 | O | 030 | × |

031 혼인예약 후 동거 거부 시 금전을 지급하기로 한 계약은 처음부터 무효인 법률 행위에 해당한다.
☐ O ☐ X

032 성립요건은 법률행위의 존재가 인정되기 위한 최소한의 외형적 요건이다.

032 법률행위의 요건 중 성립요건은 법률행위의 존재를 전제로 하여 그 효력을 발생시키기 위한 요건이다.
☐ O ☐ X

033 권리의 포기는 기존의 권리가 완전히 없어지는 절대적 소멸의 한 예이다.

033 권리의 포기는 권리가 타인에게 이전되어 종래의 주체가 권리를 잃는 상대적 소멸의 한 예이다.
☐ O ☐ X

034 상인이 그 영업범위 내에서 물건의 임치를 받은 경우에는 보수를 받지 아니하는 때에도 선량한 관리자의 주의를 하여야 한다 (「상법」 제62조).

034 「상법」상 상인이 그 영업범위 내에서 물건을 임치받은 경우 임치물을 자기재산과 동일한 주의로 보관하면 된다.
☐ O ☐ X

035 상사유치권은 채권자와 채무자가 모두 상인인 경우에 인정된다.
☐ O ☐ X

036 「민법」상 유치권과 달리 상사유치권은 피담보채권과 유치물 사이의 개별적 관련성을 요구하지 않고, 일반적 관련성만 있으면 된다.
☐ O ☐ X

031	O	032	X	033	X
034	X	035	O	036	O

037 어느 일방적 상행위로 인한 채권은 채권자를 위한 상행위이든 채무자를 위한 상행위이든 모두 상사채권이 된다.
☐ O ☐ X

038 불법행위로 인한 손해배상청구권의 소멸시효는 피해자나 그 법정대리인이 그 손해 및 가해자를 안 날로부터 3년이다.
☐ O ☐ X

039 일반채권의 소멸시효는 10년, 상행위로 인한 채권의 소멸시효는 3년이다.
☐ O ☐ X

039 상행위로 인한 채권은 「상법」에 다른 규정이 없는 때에는 5년간 행사하지 아니하면 소멸시효가 완성한다.

040 유치권의 행사는 소멸시효의 중단사유에 해당한다.
☐ O ☐ X

040 소멸시효의 중단사유에 해당하지 않는다.

041 채권의 양도성은 원칙적으로 인정되나 제한 가능하다.
☐ O ☐ X

042 물권의 불가침성은 인정함이 다수설이다.
☐ O ☐ X

042 물권의 불가침성은 당연히 인정된다.

037	O	038	O	039	X
040	X	041	O	042	X

043 불법행위는 물권(특정인의 행위 – 대인권)은 물론, 채권(특정된 물건 – 대물권)의 침해에 대해서도 성립한다.

044 물권이 채권에 우선하게 된다.

043 물권의 침해는 불법행위가 성립하고 채권의 침해는 성립하지 아니한다.
 O ×

044 동일물을 목적으로 하는 채권과 물권이 성립할 때에는 채권이 물권에 우선하게 된다.
 O ×

045 채권은 특정인으로 하여금 특정한 행위를 청구할 수 있는 권리이다.
 O ×

046 금전채무불이행의 손해배상에 관하여 채권자는 손해의 증명을 요하지 아니하고 채무자는 과실 없음을 항변하지 못한다.
 O ×

047 채권액이 다른 나라 통화로 지정된 때에는 채무자는 지급할 때에 있어서의 이행지의 환금시가에 의하여 우리나라 통화로 변제할 수 있다.
 O ×

048 금전채권은 채무자에 대하여 돈이라는 물건을 이전할 것을 청구하는 권리가 아니라 돈이 표상하는 가치의 이전을 청구하는 권리이다.
 O ×

043	×	044	×	045	O
046	O	047	O	048	O

049 「민법」상 기한의 이익의 상실 조항은 강행규정이다.
☐ O ☐ X

049 「민법」에서 규정한 기한의 이익의 상실 조항(「민법」 제388조)은 임의규정이므로 당사자 간 다른 약정이 있는 경우 해당 약정의 내용에 따라 기한의 이익 상실 여부를 판단할 수 있다.

050 기한의 이익의 상실사유가 발생하면 채무자는 그 사유가 발생한 날 이후에 즉시 청구할 수 있다.
☐ O ☐ X

050 기한의 이익의 상실사유가 발생하면 채권자는 본래의 이행기에 청구할 수도 있고 또는 그 사유가 발생한 날 이후에 즉시 청구할 수도 있다.

051 대출금채권에 있어 기한의 이익은 채권자에게 있는 것으로 추정된다.
☐ O ☐ X

051 기한은 채무자의 이익을 위한 것으로 추정한다(「민법」 제153조 제1항).

052 채무자가 채무의 이행을 위하여 사용하는 자(이행보조자)도 채권관계의 당사자이므로 채권자에 대한 관계에서 채무불이행 책임을 진다.
☐ O ☐ X

052 이행보조자의 고의나 과실은 채무자의 고의나 과실로 본다(「민법」 제391조 참조).

053 채무불이행의 요건 중 주관적 요건은 채무자에게 고의나 과실의 귀책사유가 있어야 한다는 것이다.
☐ O ☐ X

054 채무불이행 책임을 지는 데 고의와 과실 중 고의에 대해 더 큰 책임이 따른다.
☐ O ☐ X

054 고의와 과실은 같은 비중으로 다루어진다.

| 049 | × | 050 | × | 051 | × |
| 052 | × | 053 | O | 054 | × |

055 계약은 당사자의 의사표시가 있고 의사표시의 합치, 즉 합의가 있으면 성립한다.
☐ O ☐ X

056 계약의 당사자는 권리능력을 가져야 하나 행위능력은 필수요건이 아니다.
☐ O ☐ X

056 계약 당사자의 대리인은 행위능력자임을 요하지 아니하지만(「민법」제17조 참조) 계약의 당사자는 행위능력이 필수요건이다.

057 계약의 내용은 확정·가능·적법하여야 한다.
☐ O ☐ X

058 어음·수표 및 금전소비대차 등의 채권·채무를 공정증서로 작성해두면 지급기일 경과 후 강제집행을 할 수 있다.
☐ O ☐ X

059 공정증서를 작성하면서 강제집행을 당해도 이의 없다는 뜻을 기재하고 이를 공증하는 수가 있는데 이와 같은 문언이 기재된 공정증서는 집행권원으로 인정된다.
☐ O ☐ X

060 공증사무소에 원본 등의 증거가 보존되지 않아 증서를 분실하게 되면 권리주장이 힘들다.
☐ O ☐ X

060 증서의 원본이 멸실된 경우 공증인은 이미 발급한 증서의 정본 또는 등본을 회수하여 소속 지방검찰청 검사장의 인가를 받아 멸실된 증서를 대신하여 보존하여야 한다.

055	O	056	×	057	O
058	O	059	O	060	×

061 상행위로 인한 채권의 소멸시효기간은 원칙적으로 10년이다.
○ ×

061 상행위로 인한 채권(상사채권)의 소멸시효기간은 원칙적으로 5년이다(「상법」 제64조 참조).

062 수인의 채무자가 상행위로 인하여 보증채무를 부담하는 때에는 분할채권 관계의 원칙이 적용되어 각자 균등한 비율로 채무를 부담한다.
○ ×

062 수인이 그 1인 또는 전원에게 상행위가 되는 행위로 인하여 채무를 부담한 때에는 연대하여 변제할 책임이 있다(「상법」 제57조 제1항).

063 상인과 관련하여 발생한 채권이더라도 상행위와는 무관한 불법행위로 인한 손해배상채권 또는 부당이득청구권 등은 상사채권이 아니다.
○ ×

064 금전소비대차계약이 성립되면 금융기관은 약정일에 목적물인 금전의 지급의무를 지게 되고, 차주는 이자지급의무와 만기상환의무를 지게 된다.
○ ×

065 소비대차계약에서 금융기관이 서면증서를 받는 것은 증거확보수단으로서 계약의 성립요건이 된다.
○ ×

065 소비대차는 당사자 일방이 금전 기타 대체물의 소유권을 상대방에게 이전할 것을 약정하고 상대방은 그와 같은 종류, 품질 및 수량으로 반환할 것을 약정함으로써 그 효력이 생긴다(「민법」 제598조).

066 이자 있는 소비대차에서 차주의 이자 지급은 차용물의 사용에 대한 대가적 관계에 서게 된다.
○ ×

061	×	062	×	063	○
064	○	065	×	066	○

067 가계자금대출은 개인에 대한 대출로서 금융채권은 용도에 따라 주택자금대출, 기업자금대출, 가계자금대출로 분류한다.
[O | X]

068 대출금 지급 한도를 미리 정해 놓고 채무자가 필요에 따라 약정한 한도 범위 내에서 대출금을 인출하는 것을 한도대출이라 한다.
[O | X]

069 공공자금대출은 민간기업 같은 영리를 목적으로 하는 단체에 제공되는 대출이다.
[O | X]

070 금융채권은 담보유무에 따라 담보대출, 보증서대출, 신용대출로 나눌 수 있다.
[O | X]

071 증서대출이란 대출신청자와 금융기관이 「민법」상의 금전소비대차약정을 체결하는 형식의 대출을 말한다.
[O | X]

072 어음의 법적 성질로 유인증권성을 들 수 있다.
[O | X]

---

067 금융채권은 자금용도에 따라 운전자금대출, 시설자금대출, 가계자금대출로 분류된다. 이 중 가계자금대출은 개인에 대한 대출을 말한다.

069 공공자금대출은 지방자치단체, 정부기관, 학교법인 등 비영리단체에게 제공되는 대출이다.

072 어음의 법적 성질로는 완전유가증권성, 요식증권성, 문언증권성, 무인증권성, 지시증권성, 기타(제시증권성, 상환증권성, 설권증권성) 등이 있다.

| 067 | × | 068 | O | 069 | × |
| 070 | O | 071 | O | 072 | × |

073 주채무자의 부탁 없이 보증인이 된 자가 전액 변제한 경우에는 주채무자의 현존이익의 한도 내에서 구상권을 행사할 수 있다. ☐ O ☐ X

073 주채무자의 부탁 없이 보증인이 된 자가 변제 기타 자기의 출재로 주채무를 소멸하게 한 때에는 주채무자는 그 당시에 이익을 받은 한도에서 배상하여야 한다(「민법」 제444조 제1항).

074 주채무자의 부탁을 받고 보증인이 된 자 또한 반드시 변제 이후에 구상권을 행사해야 한다. ☐ O ☐ X

074 주채무자의 부탁을 받고 보증인이 된 자는 일정한 경우에는 변제 이전에도 구상권을 행사할 수 있다(「민법」 제442조 제1항 참조).

075 2인의 연대보증인 가운데 한 사람이 전액 변제한 경우 다른 연대보증인에 대해 구상권을 행사할 수 있다. ☐ O ☐ X

076 제척기간은 기간의 단축이 인정된다. ☐ O ☐ X

076 기간의 단축이 인정되지 않는다.

077 법조문에서 소멸시효는 '행사(제기)하여야 한다.'라고 표현하고 있다. ☐ O ☐ X

077 법조문에서 소멸시효는 '소멸시효가 완성한다. 시효로 인하여 소멸한다.'라고 표현한다.

078 제척기간은 중단되나 소멸시효는 중단되지 않는다. ☐ O ☐ X

078 소멸시효는 중단되나 제척기간은 중단되지 않는다.

073	×	074	×	075	O
076	×	077	×	078	×

079 물권은 절대권이고 채권은 상대권이다.
☐ O ☐ X

080 채권은 불가침성을 인정함이 다수설이나 물권은 불가침성을 당연히 인정한다.
☐ O ☐ X

081 채권에는 배타성이 없으나 물권에는 배타성이 있다.

081 채권에는 배타성이 있으나 물권에는 배타성이 없다.
☐ O ☐ X

082 도급받은 자의 공사에 관한 채권은 3년간 행사하지 아니하면 소멸시효가 완성된다.
☐ O ☐ X

083 이자, 부양료, 급료, 사용료 기타 1년 이내의 기간으로 정한 금전 또는 물건의 지급을 목적으로 한 채권은 3년간 행사하지 아니하면 소멸시효 완성된다(「민법」 제163조 제1호).

083 이자, 부양료, 급료, 사용료 기타 2년 이내의 기간으로 정한 금전 또는 물건의 지급을 목적으로 한 채권은 3년간 행사하지 아니하면 소멸시효가 완성된다.
☐ O ☐ X

084 금융기관의 대출금 채권은 3년간 행사하지 아니하면 소멸시효가 완성되는 권리에 해당하지 않는다.
☐ O ☐ X

079	O	080	O	081	×
082	O	083	×	084	O

085 표지어음이란 금융기관으로부터 대출을 받음에 있어 대출증서의 일부로서 채무자가 작성하여 금융기관에 제출하는 어음이다.
○ | ×

085 표지어음이란 금융기관이 기업이 발행한 어음을 할인해 사들인 뒤 이를 바탕으로 새로이 별도의 자체 어음을 발행해 일반투자자에게 파는 어음이다.

086 금전채무불이행의 손해배상은 법정이율에 의한다. 그러나 법령의 제한에 위반하지 아니한 약정이율이 있으면 그 이율에 의한다.
○ | ×

087 지시채권이란 채권자가 특정되어 있는 채권이다.
○ | ×

087 지시채권이란 채무자가 특정인(증권의 소지인) 또는 그가 지시하는 자에게 채무를 변제하여야 하는 증권적 채권이다.

088 보증채무는 예외적인 경우에 한해 주채무의 범위보다 클 수 있다.
○ | ×

088 보증채무는 주채무의 범위보다 클 수 없고 큰 경우는 주채무의 한도로 감축된다.

089 채무자의 기한의 이익이란 약정만기까지 자금을 계속적으로 사용할 수 있고, 변제기가 도래하기 전까지는 변제의무가 없는 것을 말한다.
○ | ×

090 기한의 이익 상실의 사유에는 채무자가 파산선고를 받은 때도 포함된다.
○ | ×

| 085 | × | 086 | ○ | 087 | × |
| 088 | × | 089 | ○ | 090 | ○ |

091 위약금의 약정은 손해배상액의 예정으로 추정한다 (「민법」 제398조 제4항).

091 위약금의 약정은 손해배상액의 예정으로 간주한다.
O X

092 다른 의사표시가 없으면 손해는 금전으로 배상한다 (「민법」 제394조).

092 손해배상방법에 관하여 원칙적으로 원상회복주의를 취하고 예외적으로 금전배상주의를 취한다.
O X

093 불법행위로 인한 손해배상의 청구권은 피해자나 그 법정대리인이 그 손해 및 가해자를 안 날로부터 3년간 이를 행사하지 아니하면 시효로 인하여 소멸한다(「민법」 제766조 제1항).

093 손해배상청구권은 채무자에게 이를 주장한 때로부터 소멸시효의 진행이 개시된다.
O X

094 법률상 원인 없이 타인의 재산 또는 노무로 인하여 이익을 얻고 이로 인하여 타인에게 손해를 가한 자는 그 이익을 반환하여야 한다.
O X

095 불법의 원인으로 인하여 재산을 급여하거나 노무를 제공한 때에는 그 이익의 반환을 청구하지 못한다. 그러나 그 불법원인이 수익자에게만 있는 때에는 그러하지 아니하다.
O X

096 의무 없이 타인을 위하여 사무를 관리하는 자는 그 사무의 성질에 좇아 가장 본인에게 이익되는 방법으로 이를 관리하여야 한다.
O X

091	×	092	×	093	×
094	O	095	O	096	O

097 법정과실은 수취할 권리의 존속기간 일수의 비율로 취득한다.
☐ O ☐ X

098 계약은 두 개 이상의 서로 방향을 같이 하는 의사표시의 합치로 이루어진다.
☐ O ☐ X

098 계약은 두 개의 대립되는 의사표시의 합치에 의해 성립하는 법률행위이다.

099 처분행위는 이행이라는 문제를 남기지 않고 직접 현존하는 권리의 변동 또한 일어나지 않는다.
☐ O ☐ X

099 처분행위는 이행이라는 문제를 남기지 않고 그에 의하여 직접 현존하는 권리의 변동이 일어난다.

100 무권대리(협의)라 함은 대리인이 대리권 없이 대리행위를 한 경우 표현대리라고 볼 만한 특별한 사정이 존재하지 않는 경우의 대리를 말한다.
☐ O ☐ X

101 대리권 없는 자가 타인의 대리인으로 계약을 한 경우에 상대방은 상당한 기간을 정하여 본인에게 그 추인 여부의 확답을 최고할 수 있다. 본인이 그 기간 내에 확답을 발하지 아니한 때에는 추인을 승낙한 것으로 본다.
☐ O ☐ X

101 본인이 그 기간 내에 확답을 발하지 아니한 때에는 추인을 거절한 것으로 본다 (「민법」 제131조).

102 대리권이 없는 자가 타인의 대리인으로 한 계약은 제3자가 이를 추인하지 아니하면 본인에 대하여 효력이 없다.
☐ O ☐ X

102 본인이 이를 추인하지 아니하면 본인에 대하여 효력이 없다(「민법」 제130조).

097	O	098	×	099	×
100	O	101	×	102	×

103 제3자를 위한 계약에서 낙약자의 귀책사유에 의하여 채무가 불이행된 경우에 제3자는 낙약자에 대하여 손해배상을 청구할 수 없다. ☐O ☐X

103 제3자는 낙약자에 대하여 손해배상을 청구할 수 있다.

104 낙약자(채무자)가 채무를 이행하지 아니한 경우 수익자는 계약을 해제할 수 있다. ☐O ☐X

104 채무자의 책임 있는 사유로 이행이 불능하게 된 때에는 채권자는 계약을 해제할 수 있다(「민법」 제546조).

105 수익자는 계약의 당사자가 아니므로 수익의 의사표시를 한 경우라도 낙약자·요약자는 이를 변경하거나 소멸시킬 수 있다. ☐O ☐X

105 계약에 의하여 당사자 일방이 제3자에게 이행할 것을 약정한 때에는 그 제3자는 채무자에게 직접 그 이행을 청구할 수 있고, 제3자의 권리가 생긴 후에는 당사자는 이를 변경 또는 소멸시키지 못한다(「민법」 제541조 참조).

106 수인의 보증인이 있는 때에 「민법」상 계약은 연대보증이 되는 반면, 상사보증은 분별의 이익을 주장할 수 있다. ☐O ☐X

106 「상법」상 계약에서도 연대보증이 되는 만큼, 상사보증은 분별의 이익이 없다.

107 상사법정이자율은 6%, 민사법정이자율은 5%이다. ☐O ☐X

108 「민법」상 유치권과 달리 상사유치권은 원칙적으로 피담보채권과 유치물 사이의 견련성을 요구하지 않는다. ☐O ☐X

103	×	104	×	105	×
106	×	107	O	108	O

109 당좌대출은 차주가 금전소비대차약정서를 대주에게 작성하여 주고 금전을 대여하는 대출이다.
☐ O ☐ X

109 당좌대출은 당좌거래처가 당좌예금의 잔액을 초과하여 어음·수표를 발행함으로써 그 결제자금이 부족할 경우에 은행이 일정한 한도까지 이를 대체지급하여 결제하는 대출을 말한다.

110 카드론은 카드사가 카드회원을 대상으로 자체 신용평가에 의해 일정한 한도범위 내의 현금을 대여하는 대출로, 보통의 대출금과 같이 일정 기간 후 만기일에 변제하는 방식을 취한다.
☐ O ☐ X

111 어음소지인이 지급기일 이전에 돈을 융통받고자 할 때 금융기관이 그 기일까지의 이자 등을 어음금에서 공제한 돈을 지급하고 그 어음을 매입하는 것을 할인어음이라고 한다.
☐ O ☐ X

112 리스설비의 유지 및 관리에 관한 책임이 운용리스의 경우에는 임차인에게, 금융리스의 경우에는 임대인에게 있다.
☐ O ☐ X

112 운용리스의 경우에는 임대인에게, 금융리스의 경우에는 임차인에게 책임이 있다.

113 금융의 융통적 성질을 가지고 거액 자금조달 및 운용을 목적으로 하는 경우에 운용리스를 활용한다.
☐ O ☐ X

113 금융리스를 활용한다.

114 리스(시설대여)는 운용리스와 금융리스로 구별된다.
☐ O ☐ X

| 109 | × | 110 | O | 111 | O |
| 112 | × | 113 | × | 114 | O |

115 운용리스의 법적 성질은 임대차계약이지만 금융리스는 「민법」상 전형적인 임대차계약은 아니다.
◯ ✕

116 어음발행인이 사고신고서를 접수하여 사전에 지급위탁을 취소 요청할 수 있는 경우는 어음의 분실, 도난, 피사취, 계약불이행 등이 있다.
◯ ✕

117 선택채권은 선택의 소급효를 인정한다.

117 선택채권은 특정의 소급효를 부인한다.
◯ ✕

118 근저당 설정 시 이자는 채권최고액에 산입되므로 따로 등기사항에 등기할 수 없다.
◯ ✕

119 원본채권이 무효이거나 소멸하면 이자채권도 무효이거나 소멸된다.

119 원본채권이 소멸하더라도 이자채권은 소멸되지 않는다.
◯ ✕

120 환어음을 대상으로 하는 어음행위로 발행·인수·배서·보증이 있다.

120 환어음을 대상으로 하는 어음행위는 발행·배서·보증이 전부이다.
◯ ✕

115	◯	116	◯	117	✕
118	◯	119	✕	120	✕

121 배서인은 배서를 함으로써 피배서인 및 그 후자 전원에 대하여 지급담보책임을 지게 되는데 이를 배서의 담보적 효력이라 한다.
☐ O ☐ X

122 어음행위에는 발행·인수·배서·보증 등 총 네 가지가 있다.
☐ O ☐ X

122 발행·인수·배서·참가·보증으로 총 다섯 가지가 있다.

123 유치권자에게는 원칙적으로 우선변제권이 없으나 예외적으로 간이변제 충당, 과실수취 후 변제충당권, 채무자 파산의 경우의 별제권이 있다.
☐ O ☐ X

124 법정 질권은 동산, 과실을 압류하지 않아도 인정된다.
☐ O ☐ X

124 동산, 과실을 압류해야 인정된다.

125 우리나라의 저당제도는 근대 저당권의 특질 중 특정의 원칙, 공시의 원칙, 순위확정의 원칙을 채택하고 있다.
☐ O ☐ X

125 특정의 원칙, 공시의 원칙, 순위승진의 원칙을 채택하고 있다.

126 근대 저당권의 특질로는 특정의 원칙, 공시의 원칙, 순위승진의 원칙, 독립의 원칙, 유통성의 확보 등이 있다.
☐ O ☐ X

126 순위승진의 원칙이 아닌 순위확정의 원칙이다.

121	O	122	×	123	O
124	×	125	×	126	×

127	연대보증채무는 주채무에 대한 관계에서 부종성과 보충성이 없다. ☐O ☐X
128	주채무가 장래의 채무일 경우 보증은 할 수 없다. ☐O ☐X
129	보증채무를 이행한 보증인은 주채무에 대하여 구상권을 갖는다. ☐O ☐X
130	담보물권의 목적물이 멸실, 훼손, 공용징수로 인하여 소멸한 경우 그로 인한 가치변형물(금전 기타 물건)이 목적물 소유자에게 귀속되는 경우 담보물권이 이 가치변형물에 존속하는 현상을 물상대위성이라 한다. ☐O ☐X
131	공동저당은 담보물권이 피담보채권의 전부가 변제될 때까지 목적물의 전부 위에 효력을 미치는 성질(불가분성)을 가지고 있다. ☐O ☐X
132	담보물권의 추급효란 피담보채권의 존재를 전제로 해서만 담보물권이 종속하고 피담보채권이 소멸하면 담보물권도 소멸하는 성질이다. ☐O ☐X

127 보충성은 없지만 부종성은 있다.

128 보증은 장래의 채무에 대하여도 할 수 있다.

131 예외적으로 공동저당은 불가분성을 가지지 않는다.

132 담보물권의 추급효란 담보물이 누구에게 돌아가든 그 소재하는 곳에 추급하여 담보물권을 행사할 수 있는 효력이다.

127	×	128	×	129	O
130	O	131	×	132	×

133 피담보채권이 확정되기 전에 이미 발생한 개별 채권이 변제로 소멸하면 근저당권은 소멸한다.
◯ ✕

133 피담보채권이 확정되기 전에는 이미 발생한 개별 채권이 변제로 소멸하여도 근저당권은 소멸하지 않는다.

134 채권최고액을 초과하는 부분의 원금채권은 우선변제를 받을 권리가 없다.
◯ ✕

135 근저당권을 등기함에 있어서 채권최고액을 명시할 필요가 없다.
◯ ✕

135 채권최고액은 반드시 명시해야 한다.

136 채권자가 채권을 담보할 목적으로 채무자로부터 받은 동산 또는 제3자에 대한 채권 등 재산권을 채무의 변제가 있을 때까지 점유하고 채무의 변제가 없을 때에는 그 목적물로부터 우선적으로 변제받는 담보물권을 질권이라 한다.
◯ ✕

137 유치권이란 타인의 물건 또는 유가증권을 점유한 자가 그 물건이나 유가증권에 관하여 생긴 채권이 변제기에 있는 경우 변제를 받을 때까지 그 물건 또는 유가증권을 유치할 수 있는 권리이다.
◯ ✕

138 양도담보는 채권자가 채권을 담보할 목적으로 채무자 또는 제3자의 재산권을 변제가 있을 때까지 점유하고 있다가 변제가 없을 때 그 재산권을 우선적으로 변제받지만, 변재할 경우 채무자 또는 제3자에게 되돌려주는 담보물권으로 「민법」상에서 규정하고 있다.
◯ ✕

138 양도담보는 「민법」상에서 규정하고 있지 않다.

| 133 | ✕ | 134 | ◯ | 135 | ✕ |
| 136 | ◯ | 137 | ◯ | 138 | ✕ |

139 채권자취소권은 법원의 판결에 의하여 비로소 법률관계의 변동이 일어나는 권리 중 하나이다.

139 채권자취소권은 재판을 통하여 행사되어야만 하는 권리가 아니다.
□ O □ X

140 법원의 판결에 의하여 비로소 법률관계의 변동이 일어나는 권리에는 채권자취소권, 재판상 이혼권, 재판상 파양권 등이 있다.
□ O □ X

141 「민법」이 인정하는 물권에는 점유권·소유권·지상권·지역권·전세권·유치권·질권·저당권이 있다.

141 점유권·소유권·지상권·지역권은 「민법」이 인정하는 물권에 해당하는 반면, 전세권·유치권·질권·저당권은 「민법」에서 인정하지 않는다.
□ O □ X

142 동일물에 대하여 물권과 채권이 병존하는 경우 그 성립시기를 불문하고 원칙적으로 물권이 우선한다.

142 동일물에 대하여 물권과 채권이 병존하는 경우에는 그 성립시기를 불문하고 채권이 우선한다.
□ O □ X

143 같은 종류의 물권 상호 간에는 "먼저 성립한 권리가 후에 성립한 권리에 우선한다"는 원칙이 적용된다.
□ O □ X

144 동일한 목적물 위에 성질, 범위, 순위가 같은 물권은 병존하지 못함이 원칙이다.
□ O □ X

| 139 | × | 140 | O | 141 | × |
| 142 | × | 143 | O | 144 | O |

145 금전을 도난당한 경우에는 피해자에게 여전히 소유권이 있음을 전제로 한 물권적 반환청구를 할 수 있는 것이 아니라 부당이득반환청구 또는 불법행위로 인한 손해배상청구를 하여야 하는 것으로 해석된다.

☐ O ☐ X

146 동산에 대하여는 점유의 공신력이 인정되지 않아 선의취득이 인정되지 않지만 부동산에서는 진정한 권리자보다 등기의 공신력이 우선하여 선의취득이 인정된다.

☐ O ☐ X

146 평온, 공연하게 동산을 양수한 자가 선의이며 과실 없이 그 동산을 점유한 경우에는 양도인이 정당한 소유자가 아닌 때에도 즉시 그 동산의 소유권을 취득한다.

147 동산은 등기를, 부동산은 점유를 각각 공시방법으로 한다.

☐ O ☐ X

147 부동산은 등기를, 동산은 점유를 각각 공시방법으로 한다.

148 설정적 승계는 매매나 상속 등에 의하여 전주가 가지고 있던 권리가 그대로 승계되는 것을 말한다.

☐ O ☐ X

148 설정적 승계는 소유자로부터 지상권이나 저당권을 설정받는 경우에서와 같이 전주의 권리내용의 일부만을 승계하는 것을 말한다.

149 설정적 승계는 특정승계와 포괄승계로 나눌 수 있다.

☐ O ☐ X

149 특정승계와 포괄승계로 나누어지는 것은 이전적 승계이다.

150 상속, 회사의 합병은 포괄승계에 의한 권리 취득인 경우에 속한다.

☐ O ☐ X

145	O	146	X	147	X
148	X	149	X	150	O

제2과목 채권관리방법

001 저당목적물을 매각하여 현금화한 대가로부터 우선변제를 받는 순서는 소액주택임대차보증금 → 저당목적물에 부과된 재산세 → 국세 및 지방세의 법정기일 전에 설정등기된 저당권에 의하여 담보되는 채권 → 일반채권 순이다.
□ O □ X

002 채권관계는 그 발생원인, 채권의 효력보장, 채권의 이전, 다수 당사자의 채권관계, 채권의 소멸 문제로 나누어 살펴볼 수 있다.
□ O □ X

003 채권양도, 채무인수는 채권의 소멸과 관련된다.
□ O □ X

003 채권의 이전과 관련된다.

004 강제집행 시 가집행의 선고가 있는 종국판결은 집행문이 없어도 집행력 있는 정본이 된다.
□ O □ X

004 집행권원에는 원칙적으로 집행문이 필요하다. 가집행 있는 종국판결, 집행판결 등 집행권원 자체에 집행할 수 있다는 취지가 적혀 있는 경우에도 집행문이 필요하다.

005 검사의 집행명령, 부동산관리를 위한 인도명령의 집행 등은 예외적으로 집행문이 없어도 집행력 있는 정본이 된다.
□ O □ X

006 변제란 채무자가 의무지고 있는 급부를 실현하는 것이며 이행이라고도 한다.
□ O □ X

| 001 | O | 002 | O | 003 | × |
| 004 | × | 005 | O | 006 | O |

007 자동차의 매각 및 배당절차에는 원칙적으로 부동산강제경매의 규정이 적용되지 않는다. ｜O｜X｜

007 부동산강제경매의 규정이 적용된다.

008 자동차의 매각절차에 있어서 법원은 감정인의 평가를 거치지 않고는 자동차의 최저매각가격을 결정할 수 없다. ｜O｜X｜

008 법원은 경우에 따라 감정인의 평가를 거치지 않고도 자동차의 최저매각가격을 결정할 수 있다.

009 자동차의 강제집행절차가 일정한 사유에 의하여 일시 정지된 동안 법원은 자동차의 매각을 결정할 수 없다. ｜O｜X｜

009 일시 정지된 동안에도 압류채권자나 채무자의 신청이 있으면, 법원은 자동차의 매각을 결정할 수 있다.

010 강제경매는 경매개시결정 → 현황조사 → 최저입찰가 결정 → 매각기일 지정 → 매각허가결정 → 배당표 작성 순으로 진행된다. ｜O｜X｜

011 강제집행의 대상물로서 어느 청구의 실현용으로 제공되는 물건 또는 권리를 그 청구에 대한 책임재산이라 한다. ｜O｜X｜

012 책임재산은 채무자에 귀속하는 총재산이라 할 수 있는데, 여기에는 채무자의 일신전속권, 법률상 특히 압류가 금지 또는 제한되는 재산도 포함된다. ｜O｜X｜

012 채무자의 일신전속권, 법률상 특히 압류가 금지 또는 제한되는 재산은 책임재산에 속하지 아니한다.

007	×	008	×	009	×
010	O	011	O	012	×

013 채무자의 일신전속권에는 신분권, 취소권, 해제권 등이 있다.

013 신분권, 취소권은 채무자의 일신전속권에 속하지만 해제권은 일신전속권에 속하지 않는다.
   [O][X]

014 추심명령은 그 채권전액에 미친다. 다만, 법원은 채무자의 신청에 따라 압류채권자를 심문하여 압류액수를 그 채권자의 요구액수로 제한하고 채무자에게 그 초과된 액수의 처분과 영수를 허가할 수 있다.

014 추심명령을 받은 채권자가 추심할 수 있는 채권의 범위는 집행채권액으로 한정되어 있다.
   [O][X]

015 채권자가 추심의 신고를 하기 전에 다른 압류, 가압류 또는 배당요구가 있었을 때에는 채권자는 추심한 금액을 공탁하고 그 사유를 신고하여야 한다.
   [O][X]

016 채무자가 채무를 자발적으로 이행하지 않더라도 채권자의 자력구제나 자력집행은 원칙적으로 금지된다.
   [O][X]

017 강제집행의 목적물은 유효하게 존재하고, 또한 압류될 수 있어야 한다.
   [O][X]

018 채권의 강제회수의 방법 중 임의경매는 근저당권, 질권 등의 담보권 실행을 위한 경매절차를 말한다. 이는 집행권원이 필요하지 않다는 점에서 강제경매와 구분된다.

018 채권회수를 담보하기 위하여 설정했던 담보물권을 실행하기 위해서는 채권자에게 집행권원이 있어야 한다.
   [O][X]

013	×	014	×	015	O
016	O	017	O	018	×

019 선일자 당좌수표의 지급제시의 경우 반드시 채무자 또는 제3자의 협력이 필요하다. ◯ ✕

019 채권자가 일방적으로 채권을 회수할 수 있다.

020 기한미도래 어음·수표의 지급제시, 상계의 경우 채권자가 일방적으로 채권을 회수할 수 있다. ◯ ✕

021 채권회수 방법 중 채권양도, 채무인수, 담보의 추가, 신용회복 지원제도에 의한 채권회수 등은 채무자 또는 제3자의 협력이 필요하다. ◯ ✕

021 신용회복 지원제도에 의한 채권회수는 채권자가 일방적으로 회수할 수 있다.

022 채무자회생절차는 일반적으로 채권자에게 유리하고 채무자에게는 불리한 경우가 많다. ◯ ✕

022 채무자에게 유리하고 채권자에게는 불리한 경우가 많다.

023 회생절차의 개시결정이 있기 전에 법원의 보전처분이 있더라도 어음교환소의 부도처분을 면할 수 없다. ◯ ✕

023 회생절차의 개시결정이 있기 전에 법원의 보전처분을 받을 경우 채무자의 재산이 가압류 및 가처분되므로 만기 시 어음 결제를 하지 못하더라도 어음교환소의 부도처분을 피할 수 있다.

024 회생절차의 개시결정이 있기 전에 법원이 다른 절차의 중지 명령을 내리면 회사의 재산에 대한 담보권자를 포함하여 모든 채권자의 권리실행이 중지된다. ◯ ✕

019	✕	020	◯	021	✕
022	✕	023	✕	024	◯

025 비용 → 이자 → 원본의 순서로 변제에 충당하여야 한다.

025 당사자 간에 변제충당에 관한 합의가 없는 경우에는 비용 → 원본 → 이자의 순서로 변제에 충당하여야 한다.
◯ ✕

026 비용 상호 간에 있어서는 법정변제충당의 방법에 의한다.
◯ ✕

027 민사소송은 사인 간의 생활관계에 대한 분쟁이나 이해의 충돌을 국가의 재판권에 의하여 법률에 따라 강제적으로 해결 조정하기 위한 절차로 공법상의 형사소송이나 행정소송과 구별된다.
◯ ✕

028 변제로 인하여 법률상 당연히 채권자를 대위할 수 있는 자로는 불가분 채무자, 연대채무자, 보증인, 물상보증인, 담보물의 제3취득자 등이 있다.

028 채무자의 배우자는 변제로 인하여 법률상 당연히 채권자를 대위할 수 있다.
◯ ✕

029 채무자의 보호, 신속한 집행과 부당집행의 방지, 사익과 공익의 조화, 집행채권자 사이의 공평 등을 고려하여야 한다.

029 민사집행을 함에 있어서 공익보다 사익을 우선시해야 한다.
◯ ✕

030 강제집행이란 집행권원에 표시된 사법상의 이행청구권을 국가권력에 기하여 강제적으로 실현하는 법적 절차이다.
◯ ✕

| 025 | ✕ | 026 | ◯ | 027 | ◯ |
| 028 | ✕ | 029 | ✕ | 030 | ◯ |

031 적법하게 상계의 의사표시가 이루어진 경우 상계적상이 생긴 이후의 이자는 지급할 의무가 없다.
[O | X]

032 지급금지명령을 받은 제3채무자는 그 전에 취득한 채권에 의한 상계로 그 명령을 신청한 채권자에게 대항하지 못한다.
[O | X]

032 그 후에 취득한 채권에 의한 상계로 그 명령을 신청한 채권자에게 대항하지 못한다(「민법」 제498조).

033 전채무자의 채무에 대한 보증이나 제3자(물상보증인)가 제공한 담보는 보증인이나 제3자가 이의를 제기하지 않는 한 채무인수에 의해 존속한다.
[O | X]

033 전채무자의 채무에 대한 보증이나 제3자가 제공한 담보는 보증인이나 제3자가 동의하지 않는 한 채무인수로 인하여 소멸함이 원칙이다.

034 채권자와 인수인 사이의 계약에 의한 채무인수의 경우 채무자의 동의 또는 수익의 의사표시가 있어야 한다.
[O | X]

034 제3자는 채권자와의 계약으로 채무를 인수하여 채무자의 채무를 면하게 할 수 있다. 채무인수로 채무자는 채무를 면하는 이익을 얻으므로 채무자의 동의는 필요 없다.

035 병존적 채무인수는 이해관계 없는 제3자도 채무자의 의사와 관계없이 채무를 인수할 수 있다.
[O | X]

036 자동채권은 반드시 변제기가 도래하고 있어야 하는 것은 아니다.
[O | X]

036 자동채권은 이행기에 있어야 한다. 이행기 도래 전에 상계를 허용한다면 상대방에게 이행기 전에 이행을 강요하는 결과가 되기 때문이다. 그러나 채무자는 이행기 전에도 이행할 수 있으므로 수동채권은 변제기에 있을 필요가 없다.

| 031 | O | 032 | × | 033 | × |
| 034 | × | 035 | O | 036 | × |

037 주채무의 책임이 한정되는 경우(상속의 한정승인, 강제화의에 의한 일부면제 등) 보증채무에는 영향이 없고 보증인은 전 채무를 이행할 책임을 진다.

○ ×

038 금전채권은 채무자의 귀책사유가 인정되며 채무자는 자신에게 과실 없음을 항변하지 못한다는 특징이 있다.

○ ×

039 채무자에게 있는 것으로 추정한다(「민법」 제153조 제1항 참조).

039 「민법」은 원칙적으로 기한의 이익은 채권자에게 있는 것으로 추정한다.

○ ×

040 부동산가압류 집행 후 가압류 목적물의 소유권이 제3자에게 이전된 경우 집행권원을 얻어 제3취득자가 아닌 가압류 채무자를 집행채무자로 하여 그 가압류를 본압류로 이전하는 강제집행을 할 수 있다.

○ ×

041 부동산가압류는 가압류재판에 관한 사항을 등기부에 기입하는 방법으로 집행한다.

○ ×

042 동일한 대상물에 대한 가압류 경합이 있는 경우 가압류채권자 상호 간에는 원칙적으로 우열이 없다.

○ ×

037	○	038	○	039	×
040	○	041	○	042	○

043 사해행위 취소소송은 채권자가 취소원인을 안 날로부터 1년, 법률행위 있은 날로부터 5년 내에 행사하여야 한다.
[O] [X]

044 취소권자의 채권은 특정 채권이어야 하며 금전채권의 보전을 목적으로 행사할 수 없다.
[O] [X]

044 채권자취소권의 행사에 따르는 취소와 원상회복은 모든 채권자의 이익을 위하여 효력이 있으므로 취소채권자의 채권은 그 자만이 만족을 얻을 수 있는 것은 안 되고 금전채권이어야 한다. 금전채권이라면 계약에 기한 것이든 법률의 규정에 의한 것이든 불문한다.

045 채권자취소권 행사의 효과는 모든 채권자의 이익을 위하여 효력이 있다.
[O] [X]

046 부동산 처분금지가처분 결정이 있기 이전에 그 부동산이 제3자에게 먼저 양도되고 대금도 모두 지급하였으나, 처분금지가처분등기가 먼저 이루어지고 양도에 따른 소유권이전등기가 나중에 이루어진 경우 가처분권자에게 양도가 우선함을 대항할 수 있다.
[O] [X]

046 부동산 처분금지가처분등기가 소유권이전등기보다 먼저 이루어질 경우 가처분권자에게 양도가 우선함을 대항할 수 없다.

047 가처분으로 부동산의 양도나 저당을 금지한 경우 등기부에 그 금지한 사실은 기입하지 않아도 된다.
[O] [X]

047 등기부에 그 금지한 사실을 기입하게 하여야 한다.

048 가처분의 재판은 본안의 관할법원 또는 다툼의 대상이 있는 곳을 관할하는 지방법원이 관할한다.
[O] [X]

| 043 | O | 044 | × | 045 | O |
| 046 | × | 047 | × | 048 | O |

049 변제의 시기란 채무자가 채무를 변제해야 할 시기, 즉 이행기 또는 변제기이다.

| O | X |

050 예외적으로 제3자의 변제가 허용되지 아니한다.

050 이해관계 없는 제3자가 변제하는 것이 채무자의 의사에 반하는 경우에도 제3자의 변제는 허용된다.

| O | X |

051 변제비용은 다른 의사표시가 없으면 채무자의 부담으로 한다. 그러나 채권자의 주소이전 기타의 행위로 인하여 변제비용이 증가된 때에는 그 증가액은 채권자의 부담으로 한다(「민법」 제473조).

051 변제비용은 다른 의사표시가 없으면 채무자의 부담이므로 채권자의 주소이전, 기타의 행위로 변제의 비용이 증가된 때에도 그 증가액은 채무자의 부담이 된다.

| O | X |

052 장래의 권리실현에 대비하는 긴급 내지 급박한 조치이다.

052 보전처분은 현재의 권리실현에 대비하는 긴급 내지 급박한 조치이다.

| O | X |

053 보전처분은 권리 또는 법률관계에 관한 쟁송이 있을 것을 전제로 하여 이에 대한 판결의 집행을 용이하게 하거나 확정판결이 있을 때까지 손해가 발생하는 것을 방지할 목적으로 일시적으로 현상을 동결하거나 임시적 법률관계를 형성하게 하는 처분을 말한다.

053 보전처분은 권리 내지 법률관계의 확정을 목적으로 하는 제도이다.

| O | X |

054 변론을 거칠 것인가, 서면심리에 의할 것인가, 소명만으로 발령할 것인가, 담보를 제공하게 할 것인가, 그 담보의 종류와 범위는 어떻게 할 것인가 등은 모두 법원의 자유재량에 속한다.

| O | X |

049	O	050	X	051	X
052	X	053	X	054	O

055 지급명령은 채권의 목적이 금전, 대체물, 유가증권의 일정한 수량의 지급을 목적으로 하는 것일 때에 한하여 신청할 수 있다.

〔 O | X 〕

056 지급명령신청서에 붙이는 인지대가 소장에 붙이는 인지대의 5분의 1이다.

〔 O | X 〕

056 지급명령신청서에 붙이는 인지대는 일반 민사소송의 소장에 붙이는 인지대의 10분의 1이다(「민사소송 등 인지법」 제7조 제2항 참조).

057 지급명령의 신청을 각하하는 결정에 대해 신청인은 불복할 수 있다.

〔 O | X 〕

057 지급명령의 신청이 관할을 위반한 때에는 그 신청을 각하하여야 한다. 이 신청을 각하하는 결정에 대하여는 불복할 수 없다(「민사소송법」 제465조 참조).

058 유체동산 강제집행 시 매각대금으로 배당에 참가한 모든 채권자를 만족하게 할 수 없고 매각허가된 날부터 2주 이내에 채권자 사이에 배당협의가 이루어지지 아니한 때에는 집행관은 매각대금을 공탁한다.

〔 O | X 〕

059 부부공유 동산을 압류하여 이를 매각하는 경우에 배우자는 매각기일에 출석하여 우선매수할 것을 신고할 수 있다.

〔 O | X 〕

060 압류는 원칙적으로 집행관이 채무자가 점유하고 있는 동산을 점유함으로써 한다.

〔 O | X 〕

055	O	056	X	057	X
058	O	059	O	060	O

061 소송대리인의 권한은 서면으로 증명하여야 한다.

☐ O ☐ X

062 소액사건에 대한 지방법원본원 합의부의 제2심판결이나 결정·명령에 대해서는 제한적인 경우에 한해서만 대법원에 상고 또는 재항고를 할 수 있다.

☐ O ☐ X

063 판사 외에 원고나 피고도 보충심문을 할 수 있다.

063 소액사건에서는 판사만이 보충심문을 할 수 있다.

☐ O ☐ X

064 채권자가 예납하여야 할 비용을 미리 내지 않으면 집행관은 위임에 응하지 아니하거나 사무를 행하지 아니할 수 있고 집행법원은 결정으로 신청을 각하하거나 집행절차를 취소할 수 있다 (「민사집행법」 제18조 참조).

064 채권자가 집행비용을 예납하지 않는 경우 집행관은 사무를 행하지 아니할 수 있고 집행법원은 판결로써 신청을 각하하거나 집행절차를 취소할 수 있다.

☐ O ☐ X

065 집행비용은 별도의 집행권원 없이 본래의 강제집행에서 우선적으로 변상을 받을 수 있다.

☐ O ☐ X

066 집행개시 후 본안의 청구가 소멸된 때라도 집행비용채권이 소멸하지 않으면 집행비용 추심을 위하여 강제집행을 속행할 수 있다.

☐ O ☐ X

061	O	062	O	063	×
064	×	065	O	066	O

067 재산명시신청의 관할법원은 채권자의 보통재판적이 있는 곳을 관할하는 지방법원이다.
〇 ✕

067 채무자의 보통재판적이 있는 곳을 관할하는 지방법원이다.

068 재산명시신청에 대한 심리는 채권자의 심문 없이 서면심리만으로 재판한다.
〇 ✕

068 채무자의 심문 없이 서면심리만으로 재판한다(「민사집행법」 제62조 참조).

069 재산명시제도는 채권자의 채권자취소권 행사와 관련이 없다.
〇 ✕

069 재산명시제도에 의하여 채권자의 채권자취소권 행사가 용이하게 될 수 있다.

070 채무자의 주소를 관할하는 법원에 재산명시신청을 하여 명시절차를 거친 이후 재산명시를 실시한 법원에 재산조회를 신청할 수 있다.
〇 ✕

071 누구나 제한 없이 일정 수수료를 내고 그 재산조회 결과를 열람하거나 복사를 신청할 수 있다.
〇 ✕

071 채무자에 대하여 강제집행을 개시할 수 있는 채권자는 재산목록을 보거나 복사할 것을 신청할 수 있다(「민사집행법」 제67조).

072 채무자는 채권자가 재산조회를 신청할 때에는 조회에 드는 비용을 미리 내야 한다.
〇 ✕

072 채권자는 재산조회를 신청할 시 조회에 드는 비용을 미리 내야 한다.

067	✕	068	✕	069	✕
070	〇	071	✕	072	✕

073 공유자는 매각기일까지 매수신청의 보증을 제공하고 최고가매수인과 같은 가격으로 채무자의 지분을 우선매수하겠다는 신고를 할 수 있다. 이 경우 법원은 최고가매수신고가 있더라도 그 공유자에게 매각을 허가하여야 한다. 공유자의 우선매수 시에 최고가매수신고인은 차순위매수신고인으로 본다.

073 공유자가 매각기일까지 채무자의 지분을 우선매수하겠다는 신고를 한 때에는 법원은 최고가매수신고인이 매수인으로서 대금지급기일까지 그 의무를 이행하지 아니한 때에는 그 공유자에게 매각을 허가하여야 한다. ☐ O ☐ X

074 공유물지분을 경매하는 경우에는 채권자의 채권을 위하여 채무자의 지분에 대한 경매개시결정이 있음을 등기부에 기입하고 다른 공유자에게 그 경매개시결정이 있다는 것을 통지하여야 한다. ☐ O ☐ X

075 여러 사람의 공유자가 우선매수하겠다는 신고를 한 경우에는 특별한 협의가 없으면 공유지분의 비율에 따라 채무자의 지분을 매수하게 한다. ☐ O ☐ X

076 대물변제는 변제와 동일한 효과를 가진다. 즉, 대물변제에 의하여 채권은 소멸한다.

076 대물변제를 하여도 그 채권을 담보하는 담보권은 소멸하지 않는다. ☐ O ☐ X

077 대물변제는 채권자와 변제자 사이의 계약이다.

077 대물변제는 본래의 급부에 갈음하여 다른 급부를 현실적으로 실행함으로써 채권을 소멸시키는 채무자와 변제자 사이의 계약이다. ☐ O ☐ X

078 대물급부로서 부동산의 소유권을 이전하는 때에는 당사자가 대물변제의 의사표시를 하는 것만으로는 부족하고 그 밖에 등기까지도 완료하여야만 대물변제는 성립한다. ☐ O ☐ X

073	×	074	O	075	O
076	×	077	×	078	O

079 채권자에 대한 공탁통지나 채권자의 수익의 의사표시가 있는 때에 공탁의 효력이 발생하여 채무는 소멸한다.
□ O □ X □

079 공탁의 기본적 효과로 채무자는 채무를 면한다.

080 변제공탁은 제3자는 할 수 없고 오직 채무자만이 할 수 있다.
□ O □ X □

080 채무자뿐만 아니라 제3자도 할 수 있다.

081 채무자가 채권자에 대하여 동시이행의 항변권을 가지고 있는 경우를 제외하고는 본래의 채권에 부착하고 있지 않은 조건을 붙여서 한 공탁은 그 조건뿐만 아니라 공탁 전부가 무효로 된다.
□ O □ X □

082 지급을 금지하는 명령(압류명령, 가압류명령)을 받은 제3채무자가 그 명령 후에 취득한 채권으로 하는 상계는 가능하다.
□ O □ X □

082 지급을 금지하는 명령을 받은 제3채무자는 그 후에 취득한 채권에 의한 상계로 그 명령을 신청한 채권자에게 대항하지 못한다(「민법」 제498조).

083 고의의 불법행위로 인한 손해배상청구권을 수동채권으로 하는 상계는 가능하다.
□ O □ X □

083 채무가 고의의 불법행위로 인한 것인 때에는 그 채무자는 상계로 채권자에게 대항하지 못한다(「민법」 제496조).

084 과실의 불법행위로 인한 손해배상청구권을 수동채권으로 하는 상계는 불가능하다.
□ O □ X □

084 가능하다.

079	×	080	×	081	O
082	×	083	×	084	×

085 「민법」이 규정하고 있는 소멸시효의 중단사유로는 재판상 청구, 압류, 가압류, 가처분, 승인 등이 있다.
□ O □ X

086 변제와 상계는 별도의 법적 절차가 필요하지 아니하므로 임의회수의 대표적 방법이다.

086 변제와 상계는 별도의 법적 절차가 필요하므로 임의회수의 대표적인 방법이라 할 수 있다.
□ O □ X

087 가처분은 다툼의 대상(계쟁물)에 대한 청구권 보전을 위하여 그 현상변경을 금지하는 보전절차이다.

087 가처분은 금전채권이나 금전으로 환산할 수 있는 채권의 집행을 목적으로 하는 보전절차이다.
□ O □ X

088 보증인이나 제3자가 동의하지 않는 한 채무인수로 인하여 소멸함이 원칙이다(「민법」 제459조).

088 전채무자의 채무에 대한 보증이나 제3자가 제공한 담보는 채무인수로 인해 원칙적으로 소멸하지 아니한다.
□ O □ X

089 인수인은 전채무자가 가지고 있던 항변사유, 즉 계약의 불성립, 취소, 채무의 일부면제, 동시이행의 항변권 등 채무의 성립·존속 또는 이행을 저지·배척하는 모든 사유를 주장할 수 있다.
□ O □ X

090 채무자와 인수인 간에 채무인수계약이 체결된 경우 그 효력은 채권자의 승낙이 있는 때에 발생한다.
□ O □ X

| 085 | O | 086 | X | 087 | X |
| 088 | X | 089 | O | 090 | O |

091 임의회수는 채무자의 재산은닉 및 도피행위를 용이하게 해주는 빌미가 될 수도 있다.
☐ O ☐ X

092 강제회수는 원만한 해결을 통한 기업이미지 제고와 채무자와의 신뢰관계가 지속된다.
☐ O ☐ X

092 임의회수에 대한 설명이다.

093 임의회수는 소송비용, 집행비용 등 제반비용이 많이 소요된다.
☐ O ☐ X

093 강제회수에 대한 설명이다.

094 혼인취소권은 채권자대위권의 피보전권리가 될 수 없다.
☐ O ☐ X

095 무기명채권은 증서에 특정한 채권자를 지명하는 한편 그 증서의 소지인에 대해서도 변제할 수 있다는 뜻을 기재한 증권적 채권이다.
☐ O ☐ X

095 무기명채권은 특정의 채권자의 이름이 기재되어 있지 않고 그 증권의 정당한 소지인에게 변제하여야 하는 채권이다.

096 지명소지인출급식채권은 무기명채권과 마찬가지로 증서의 교부만으로 양도의 효력이 생긴다.
☐ O ☐ X

| 091 | O | 092 | × | 093 | × |
| 094 | O | 095 | × | 096 | O |

097 채권자취소권 행사의 효력은 모든 채권자를 위하여 효력이 있어야 하는 바 특정물 채권의 보전을 위하여 채권자취소권을 행사할 수는 없다.

098 채권자취소권의 행사는 법원에 소를 제기하는 방법으로 할 수 있을 뿐이다.

100 가압류는 금전채권의 가압류집행을 보전하기 위한 것이므로 피보전권리는 금전채권 또는 금전으로 환산할 수 있는 채권이어야 한다(「민사집행법」 제276조 참조).

101 관할권 없는 법원에 가압류 신청이 있으면 관할법원으로 이송하는 것이 원칙이다.

---

097 취소채권자의 채권은 반드시 금전채권일 것을 요하지 않으며 특정 채권의 보전을 목적으로도 행사할 수 있다. ☐ O ☐ X

098 채무자가 채권자를 해함을 알고 재산권을 목적으로 한 법률행위를 한 때에는 채권자는 그 취소 및 원상회복을 재판 외에서 청구할 수 있다. ☐ O ☐ X

099 채권자가 채무자의 악의를 입증하면 수익자와 전득자의 악의는 추정되므로, 수익자와 전득자 스스로가 선의를 입증하여야 한다. ☐ O ☐ X

100 가압류의 피보전권리는 특정물에 대한 이행청구권이어야 한다. ☐ O ☐ X

101 관할권 없는 법원에 가압류 신청이 있으면 그 사건을 각하하여야 한다. ☐ O ☐ X

102 피보전권리에 관하여 이미 확정판결이나 그 밖의 집행권원(조정, 화해 등의 조서 또는 집행증서)을 가지고 있는 때에는 원칙적으로 보전의 필요성이 없다. ☐ O ☐ X

097	×	098	×	099	O
100	×	101	×	102	O

103 보전처분은 권리 내지 법률관계의 확정을 목적으로 하는 제도가 아니라, 최종적인 판단이 있을 때까지 현재의 권리 또는 법률관계에 대하여 잠정적·임시적으로 내려주는 처분을 말하는데, 이를 보전처분의 잠정성이라 한다.
☐ O ☐ X

104 보전처분은 채무자의 재산 상태나 계쟁물에 관하여 사실상·법률상 변경이 생기는 것을 막으려는 데 그 목적이 있으므로 이를 미리 상대방에게 알리면 그 효과를 얻을 수 없어 원칙적으로 상대방이 알 수 없는 상태에서 비밀리에 심리·발령하는데, 이를 보전처분의 긴급성이라 한다.
☐ O ☐ X

104 보전처분은 원칙적으로 상대방이 알 수 없는 상태에서 비밀리에 심리·발령하는데, 이를 보전처분의 밀행성이라 한다.

105 법원이 심리를 하는 데 있어 변론을 거칠 것인지 여부, 서면심리에 의할 것인지 여부, 소명만으로 발령할 것인가의 여부 등은 법원의 자유재량에 속한다.
☐ O ☐ X

106 1심 소송에서 패소한 당사자는 판결이 선고된 날로부터 2주 이내에 항소할 수 있다.
☐ O ☐ X

106 항소는 판결서가 송달된 날부터 2주 이내에 하여야 한다. 다만, 판결서 송달 전에도 할 수 있다.

107 민사소송 시 선고기일에는 당사자가 반드시 출석하여야 한다.
☐ O ☐ X

107 선고기일에는 당사자가 출석하지 않아도 된다.

108 법원은 정당한 사유 없이 출석하지 아니한 증인을 구인하도록 명할 수 있다.
☐ O ☐ X

103	O	104	X	105	O
106	X	107	X	108	O

109 이행권고결정이 확정된 때에는 원칙적으로 별도의 집행문 부여 없이 이행권고결정정본으로 강제집행 할 수 있다.
◯ ☒

110 당사자의 배우자·직계혈족 또는 형제자매는 법원의 허가 없이 소송대리인이 될 수 있다.
◯ ☒

111 「소액사건심판법」은 제1심 절차뿐만 아니라 항소심, 상고심에서도 적용된다.
◯ ☒

> 111 「소액사건심판법」은 원칙적으로 1심 절차에서만 적용되고 항소심, 상고심에서는 적용되지 아니한다.

112 확정된 종국판결에 의한 강제집행, 조정조서에 의한 강제집행은 예외적으로 집행문이 없어도 집행력 있는 정본이 될 수 있다.
◯ ☒

> 112 원칙적으로 집행문의 부여가 필요하다.

113 검사의 집행명령, 확정된 배상결정은 그 집행에 조건이 붙어 있을 경우에는 집행문을 부여받아야 한다. 다만, 재판장의 명령은 필요 없다.
◯ ☒

> 113 그 집행에 조건이 붙어 있을 경우에는 집행문을 부여받아야 하고, 이때에는 재판장의 명령이 필요하다.

114 채권자취소권은 채권의 공동담보의 보전을 위하여 법률이 채권자에게 부여한 실체법상의 권리이다.
◯ ☒

| 109 | ◯ | 110 | ◯ | 111 | ☒ |
| 112 | ☒ | 113 | ☒ | 114 | ◯ |

115 지급명령신청서에 붙이는 인지대는 일반 민사소송의 소장에 붙이는 인지대의 2분의 1이다.
○ ×

115 지급명령신청서에 붙이는 인지대는 일반 민사소송의 소장에 붙이는 인지대의 10분의 1이다(「민사소송 등 인지법」 제7조 제2항 참조).

116 채무자는 지급명령에 대하여 이의신청을 할 수 없다.
○ ×

116 채무자는 지급명령이 송달된 날로부터 2주일 이내에 이의신청을 하여 불복할 수 있다.

117 지급명령을 신청할 수 있는 청구한도액은 소가 2억 원 미만인 사건이다.
○ ×

117 청구한도액에는 제한이 없다.

118 재산명시명령을 송달받은 채무자가 정당한 사유 없이 재산명시기일에 불출석하는 경우에는 법원은 3년 이하의 징역 또는 500만 원 이하의 벌금에 처한다.
○ ×

118 채무자가 정당한 사유 없이 명시기일에 불출석한 경우에는 법원은 결정으로 20일 이내의 감치에 처한다(「민사집행법」 제68조 제1항).

119 채무자가 거짓의 재산목록을 제출한 때에는 결정으로 20일 이내의 감치에 처한다.
○ ×

119 채무자가 거짓의 재산목록을 낸 때에는 3년 이하의 징역 또는 500만 원 이하의 벌금에 처한다(「민사집행법」 제68조 제9항).

120 채무불이행자명부나 그 부본은 누구든지 보거나 복사할 것을 신청할 수 있다.
○ ×

| 115 | × | 116 | × | 117 | × |
| 118 | × | 119 | × | 120 | ○ |

121 가처분권자와 가압류권리자는 부동산 강제경매절차의 이해관계인에 해당하지 않는다.

121 가처분권자와 가압류권리자는 「민사집행법」 제90조에서 제한적으로 열거하고 있는 부동산 강제경매절차의 이해관계인에 속한다.
□ O □ X □

122 압류채권자, 집행력 있는 정본에 의하여 배당을 요구한 채권자, 채무자 등은 부동산 강제경매절차의 이해관계인에 속한다.
□ O □ X □

123 민사소송에서 당사자라 함은 자기의 이름으로 국가의 권리보호를 요구하는 사람과 그 상대방을 말한다.
□ O □ X □

124 경매개시결정등기 후에 가압류를 한 채권자는 배당요구가 필요한 채권자이다.
□ O □ X □

125 첫 경매개시결정등기 전의 체납처분에 의한 압류채권자는 배당요구하지 않아도 당연히 배당에 참가할 수 있는 자이다.
□ O □ X □

126 집행의 준비를 위하여 필요한 비용, 즉 집행의 실시 이전에 집행개시를 위하여 필요한 비용이다.

126 집행준비비용은 집행신청 후에 채권자 및 집행기관이 집행절차를 수행하기 위하여 필요한 비용이다.
□ O □ X □

121	×	122	O	123	O
124	O	125	O	126	×

127 부동산에 대한 강제경매는 채무자 주소지가 있는 곳의 지방법원이 관할한다. ☐ O ☐ X

127 그 부동산이 있는 곳의 지방법원이 관할한다.

128 매도인은 매각대금을 다 낸 때에 매각의 목적인 권리를 취득한다. ☐ O ☐ X

128 매수인은 매각대금을 다 낸 때에 매각의 목적인 권리를 취득한다(「민사집행법」 제135조).

129 부동산 경매 중 기일입찰에서 매수신청의 보증금액(재매각이 아닌 경우)은 최저매각가격의 10분의 1로 한다. ☐ O ☐ X

130 선박등기법에 따라 등기된 선박은 유체동산에 대한 강제집행방법으로 집행된다. ☐ O ☐ X

130 선박은 권리관계가 복잡하여 특별한 경우를 제외하고는 부동산의 강제경매에 관한 규정을 준용하고 있다.

131 총 톤수 20톤 이상의 기선과 범선 및 총 톤수 100톤 미만의 부선은 등기할 수 있는 선박에 속한다. ☐ O ☐ X

131 등기할 수 있는 선박은 총 톤수 20톤 이상의 기선과 범선 및 총 톤수 100톤 이상의 부선이다.

132 20톤 미만의 선박은 유체동산의 집행방법에 의한다. ☐ O ☐ X

127	×	128	×	129	O
130	×	131	×	132	O

133 금전채권에 대한 강제집행 중 전부명령은 제3채무자에게 송달된 때에 효력이 발생하지만 추심명령은 확정되어야 효력이 발생한다.
☐ O ☐ X

133. 전부명령은 확정되어야 효력을 가지며 추심명령은 제3채무자에게 송달되면 효력이 생긴다.

134 집행의 대상인 금전채권이란 집행채무자가 제3채무자에 대하여 가지는 금전의 지급을 목적으로 하는 채권을 말한다.
☐ O ☐ X

135 추심채권자가 채권을 추심한 때에는 추심한 채권액을 법원에 신고하여야 한다.
☐ O ☐ X

136 기한의 이익은 채권자의 이익을 위한 것으로 추정한다.
☐ O ☐ X

136. 채무자의 이익을 위한 것으로 추정한다(「민법」 제153조 제1항).

137 「민법」상 기한의 이익 상실 조항은 강행규정이므로 계약당사자 간의 약정으로 기한의 이익 상실 조항을 둘 수 없다.
☐ O ☐ X

137. 기한의 이익 상실 조항은 임의규정으로 당사자 간의 약정에 의해 이를 자유로이 정할 수 있다. 따라서 기한의 이익을 채권자가 가지는 것으로 변경할 수도 있다.

138 대출금 채권에서 기한의 이익이란 채무자가 대출약정의 만기까지 대출금을 변제하지 않아도 된다는 것을 의미한다.
☐ O ☐ X

| 133 | × | 134 | O | 135 | O |
| 136 | × | 137 | × | 138 | O |

139 병존적 채무인수의 경우 채권자의 승낙이 필요하다.　◯ | ✕

139 채권자의 승낙은 필요 없다.

140 이행인수는 채무자와 인수인 간의 내부적인 계약에 불과하다.　◯ | ✕

141 상속이란 피상속인이 사망한 때로부터 상속인이 피상속인의 재산에 관한 포괄적 권리의무를 승계하는 것을 말한다.　◯ | ✕

142 공익채권은 회생절차에 의하지 아니하고 수시로 변제하며 회생채권과 회생담보권에 우선하여 변제한다.　◯ | ✕

143 채권자대위권 행사가 가능한 권리로는 혼인취소권, 인격권의 침해로 인한 위자료청구권 등이 있다.　◯ | ✕

143 혼인취소권, 인격권의 침해로 인한 위자료청구권 등은 채권자대위권 행사가 불가능한 권리에 해당한다.

144 채권자취소의 소는 채권자가 취소원인을 안 날로부터 1년, 법률행위 있은 날로부터 3년 내에 제기하여야 한다.　◯ | ✕

144 채권자가 취소원인을 안 날로부터 1년, 법률행위 있은 날로부터 5년 내에 제기하여야 한다(「민법」 제406조 제2항).

| 139 | ✕ | 140 | ◯ | 141 | ◯ |
| 142 | ◯ | 143 | ✕ | 144 | ✕ |

145 연대채무자, 물상보증인, 담보물의 제3취득자는 채권자로부터 집행을 받게 되는 점에서 변제할 정당한 이익 있는 자에 해당한다.

☐ O ☐ X

146 모든 소송사건에 있어서 공통적으로 적용되는 재판적을 말한다(「민사소송법」 제2조 참조).

146 보통재판적은 특별한 종류의 사건에 대하여 한정적으로 인정되는 재판적이다.

☐ O ☐ X

147 일반법과 특별법의 관계가 아닌 바 양자 간의 경합이 발생할 수 있으며 이 경우 원고는 임의적으로 선택하여 소를 제기할 수 있다.

147 보통재판적과 특별재판적은 일반법과 특별법의 관계에 해당한다.

☐ O ☐ X

148 선박, 항공기, 자동차 모두 부동산의 강제집행 규정을 준용한다.

148 선박은 부동산의 강제집행 규정을 준용하는 반면, 항공기와 자동차는 유체동산의 강제집행 규정을 따른다.

☐ O ☐ X

149 변제의 충당에 관한 「민법」의 규정은 한 개의 채무에 수 개의 급여를 요할 경우에 변제자가 그 채무 전부를 소멸하게 하지 못하는 급여를 한 때에도 준용된다.

☐ O ☐ X

150 건설기계에 대한 강제집행은 자동차에 관한 것을 전면 준용한다.

☐ O ☐ X

145	O	146	×	147	×
148	×	149	O	150	O

제3과목 신용관리실무

001 국내에서 발행하고 지급할 수표는 발행일로부터 15일 내에 지급을 위한 제시를 하여야 한다.   ☐ O ☐ X

001 발행일로부터 10일 내에 지급을 위한 제시를 하여야 한다.

002 대출, 보증, 담보제공, 당좌거래(가계당좌거래를 포함), 신용카드 등은 신용정보주체의 신용도를 판단할 수 있는 정보에 해당한다.   ☐ O ☐ X

002 금융거래 등 상거래와 관련하여 발생한 채무의 불이행, 대위변제, 그 밖에 약정한 사항을 이행하지 아니한 사실과 관련된 정보, 신용질서를 문란하게 하는 행위와 관련된 정보 등이 있다(「신용정보의 이용 및 보호에 관한 법률」 제2조 제1의4호 참조).

003 개인의 직업·재산·채무·소득의 총액 및 납세실적 등을 통해 신용정보주체의 신용거래능력을 판단할 수 있다.   ☐ O ☐ X

004 신용분석정보란 채무자의 신용도를 판단·확인하는 데 도움을 주는 정보로 신용거래정보, 주민등록등·초본, 제3자 면담을 통한 취득정보, 채권관리시스템을 활용한 정보 등이 여기에 속한다.   ☐ O ☐ X

004 신용분석정보에는 부동산등기부등본, 사업자등록증, 가족관계등록부, 납세증명서, 임차계약서, 자동차등록 원부, 기타 민원 및 증명서류 등이 속한다.

005 계약서의 종류로는 대출거래약정서, 신용카드사 회원가입신청서, 임대차계약서, 차용증서, 매매계약서 등이 있다.   ☐ O ☐ X

006 약속어음에서 금액 기재 시 문자로 기재한 금액과 숫자로 기재한 금액에 차이가 있을 경우 숫자로 기재한 금액이 우선한다.   ☐ O ☐ X

006 문자로 기재한 금액과 숫자로 기재한 금액에 차이가 있을 경우 문자로 기재한 금액이 우선한다.

| 001 | X | 002 | X | 003 | O |
| 004 | X | 005 | O | 006 | X |

007 공시최고의 기간은 공고가 끝난 날부터 3월 뒤로 정하여야 한다.
☐ O ☐ X

008 변제의사도 높고 변제능력도 있는 채무자의 현재의 연체 상태는 잠시 동안의 유동성 부족에서 오는 현상인 경우가 많다.
☐ O ☐ X

009 방문상담은 일반적으로 인식 → 탐색 → 설득·타협 → 촉구 → 변제 단계를 거쳐 진행하는 것이 효과적이다.

009 방문상담은 일반적으로 인식 → 탐색 → 촉구 → 설득·타협 → 변제 순으로 진행한다.
☐ O ☐ X

010 채무금액에 상관없이 법원의 판결에 의하여 채무불이행자로 결정된 경우에는 모두 공공정보의 등록사유에 해당한다.

010 법원의 판결에 의하여 채무불이행자로 결정된 자 중 채무금액이 500만 원 이상인 경우에만 공공정보의 등록사유에 해당한다.
☐ O ☐ X

011 체납액이 500만 원 이상인 때에는 공공정보의 등록사유에 해당한다.

011 국세, 지방세, 과태료의 경우 체납발생일로부터 1년이 경과하고 체납액이 1,500만 원 이상인 때에는 공공정보의 등록사유에 해당한다.
☐ O ☐ X

012 국세를 1년에 3회 이상 체납하고 체납액이 500만 원 이상인 경우 공공정보의 등록사유에 해당한다.

012 국세를 1년에 2회 이상 체납하고 체납액이 500만 원 이상인 경우 공공정보의 등록사유에 해당한다.
☐ O ☐ X

007	O	008	O	009	×
010	×	011	×	012	×

013 국민행복기금의 신용회복지원을 받아 6개월 이상 성실히 상환하고 있는 자는 소액대출 대상자에 포함된다.
☐ O ☐ X

013 소액대출 대상자로는 한국자산관리공사, 국민행복기금, 한마음금융, 희망모아, 상록수제일차유동화전문유한회사, 그리고 사단법인 신용회복위원회에서 신용회복지원을 받아 9개월 이상 성실히 상환하고 있거나 완제(3년 이내)한 자 등이 해당한다.

014 한국자산관리공사는 금융회사 부실채권 인수, 정리 및 기업구조조정업무, 금융소외자의 신용회복지원업무, 국유재산관리 및 체납조세정리 업무를 수행하고 있는 준정부기관이다.
☐ O ☐ X

015 15억 원 이하의 양도담보권을 부담해야 하는 급여소득자는 개인채무자에 해당한다.
☐ O ☐ X

016 종합신용정보집중기관은 대통령령으로 정하는 금융기관 전체로부터의 신용정보를 집중관리·활용하는 신용정보집중기관으로 신용정보협회가 여기에 해당한다.
☐ O ☐ X

016 종합신용정보집중기관에 해당하는 것은 한국신용정보원이다.

017 대부업이란 여신금융기관으로부터 대부계약에 따른 채권을 양도받아 이를 추심하는 것을 업으로 하는 것이다.
☐ O ☐ X

018 여신금융기관이란 대통령령으로 정하는 법령에 따라 승인을 받아 대부업을 하는 금융기관이다.
☐ O ☐ X

018 여신금융기관이란 대통령령으로 정하는 법령에 따라 인가 또는 허가 등을 받아 대부업을 하는 금융기관이다(「대부업 등의 등록 및 금융이용자 보호에 관한 법률」 제2조 제4호).

| 013 | X | 014 | O | 015 | O |
| 016 | X | 017 | O | 018 | X |

019 채권추심업무라 함은 채권자의 위임을 받아 변제하기로 약정한 날까지 채무를 변제하지 아니한 자에 대한 재산조사, 변제의 촉구 또는 채무자로부터의 변제금 수령을 통하여 채권자를 대신하여 추심채권을 행사하는 행위이다.

020 신용조사업 및 채권추심업을 함께 하려는 경우에는 50억 원 이내에서 대통령령으로 정하는 금액(30억 원) 이상의 자본금을 갖추어야 한다.

021 대통령령으로 정하는 금융기관 등이 100분의 50 이상을 출자한 법인은 채권추심업의 허가를 받을 수 있다.

022 문제에서 설명하는 행위는 신용조사업이다(「신용정보의 이용 및 보호에 관한 법률」 제2조 제9호).

022 제3자의 의뢰를 받아서 신용정보를 조사하고, 그 신용정보를 그 의뢰인에게 제공하는 행위를 신용평가업이라 한다.

023 어음에 만기기재가 없으면 「어음법」의 구제규정에 의하여 일람출급의 어음으로 본다.

024 만기의 날로부터 3년간이다.

024 주채무자에 대한 어음의 지급제시 기간은 만기의 날로부터 5년간이다.

| 019 | O | 020 | O | 021 | O |
| 022 | × | 023 | O | 024 | × |

025 엽서에 의한 채무변제 요구 등 채무자 외의 자가 채무사실을 알 수 있게 하는 행위를 한 경우 1년 이하 징역 또는 1,000만 원 이하의 벌금에 처한다.
□ O □ X

025 엽서에 의한 채무변제 요구 등 채무자 외의 자가 채무사실을 알 수 있게 하는 행위를 한 경우 500만 원 이하의 과태료를 부과한다(「채권의 공정한 추심에 관한 법률」 제2조 제5호 및 제17조 제3항 참조).

026 서면독촉 시 봉투 겉면에 '최후통보'라고 기재한 후 봉투를 밀봉하여 '본인전달 요망'이라고 표기한다.
□ O □ X

026 서면독촉 시 봉투 겉면에 '연체안내문 재중', '최후통보'라고 기재해서는 아니 되며 봉투를 밀봉하여 '본인전달 요망'이라고 표기한다.

027 상담관리 시 채무자의 행동유형을 파악하면 합리적인 결과를 얻을 수 있다.
□ O □ X

028 채무불이행자에 대한 채무불이행정보 등록 업무 또한 신용정보협회의 업무 중 하나이다.
□ O □ X

028 신용정보협회의 업무에 해당하지 않는다.

029 신용정보업자의 고충 상담·처리는 신용정보협회의 업무에 해당한다.
□ O □ X

029 신용정보협회는 신용정보업 이용자 민원의 상담·처리를 담당하지만 신용정보업자의 고충 상담·처리를 담당하지는 않는다.

030 법원은 직권으로 법원사무관을 회생위원으로 선임할 수 있다.
□ O □ X

025	×	026	×	027	O
028	×	029	×	030	O

031 「개인정보 보호법」은 공개된 장소에서 범죄의 예방, 시설안전 및 화재 예방 등을 위하여 영상정보처리기기(CCTV)를 설치·운영할 수 있는 근거가 되는 법률이다.
☐ O ☐ X

032 해당 공간을 관리하는 권한이 있는 자는 범죄의 예방 및 수사를 위하여 필요한 경우 공개된 장소에 영상정보처리기기를 설치·운영할 수 있다.

032 범죄의 예방 및 수사를 위하여 필요한 경우 관련 사건의 수사관에 한해 공개된 장소에 영상정보처리기기를 설치·운영할 수 있다.
☐ O ☐ X

033 100분의 10 이상의 주식 또는 출자지분을 소유하는 자이다.

033 주요주주란 누구의 명의로 하든지 자기의 계산으로 대부업자 등의 의결권 있는 발행주식 총수 또는 출자지분의 100분의 20 이상의 주식 또는 출자지분을 소유하는 자이다.
☐ O ☐ X

034 신용카드대금 연체정보의 등록은 5만 원 이상의 신용카드대금을 3개월 이상 연체한 거래처를 대상으로 한다.
☐ O ☐ X

035 신용능력정보는 회사의 개황, 사업의 내용 등 일반정보, 재무상태, 재무비율 등 재무에 관한 사항, 감사인의 감사의견 및 납세실적 등 비재무에 관한 사항으로 현재는 은행권 내에서 주로 집중 및 활용되고 있다.

035 신용능력정보는 금융거래 등 상거래와 관련하여 신용정보주체의 거래내용 및 신용도 등을 판단할 수 있는 정보로서 연체정보, 대위변제·대지급정보, 부도정보, 관련인정보, 금융질서문란정보를 말한다.
☐ O ☐ X

036 채권추심업에 따른 업무는 신용정보업에 속하지 아니한다.
☐ O ☐ X

031	O	032	X	033	X
034	O	035	X	036	O

037 사망자 정보, 금융질서문란정보는 공공정보로 분류된다.
□ O □ X

037 금융질서문란정보는 신용도 판단정보로 분류된다.

038 개인회생절차개시의 신청서에 기재해야 할 사항으로 채무자의 가족관계도 포함된다.
□ O □ X

038 개인회생절차개시의 신청서에 기재해야 할 사항으로는 채무자의 성명·주민등록번호 및 주소, 신청의 취지 및 원인, 채무자의 재산 및 채무 등이 있다.

039 개인회생채권자는 개인회생채권자집회에서 변제계획에 관하여 이의를 진술할 수 있다.
□ O □ X

040 가등기에 터잡아 본등기가 이루어지는 경우에 그 순위는 가등기의 순위에 따르는 바 이때 이 본등기에 저촉하는 가등기 이후의 제3자 등기는 등기관이 직권으로 말소한다.
□ O □ X

041 부동산등기부등본에서 갑구에는 소유권에 관한 사항으로 소유권의 변동사항과 가압류, 가등기, 가처분 등이 기재되고 압류에 관한 사항은 을구에 기재된다.
□ O □ X

041 부동산등기부등본 갑구에는 소유권에 관한 사항, 즉 현재 소유자와 과거의 소유자(소유권 변동사항), 가압류, 가처분, 압류(경매), 가등기, 예고등기 등, 권리의 변경등기, 말소 및 회복등기 등이 기재된다.

042 갑구나 을구에 기재된 부기등기의 순위는 주등기의 순위에 의한다.
□ O □ X

| 037 | × | 038 | × | 039 | O |
| 040 | O | 041 | × | 042 | O |

043 배서의 연속이라 함은 발행인으로부터 현재의 어음소지인에 이르기까지 어음상의 권리이전의 경로가 형식적으로 연속되어 있음을 말한다.

□ O □ ×

044 배서인이 어음에 이름이나 배서한다는 말도 적지 않은 채 단순히 기명날인 양도한 경우 배서는 유효하다.

□ O □ ×

045 배서가 단절된 경우에도 어음소지인은 배서 단절 전의 자에 대해서는 어음금을 청구할 수 있다.

□ O □ ×

> **045** 배서 단절 전의 자에 대해서는 어음금을 청구할 수 없다.

046 지급기일이 있는 약속어음에 공증을 받은 경우 이 어음소지인의 발행인에 대한 어음상의 청구권 소멸시효기간은 지급기일로부터 10년이다.

□ O □ ×

> **046** 소멸시효기간은 지급기일로부터 3년이다.

047 상환된 약속어음 배서인의 다른 배서인에 대한 청구권의 소멸시효기간은 그 배서인이 어음을 회수한 날 또는 제소(提訴)된 날로부터 9개월이다.

□ O □ ×

> **047** 6개월이다.

048 약속어음의 발행인에 대한 어음상의 청구권 소멸시효기간은 원칙적으로 만기일로부터 3년이다.

□ O □ ×

043	O	044	O	045	×
046	×	047	×	048	O

049 신용회복지원협약 외 채권자에 대한 채무액이 신용회복위원회가 정하는 일정비율 이하인 자는 개인워크아웃 신청부적격자이다.
☐ O ☐ X

049 개인워크아웃 신청부적격자가 아니다.

050 채무조정의 효력이 상실된 날부터 6개월 이상 경과하지 아니한 자는 채무조정을 신청할 수 없다.
☐ O ☐ X

051 재산을 도피·은닉하거나 고의로 책임재산의 감소를 초래한 자는 신용회복지원 신청부적격자이다.
☐ O ☐ X

052 일정한 수입이 있는 급여소득자 또는 영업소득자로서 현재 과다한 채무로 인하여 지급불능상태에 빠져 있는 개인채무자의 채권자는 개인회생절차를 신청할 수 있다.
☐ O ☐ X

052 개인채무자는 법원에 개인회생절차의 개시를 신청할 수 있다.

053 「신용정보의 이용 및 보호에 관한 법률」에 따라 금고 이상의 실형을 선고받고 그 집행이 끝나거나(집행이 끝난 것으로 보는 경우를 포함한다) 집행이 면제된 날부터 5년이 지나지 아니한 자는 임원으로 채용하거나 고용하여서는 아니 된다.
☐ O ☐ X

053 3년이 지나지 아니한 자는 임원으로 채용하거나 고용할 수 없다(「신용정보의 이용 및 보호에 관한 법률」 제22조 제2항 제4호 참조).

054 생명보험협회, 여신금융협회, 한국신용정보원은 개별신용정보집중기관에 속한다.
☐ O ☐ X

054 한국신용정보원은 종합신용정보집중기관에 속한다.

049	×	050	O	051	O
052	×	053	×	054	×

055 법원은 채권자의 신청에 따라 지급명령을 할 수 있으며 이 경우 채무자의 보통재판적이 있는 곳의 지방법원이 관할법원이 된다.	055 지급명령은 당사자 합의로 1심 관할법원을 정할 수 있다. ☐ O ☐ X
	056 재산조회 관할법원은 재산명시절차를 실시한 법원이다. ☐ O ☐ X
	057 가압류 관할법원은 본안의 관할법원 또는 가압류 물건이 있는 곳을 관할하는 법원이다. ☐ O ☐ X
058 개인(소비자)파산제도의 면책 불허가 사유에 해당하지 않는다.	058 채무자에 대한 파산절차의 신청이 기각된 경우 개인파산제도의 면책 불허가 사유가 된다. ☐ O ☐ X
	059 채무자가 면책의 신청 전에 면책을 받은 사실이 있는 경우 면책허가결정의 확정일로부터 7년이 경과하지 아니하였다면 소비자파산제도의 면책 불허가 사유가 된다. ☐ O ☐ X
	060 법원은 채무자가 파산선고 전 1년 이내에 파산의 원인인 사실이 있음에도 불구하고 그 사실이 없는 것으로 믿게 하기 위하여 그 사실을 속이거나 감추고 신용거래로 재산을 취득한 사실이 있는 때에는 면책을 허가하여서는 아니 된다. ☐ O ☐ X

055	X	056	O	057	O
058	X	059	O	060	O

061 국제협약 등에 따라 외국의 금융감독기구에 금융회사가 가지고 있는 개인신용정보를 제공하는 경우 해당 신용정보주체로부터 개별적으로 동의를 받아야 한다.
◯ ✕

061 문제에서 설명하는 경우에는 신용정보주체로부터 별도의 동의를 받지 않아도 된다.

062 신용정보제공·이용자가 개인신용정보를 타인에게 제공하려는 경우에는 원칙적으로 국무총리령으로 정하는 바에 따라 해당 신용정보주체로부터 개인신용정보를 제공할 때마다 미리 개별적으로 동의를 받아야 한다.
◯ ✕

062 원칙적으로 대통령령으로 정하는 바에 따라 해당 신용정보주체로부터 개별적으로 동의를 받아야 한다.

063 조세에 관한 법률에 따른 질문·검사 또는 조사를 위하여 관할 관서의 장이 서면으로 요구하거나 조세에 관한 법률에 따라 제출의무가 있는 과세자료의 제공을 요구함에 따라 제공하는 경우에는 해당 신용정보주체로부터 동의를 받지 않아도 된다.
◯ ✕

064 「자산유동화에 관한 법률」에서 대통령령으로 정하는 자산관리자의 요건 중 자본금의 규모는 10억 원 미만이다.
◯ ✕

064 자본금이 10억 원 이상일 경우 자산관리자의 요건에 해당한다.

065 「자산유동화에 관한 법률」에서 대통령령으로 정하는 자산관리자의 요건에 해당하려면 최대출자자가 외국인인 경우 그 외국인이 자산관리업무를 전문적으로 영위하거나 겸영하여야 한다.
◯ ✕

066 부동산등기부등본에서 을구에는 저당권, 전세권이 기재되고 갑구에 지상권이 기재되어야 한다.
◯ ✕

066 을구에는 소유권 이외의 권리인 저당권, 전세권, 지역권, 지상권, 임차권 등을 기재한다.

| 061 | ✕ | 062 | ✕ | 063 | ◯ |
| 064 | ✕ | 065 | ◯ | 066 | ✕ |

067 임차권은 그 자체로는 채권적 성격을 지니나 등기됨으로써 물권적 성질로 전환이 이루어져 우선변제받을 수 있다.

067 부동산등기부등본의 을구에 기재되는 임차권은 그 자체로 채권적 성격을 지니기 때문에 등기됨으로써 물권적 성질로 전환이 이루어져도 우선변제받을 수 없다.
☐ O ☐ X

068 정부, 지방자치단체, 금융기관이 신용관리규약에 따라 신용도판단정보 등록 대상에서 제외되려면 자본금의 30% 이상을 출자하여야 한다.

068 자본금의 25% 이상을 출자한 정부, 지방자치단체, 금융기관은 한국신용정보원의 신용관리규약에 따라 신용도판단정보 등록 대상에서 제외된다.
☐ O ☐ X

069 본인 소유 부동산을 담보로 한 가계자금대출로서 동 부동산의 소유권 이전에 따른 채무인계절차 미필로 등록대상이 된 매도인의 경우 관련인 등록을 하지 않아도 된다.
☐ O ☐ X

070 다중채무자를 상담할 때에는 인간적인 접근이 필요하다. 또한, 고객 상담자라는 인식을 심어주면 상담에 도움이 된다.

070 다중채무자의 경우 주민등록지와 실제 거주지가 다른 경우가 많고 법적 처리에 별 반응을 보이지 않으며, 무성의하거나 책임감이 없는 경우가 많으므로 인간적인 접근은 상담에 도움이 되지 않는다.
☐ O ☐ X

071 20대 초반의 채무자는 주변에 의존하는 성향이 있다.

071 20대 초반의 채무자는 자존심이 강하고 쉽게 흥분하며 신용 개념이 없지만 그만큼 독립적인 성향이 강하다.
☐ O ☐ X

072 약속어음 기재 시 발행인을 선택적으로 기재할 경우 무효이다.
☐ O ☐ X

067	×	068	×	069	O
070	×	071	×	072	O

073 약속어음 기재 시 발행인이 법인인 경우 법인명만 기재하고 날인하면 된다. ☐ O ☐ X

073 발행인이 법인인 경우 법인명과 함께 대표 발행인의 성명까지 기재하고 날인해야 한다.

074 계약은 서면으로 하여야 하고 구두만으로 계약을 체결할 수 없다. ☐ O ☐ X

074 계약은 서면과 같이 형식이 있는 요식계약과 구두와 같이 형식이 없는 불요식계약으로 나눌 수 있다.

075 계약서에 반드시 기명날인을 하여야 하는 요식계약 이외에는 도장을 찍지 않아도 서명만으로 작성할 수 있다. ☐ O ☐ X

076 「개인정보 보호법」상 정보주체는 개인정보의 처리에 따른 이익에 대해 일정한 대가를 요구할 권리가 있다. ☐ O ☐ X

076 정보주체는 개인정보의 처리에 따른 이익에 대해 일정한 대가를 요구할 권리가 없다.

077 개인정보의 처리 여부를 확인하고 개인정보에 대하여 열람을 요구하는 것은 「개인정보 보호법」상 정보주체의 권리이다. ☐ O ☐ X

078 법원은 채무자가 개인회생절차의 비용을 납부하지 아니한 때에는 개인회생절차개시의 신청을 기각할 수 있다. ☐ O ☐ X

073	×	074	×	075	O
076	×	077	O	078	O

079 개인정보처리자는 특정 경우를 제외하고는 주민등록번호를 처리할 수 없다.

079 「개인정보 보호법」상 개인정보처리자는 예외 없이 주민등록번호를 처리할 수 없다.
〇 ×

080 주민등록번호 뒤의 7자리 숫자 중 첫 번째 숫자는 남녀를 구분한다.

080 사업자등록증 뒤의 7자리 숫자 중 첫 번째 숫자는 남녀를 구분한다.
〇 ×

081 주민등록번호 앞의 6자리 숫자는 생년월일을 의미한다.
〇 ×

082 개인회생절차개시의 신청권자는 개인채무자이므로, 개인채무자는 법원에 개인회생절차의 개시를 신청할 수 있다.

082 개인채무자는 법원에 개인회생절차의 개시를 신청할 수 없다.
〇 ×

083 3년 이상 5년 이내의 범위에서 금융위원회가 정하여 고시한다.

083 신용정보의 활용기간 및 보존기간은 2년 이상 5년 이내의 범위에서 금융위원회가 정하여 고시한다.
〇 ×

084 신용정보회사 등은 공공기관의 장이 관계 법령에서 정하는 공무상 목적으로 이용하기 위하여 신용정보의 제공을 문서로 요청한 경우에는 그 신용정보를 제공할 수 있다.
〇 ×

079	×	080	×	081	〇
082	×	083	×	084	〇

085 채권관리 시 단계별 정보수집 절차는 연락가능성 파악 → 변제능력 파악 → 변제의사 파악 → 변제의사 고취 → 이해관계인 파악이다.

☐ O ☐ X

085 채권관리 시 단계별 정보수집 절차는 연락가능성 파악 → 변제의사 파악 → 변제능력 파악 → 변제의사 고취 → 이해관계인 파악이다.

086 2000년 이후 남자의 주민등록번호 뒤 7자리 숫자 중 첫 번째 자리의 숫자는 3이다.

☐ O ☐ X

087 주민등록번호 뒤의 7자리 숫자 중 맨 마지막 숫자는 주민등록을 기재하는 순서대로 매긴다.

☐ O ☐ X

087 주민등록번호 뒤 7자리 숫자 중 맨 마지막 숫자는 검증번호로, 앞의 번호들이 정상적으로 조합됐는지를 확인하는 일종의 암호이다.

088 등기부등본은 표제부, 갑구, 을구로 구성되어 있다.

☐ O ☐ X

089 토지·건축물 관리대장에도 가압류, 가처분, 경매, 압류, 저당권 등에 관한 내용이 모두 등록된다.

☐ O ☐ X

089 가압류, 가처분, 경매, 압류, 저당권 등의 내용은 부동산등기부에 기재된다.

090 부동산등기부의 갑구에는 소유권에 관한 사항이 등재된다.

☐ O ☐ X

085	×	086	O	087	×
088	O	089	×	090	O

091 을구에는 소유권 이외의 권리인 저당권, 전세권, 지역권, 지상권, 임차권 등이 기재된다.

091 부동산등기부등본의 을구에는 저당권, 전세권, 지역권, 지상권, 권리의 변경등기 등이 기재된다.
☐ O ☐ X

092 방문상담의 진행 절차는 인식 → 탐색 → 설득·타협 → 촉구 → 변제이다.
☐ O ☐ X

093 보증인, 잦은 전·출입자는 서면상담관리 대상자이다.
☐ O ☐ X

094 채무자의 행동유형을 파악하기 위한 분류기준에 채무자의 성격도 포함된다.
☐ O ☐ X

095 주소는 동시에 두 곳 이상 있을 수 있다.

095 주소는 동시에 두 곳 이상 있을 수 없다.
☐ O ☐ X

096 거소를 주소로 본다(「민법」 제19조).

096 주소를 알 수 없으면 행방불명으로 처리한다.
☐ O ☐ X

091	×	092	O	093	O
094	O	095	×	096	×

097 어느 행위에 있어서 가주소를 정한 때에는 그 행위에 관하여 이를 주소로 본다.
☐ O ☐ X

098 법원은 신청일부터 1월 이내에 개인회생절차의 개시 여부를 결정하여야 한다.
☐ O ☐ X

099 수표도 어음에서와 같은 배서가 인정되고 있으나 어음은 지급만을 목적으로 하는 특성 때문에 수표의 배서와는 다른 점이 있다.
☐ O ☐ X

099 지급만을 목적으로 하는 특성을 가진 것은 수표이다.

100 배서란 어음이나 수표의 소지인이 어음의 이면에 일정사항을 기재 후 어음을 교부함으로써 어음상의 권리를 이전하는 것을 말한다.
☐ O ☐ X

101 연체정보가 해제되었더라도 신용카드대금이 500만 원 또는 대출금이 1,000만 원을 넘을 경우 최고 3년 동안 기록이 삭제되지 않는다.
☐ O ☐ X

101 최고 1년 동안 기록이 삭제되지 않는다.

102 개인회생절차개시의 결정이 있는 때에는 반드시 채무자에 대한 회생절차 또는 파산절차가 중지 및 금지된다.
☐ O ☐ X

097	O	098	O	099	X
100	O	101	X	102	O

103 개인회생채권에 기하여 개인회생재단에 속하는 재산에 대하여 한 강제집행·가압류 또는 가처분은 개인회생절차개시의 결정 시 채권자목록에 기재된 채권에 의한 경우에 한해 중지 및 금지된다.
☐ O ☐ X

104 도덕적 책임의식이 강하고 자녀에 대한 체면을 중요시 여기는 것은 50대 이상 채무자의 일반적 특성이다.
☐ O ☐ X

105 20대 중반에서 30대 초반의 채무자는 담당자의 설득을 부정적으로 받아들이는 경우가 많고 타 연령대보다 민원제기 가능성이 상대적으로 높다.

105 20대 중반에서 30대 초반 채무자의 일반적인 특성 중 하나는 타 연령대보다 민원제기 가능성이 상대적으로 높지만 담당자의 설득을 긍정적으로 받아들이는 경우가 많다는 것이다.
☐ O ☐ X

106 채무변제 회피 방법을 알고 있는 경우가 많고 자기 위주로 채무를 변제하는 것은 20대 중반에서 30대 초반 채무자의 일반적인 특성 중 하나이다.
☐ O ☐ X

107 최초의 전화상담은 안내·협조의 목적으로 정중하고 부드럽게 해야 한다. 이때 채무자의 자존심을 세워주는 호칭을 사용하는 것이 좋다.

107 채무자와 전화상담을 할 때 법적인 강제집행부터 실시한다고 일방적으로 독촉하여 채무자에 대한 기선을 제압한다.
☐ O ☐ X

108 과도한 채무의 위험성을 알리는 경고문구에 해당한다.

108 "과도한 빚, 고통의 시작입니다."는 대부계약과 관련된 신용등급의 하락 가능성을 알리는 경고문구에 해당한다.
☐ O ☐ X

| 103 | O | 104 | O | 105 | X |
| 106 | O | 107 | X | 108 | X |

109. 경고문구는 지면 및 방송 광고의 경우에 표기한다. 다만, 광고면적이 250㎠ 미만인 지면광고에 대해서는 경고문구를 생략할 수 있다.
   □ O □ X

   109. 광고면적이 150㎠ 미만인 지면광고에 대해서는 경고문구를 생략할 수 있다.

110. 채무가 과다하고 채무관계가 복잡한 채무자는 주민등록지와 실제 거주지가 다른 경우가 많고 법적 처리에는 과민한 반응을 보인다.
   □ O □ X

   110. 법적 처리에 별 반응을 보이지 않으며 무성의하거나 책임감이 없는 경우가 많다.

111. 이혼이나 별거 등으로 가정불화 중인 채무자에게는 가정상황과 직접 관련된 이야기는 가급적 피하고 상대 입장에 동조하며 친절한 사람이라는 인식을 심어주는 것이 좋다.
   □ O □ X

112. 채무자가 행방불명인 경우에는 가족에게 채무사실을 상세히 알리고 채무자나 가족이 불이익을 받게 된다는 것을 확실히 하여 대위변제를 유도한다.
   □ O □ X

   112. 채무자의 가족과는 가족 등이 채무사실을 미리 알고 면담 및 해결방안 문의 시에만 접촉한다. 이때 채무자에 대한 정보파악을 위해 진지한 면담이 필요하며 채무자를 도와주려 한다는 점을 부각한다.

113. 부동산 가압류를 위한 일반적인 업무절차는 채무자의 재산조사와 부동산 소유 확인 → 부동산 가압류 신청 → 담보제공명령 및 담보제공 → 부동산 가압류 결정 → 부동산 가압류 기입등기 촉탁 순이다.
   □ O □ X

114. 신용정보의 처리를 위탁하려는 신용정보회사 등으로서 대통령령으로 정하는 자는 제공하는 신용정보의 범위 등을 대통령령으로 정하는 바에 따라 금융위원회에 알려야 한다.
   □ O □ X

| 109 | × | 110 | × | 111 | O |
| 112 | × | 113 | O | 114 | O |

115 신용정보회사 등은 개인신용정보를 제공하거나 제공받은 경우 제공하거나 제공받은 날짜에 대한 기록을 3년간 보존하여야 한다.

☐ O ☐ X

116 채무자 사망 시 사망 전에 채무자를 상대로 집행권원을 획득한 경우에는 승계집행문을 부여받은 후 상속인의 재산에 대한 강제집행을 한다.

☐ O ☐ X

117 승계집행문을 부여받아 채무자에게 집행할 수 있다.

117 집행권원에 표시된 채무자를 위하여 집행권원에 표시된 채권자에게 대위변제한 자는 가처분결정문을 부여받아 채무자에게 집행할 수 있다.

☐ O ☐ X

118 신고말소란 세대주가 세대원이 살고 있지 않음을 신고하여 말소하는 것이다.

118 신고말소란 관공서에서 주민등록등재자가 더 이상 그곳에 거주하지 않음을 알았을 경우 직권으로 말소하는 것이다.

☐ O ☐ X

119 개인워크아웃제도의 대상자는 총 채무액 15억 원(담보채무 10억 원 이하, 무담보채무 5억 원 이하) 이하인 자이어야 한다.

119 개인워크아웃제도 신청은 금융기관에 대한 총 채무액이 20억 원 이하인 금융채무 불이행자가 신청할 수 있다.

☐ O ☐ X

120 재산을 도피하거나 은닉한 자는 신청할 수 없다.

120 개인워크아웃제도는 재산을 도피하거나 은닉한 자도 신청할 수 있다.

☐ O ☐ X

115	O	116	O	117	X
118	X	119	X	120	X

121 개인신용회복지원제도는 원칙적으로 최저생계비 이상의 수입이 있으면 신청할 수 없다.　◯ ✕

121 원칙적으로 최저생계비 이상의 수입이 있어야 신청할 수 있다.

122 채무자가 변제계획안의 제출기한을 준수하지 아니한 때에는 개인회생절차개시 신청이 기각된다.　◯ ✕

123 개인회생절차에 의함이 채권자 일반의 이익에 적합하지 아니한 때 개인회생절차개시 신청은 기각된다.　◯ ✕

124 개인회생절차개시 신청의 기각사유 중에는 채무자가 개인회생 개시결정일 전 5년 이내에 면책(파산절차에 의한 면책 포함)을 받은 사실이 있는 경우도 포함된다.　◯ ✕

124 채무자가 개인회생절차 개시 신청일 전 5년 이내에 면책(파산절차에 의한 면책을 포함)을 받은 사실이 있는 경우 개인회생절차개시 신청은 기각된다.

125 「대부업 등의 등록 및 금융이용자 보호에 관한 법률」에 따른 여신금융기관의 최고이자율은 연 100분의 25이다.　◯ ✕

125 연 100분의 27.9 이하의 범위에서 대통령령으로 정하는 율(연 100분의 20)을 초과할 수 없다(「대부업 등의 등록 및 금융이용자 보호에 관한 법률」 제8조 제1항).

126 「이자제한법」상 대차원금이 10만 원 미만인 경우 최고이자율은 연 25퍼센트이다.　◯ ✕

126 대차원금이 10만 원 미만인 대차의 이자에 관하여는 최고이자율 연 25퍼센트라는 조항을 적용하지 아니한다(「이자제한법」 제2조 제5항 참조).

| 121 | ✕ | 122 | ◯ | 123 | ◯ |
| 124 | ✕ | 125 | ✕ | 126 | ✕ |

127 대부업 등록을 마친 대부업자의 최고이자율은 연 100분의 25이다.
□ O □ X

127 연 100분의 27.9 이하의 범위에서 대통령령으로 정하는 율(연 100분의 20)을 초과할 수 없다(「대부업 등의 등록 및 금융이용자 보호에 관한 법률」 제8조 제1항).

128 유동화전문회사는 유동화자산의 관리·운용 및 처분업무를 담당한다.
□ O □ X

129 유동화전문회사는 본점 외의 영업소를 설치할 수 있다.
□ O □ X

129 본점 외의 영업소를 설치할 수 없으며 직원을 고용할 수 없다.

130 유동화전문회사가 아닌 자는 그 상호 또는 업무를 표시함에 있어서 유동화전문회사임을 나타내는 문자를 사용하여서는 아니 된다.
□ O □ X

131 유체동산가압류는 결정문이 채무자에게 송달된 날로부터 14일 이내에 유체동산 소재지 관할법원 집행관에게 가압류 집행 신청을 해야 한다.
□ O □ X

131 14일 이내에 가압류가 집행된다.

132 부동산가압류 신청서 제출 시 법원의 담보제공 명령 전에 미리 보증보험증권을 발급받아 첨부하는 선 담보제공은 허용되지 않는다.
□ O □ X

132 선 담보제공은 허용된다.

127	×	128	O	129	×
130	O	131	×	132	×

133 채권가압류 신청 시 제3채무자가 국가인 경우, 제3채무자는 "대한민국 위 법률상 대표자 법무부장관 ○○○"로 표시하고 소관처(부서) 등을 기재한다.
☐ O ☐ X

134 이행권고제도에서 피고는 이행권고결정서의 등본을 송달받은 날부터 2주일 내에 서면으로 이의신청을 할 수 있다.
☐ O ☐ X

135 이행권고제도는 소액사건에서 간이한 처리와 당사자의 법정 출석의 불편을 덜어주고자 함이다.
☐ O ☐ X

136 법원사무관 등은 이행권고결정서 등본을 피고에게 송달하여야 한다. 그 송달은 우편송달 또는 공시송달의 방법으로 할 수 있다.
☐ O ☐ X

136 그 송달은 「민사소송법」 제187조(우편송달), 제194조(공시송달의 요건) 내지 제196조(공시송달의 효력발생)에서 규정한 방법으로는 할 수 없다.

137 신용정보주체의 거래내용을 판단할 수 있는 정보는 「신용정보의 이용 및 보호에 관한 법률」상 신용정보에 해당한다.
☐ O ☐ X

138 주로 생계형 소비자인 경우나 실직·사업실패의 사례가 많은 채무자의 연령대는 50대 이상이다.
☐ O ☐ X

138 30대 중반에서 40대 초반 채무자의 특징이다.

| 133 | O | 134 | O | 135 | O |
| 136 | X | 137 | O | 138 | X |

139 신용정보주체의 신용도를 판단할 수 있는 정보는 「신용정보법」 상 신용정보에 해당한다.
○ ×

140 신용정보제공·이용자란 고객과의 금융거래 등 상거래를 위하여 본인의 영업과 관련하여 얻거나 만들어 낸 신용정보를 타인에게 제공하거나 타인으로부터 신용정보를 제공받아 본인의 영업에 이용하는 자와 그 밖에 이에 준하는 자로서 대통령령으로 정하는 자를 말한다.
○ ×

141 개인회생채권자는 개인회생절차폐지결정이 확정된 때에는 채무자에 대하여 개인회생채권자표에 기하여 강제집행을 할 수 있다.
○ ×

142 개인회생채권조사확정재판에 불복하는 자는 결정서의 송달을 받은 날부터 1월 이내에 이의의 소를 제기할 수 있다.
○ ×

143 민사채권의 경우 「민사집행법」에 따라 강제집행을 할 수 있는 금전채권을 말한다.

143 채무자로부터 변제각서를 받은 민사채권은 채권추심회사가 채권추심을 수임할 수 있는 채권에 해당한다.
○ ×

144 채권추심회사는 운송사업자의 운송계약에 의한 운송료채권에 대해 채권추심을 수임할 수 있다.
○ ×

139	○	140	○	141	○
142	○	143	×	144	○

145 신탁업자가 유동화증권을 발행하여 신탁받은 금전으로 자산보유자로부터 유동화자산을 양도받아 당해 유동화자산의 관리·운용·처분에 의한 수익이나 차입금 등으로 유동화증권의 수익금을 지급하는 일련의 행위를 자산유동화라 한다.
[O | X]

146 분할상환방식의 개인주택자금대출금은 3개월 이상 연체한 경우 연체정보로 등록된다.
[O | X]

146 9개월 이상 연체한 경우 연체정보로 등록된다(다만, 만기 경과 시에는 3개월 이후 등록한다).

147 대출원금, 이자 등을 6개월 이상 연체한 경우 연체정보로 등록된다.
[O | X]

147 3개월 이상 연체한 경우 연체정보로 등록된다.

148 신용정보의 제공을 요청하는 자는 관계 법령에 따라 열람료 또는 수수료 등을 내야 한다.
[O | X]

149 법령에 따라 해임되거나 면직된 후 5년이 지난 자는 신용정보업에 종사할 수 있다.
[O | X]

150 위임직채권추심인이었던 자로서 등록이 취소된 지 5년이 지나지 아니한 자는 신용정보업에 종사할 수 있다.
[O | X]

150 위임직채권추심인이었던 자로서 등록이 취소된 지 5년이 지나지 아니한 자는 신용정보업에 종사할 수 없다(「신용정보의 이용 및 보호에 관한 법률」 제27조 제1항 제8호).

145	O	146	×	147	×
148	O	149	O	150	×

제4과목 고객관리 및 민원예방

001 채권금융회사 및 채권추심회사는 채권추심업무를 직접 수행하는 채권추심업 종사자 등에 대해서는 본인 담당 채권에 대해서만 관련 정보를 접근할 수 있도록 시스템을 갖추어야 하며 관련 정보를 PC로 다운로드하거나 화면 캡처 또는 출력하는 등의 방법을 이용할 수 없도록 하여야 한다. ○ ×

002 채권의 구성요건으로 적법성, 실현가능성, 사회적 타당성, 확정성이 있다.

002 채권은 채권자가 채무자에게 급부를 청구할 수 있는 권리로 적법성, 실현가능성, 사회적 타당성 등을 갖고 있지만 확정성은 채권의 구성요건에 포함되지 않는다. ○ ×

003 채권관리 업무는 부실채권 발생 → 채권관리 → 원인분석 및 대책수립 → 효과적 방안모색 후 실행 → 채권회수 순으로 진행된다. ○ ×

004 채권추심을 위하여 채무자에게 오인, 착각, 부지를 일으키도록 계략을 사용하는 행위를 위계의 사용이라 한다.

004 위계의 사용이란 채무자 의사의 자유를 제압·혼란하게 할 만한 일체의 힘을 사용하는 행위이다. ○ ×

005 감금이란 유형력과 무형력을 불문하고 사람을 일정한 장소 밖으로 나가지 못하게 하여 신체활동의 자유를 장소적으로 제한하는 것이다.

005 감금이란 사람의 신체에 대하여 직접적·현실적인 구속을 가하여 그 신체활동의 자유를 박탈하는 행위이다. ○ ×

006 폭행이란 채무자나 관계인에 대하여 직·간접적으로 육체적·정신적인 고통을 가하는 일체의 행위이다. ○ ×

001	○	002	×	003	○
004	×	005	×	006	○

007 LTV는 주택담보대출의 연간원리금 상환액과 기타 부채의 연간이자 상환액의 합을 연소득으로 나눈 비율이다.
☐ O ☐ X

007 LTV는 집을 담보로 은행에서 돈을 빌릴 때 집의 자산가치를 얼마로 보는가의 비율이다.

008 DTI는 총부채상환비율이다.
☐ O ☐ X

009 BIS는 국제결제은행으로 중앙은행과 다른 기관 사이의 협력을 위한 역할을 하는 국제기구이며 국제금융 안정을 추구한다.
☐ O ☐ X

010 법적인 집행권원이 없으면서도 채무를 변제하지 않을 경우 곧바로 압류·경매 등 강제집행 신청이나 재산관계명시신청 등을 취하겠다고 언급하는 행위는 위계에 해당한다.
☐ O ☐ X

011 위계와 관련된 사례 중에는 채무자의 의사를 제압함에 충분한 다수인이 채무자의 거주지, 직장 등을 방문하여 공포 분위기를 조성하는 행위도 포함된다.
☐ O ☐ X

011 채무자의 의사를 제압함에 충분한 다수인이 채무자의 거주지, 직장 등을 방문하여 공포 분위기를 조성하는 행위는 위력의 사용과 관련된 사례이다.

012 채무자의 근무 장소에서 고함을 지르고 난동을 부리는 행위는 위력의 사용과 관련된 사례에 속한다.
☐ O ☐ X

| 007 | × | 008 | O | 009 | O |
| 010 | O | 011 | × | 012 | O |

013 직불카드는 예금계좌 잔액 범위 내에서만 사용할 수 있다.

013 직불카드는 예금계좌 잔액 범위 내에서 사용할 수 있고 잔액이 없어도 일정 금액 범위 내에서는 마이너스 대출 방식으로 신용공여가 가능하기 때문에 신용카드처럼 사용할 수 있는 카드를 말한다.

| O | X |

014 치킨 게임이란 누군가 이득을 얻으면 그만큼 다른 누군가는 손실을 보는 상황으로 한정된 시장에서 경쟁이 매우 치열한 상황에 나타나는 현상이다.

| O | X |

015 회사 경영진에 속하지 않는 이사로 평소에는 자기 직업에 종사하다 분기 1회 정도 열리는 이사회에 참석해 기업 경영활동을 감시하는 역할을 담당하는 사람들을 사외이사라 한다.

015 사내이사는 회사 경영진에 속하지 않는 이사를 말하며 이들은 평소에 자기 직업에 종사하다 분기 1회 정도 열리는 이사회에 참석해 기업 경영활동을 감시하는 역할을 담당한다.

| O | X |

016 신용관리담당자는 연체채무자에 대해 위압적인 태도가 회수 효율성을 높일 수 있다는 마음가짐을 버리고 채무자의 인권보호를 위하여 노력하는 자세로 임해야 한다.

| O | X |

017 신용관리담당자는 관련 법령을 준수하고 공정하고 합리적인 기준에 따라 투명하게 직무를 수행해야 한다.

| O | X |

018 필요하다면 언쟁을 통해서라도 채무자를 설득하도록 노력하는 것은 바람직한 신용관리담당자의 마음가짐이 아니다.

| O | X |

| 013 | X | 014 | O | 015 | X |
| 016 | O | 017 | O | 018 | O |

019 주민등록 직권말소자는 서면을 통한 채권관리 대상에 포함된다.
〇 | ✕

019 서면을 통한 채권관리 대상에 포함되지 않는다.

020 법적 조치 대상자, 1회 이상의 위약자, 유선상 연락 불가자 등은 서면을 통한 채권관리 대상이다.
〇 | ✕

021 채권관리 대상 중 신규 수관 건은 특정 경우에 한해 서면을 발송한다.
〇 | ✕

021 신규 수관 건은 일괄적으로 서면을 발송한다.

022 신용관리담당자는 채무자의 경제적인 능력을 고려하되 항상 채권자에게 가장 적합한 상환조건과 계획을 제시하여야 한다.
〇 | ✕

022 채무자의 경제적 상황과 능력을 고려하여 채무자에게 유리하고 합리적인 상환계획을 제시한다.

023 신용관리담당자는 목표를 달성하기 위하여 협상전략을 수립하고 해결방안을 모색하여야 하므로 고객의 유형 및 상황에 따른 설득기법과 상담기법을 숙지하여야 한다.
〇 | ✕

024 신용관리담당자는 합리적이고 공정한 수단에 의한 정보수집 및 분석, 정보의 활용 및 축적이 채권회수를 위한 첩경임을 인식하여야 한다.
〇 | ✕

| 019 | ✕ | 020 | 〇 | 021 | ✕ |
| 022 | ✕ | 023 | 〇 | 024 | 〇 |

025 고객이 반대를 할 경우 그것을 그대로 수용한다. ○ ×

025 그대로 수용하기보다 문제해결에 접근할 수 있도록 적절한 방향으로 유도한다.

026 고객이 반대를 하더라도 반대의견에 대항적 태도를 보이거나 불쾌한 내색을 하지 않는다. ○ ×

027 고객이 반대를 할 경우 고객의 진의를 파악하기 위해 노력한다. ○ ×

028 유인설득 화법이란 동정심을 가미해서 연체자의 감정에 호소하는 방식으로 설득하는 방법이다. ○ ×

028 고객에게 고객의 이익을 제공하는 방식으로 설득하는 방법이다.

029 교육설득 화법은 고객의 심리적 변화나 성향에 부응하여 고객 스스로 자기 자신을 설득하게 하는 방법이다. ○ ×

029 연체로 인한 신용정보상 불이익 사례 등을 설명하는 방식으로 설득하는 방법이다.

030 신용관리사는 재정조언자, 법률전문가, 심리전문가 등의 역할을 수행하는 반면, 협상전문가, 정보관리자 등의 역할은 수행하지 않는다. ○ ×

030 신용관리사의 역할로는 재정조언자, 법률전문가, 심리전문가, 협상전문가, 정보관리자 등이 있다.

025	×	026	○	027	○
028	×	029	×	030	×

031 신용관리사는 전화가 보이지 않는 고객과의 만남임을 명심하고, 목소리 하나로 의사가 전달되기 때문에 더욱 세심하고 친절하게 대응해야 함을 늘 숙지한다.
◯ ✕

032 불만을 호소하는 고객의 경우 그 원인이 설사 고객에게 있더라도 감정적으로 대하지 말아야 한다.
◯ ✕

033 전화응대요령의 4단계는 인식·확인 단계 → 의논 단계 → 발전 단계 → 마무리 단계이다.
◯ ✕

033 인식·확인 단계 → 발전 단계 → 의논 단계 → 마무리 단계이다.

034 동시에 여러 전화가 올 경우 통화하던 사람에게 잠시 양해를 구한 다음 다른 전화를 받아 용건, 연락처 등을 남기게 한 후 다시 원래 통화하던 사람과 통화한다.
◯ ✕

035 외부에서 전화가 걸려왔을 때에는 무조건 연결해 주는 것이 전화응대의 기본태도로 적절하다.
◯ ✕

035 전화를 받을 사람이 통화 중일 때는 그 사실을 정중하게 말하고 급한 일이면 메모를 써서 보여줌으로써 통화 중인 전화를 잠깐 보류하고 긴급한 전화를 받도록 한다.

036 일반적으로 업무전화를 받는 쪽에서 먼저 끊는다.
◯ ✕

036 전화는 업무전화를 건 쪽에서 먼저 끊는다.

| 031 | ◯ | 032 | ◯ | 033 | ✕ |
| 034 | ◯ | 035 | ✕ | 036 | ✕ |

037 역할연기법은 다수의 연기자가 각자의 역할을 충실히 수행할 때 효과를 볼 수 있다. 따라서 역할연기법은 동료들의 도움을 통해 상담에 대한 능력을 높일 수 있다.

037 역할연기법을 통해 혼자서도 상담에 대한 능력을 높일 수 있다.
　　O | X

038 역할연기법을 통해 채무자의 입장을 이해함으로써 효과적인 회수기법을 습득할 수 있다.
　　O | X

039 역할연기법은 다양한 환경과 특성에 따른 신속하고 적절한 대응능력을 향상시킨다.
　　O | X

040 핫머니란 국제투기자본을 의미한다. 국제 정세의 급변, 사회적·정치적 불안, 환율 변동 등이 예상되는 경우 단기간의 금리 차익을 노리는 국제 금융시장의 유동성 단기자금이다.

040 핫머니란 국제 정세의 급변, 사회적·정치적 불안, 환율 변동 등이 예상되는 경우 장기간의 금리 차익을 노리는 국제 금융시장의 유동성 장기자금이다.
　　O | X

041 1997년 태국의 외환위기가 필리핀·한국·말레이시아 등에 영향을 끼쳐 우리나라가 IMF에 구제금융을 신청한 것은 데킬라 효과의 하나로 볼 수 있다.
　　O | X

042 1994년 멕시코의 외환사정 악화로 발생한 경제위기가 브라질, 아르헨티나 등 주변의 중남미 국가로 번진 데서 비롯되었다.

042 데킬라 효과란 1994년 아르헨티나의 외환사정 악화로 발생한 경제위기가 브라질, 멕시코 등 주변의 중남미 국가로 번진 데에서 비롯되었다.
　　O | X

| 037 | × | 038 | O | 039 | O |
| 040 | × | 041 | O | 042 | × |

043 신용관리담당자는 업무의 안정성을 잃을 수 있는 상황에서도 인사를 반드시 해야 한다.

☐ O ☐ X

043 인사를 하기 어려울 정도로 분주히 업무 중일 때는 인사를 하지 않아도 좋다. 오히려 인사를 하느라 업무의 안정성을 잃는 것보다는 열심히 몰두하는 것이 상대방을 편하게 한다.

044 인사는 상대방과 눈을 마주치며 밝게 인사말을 곁들여서 하는 것이 중요하다.

☐ O ☐ X

045 상대방과 처음 만났을 때에는 정중하면서도 밝고 명랑하게 인사를 하고, 다시 만나게 되었을 때에는 밝은 표정으로 목례를 하는 것이 좋다.

☐ O ☐ X

046 관련 법령을 준수하고 공정하고 합리적인 기준에 따라 투명하게 직무를 수행하는 것은 신용관리담당자가 반드시 지켜야 하는 행위이다.

☐ O ☐ X

047 개인적인 금전문제 등으로 인한 가정경제상황의 악화는 신용관리담당자가 업무수행 과정에서 저지르는 부정행위의 주요 원인에 속하지 아니한다.

☐ O ☐ X

047 신용관리담당자가 업무수행 과정에서 저지르는 부정행위의 주요 원인에는 개인적인 금전문제 등으로 인한 가정경제상황의 악화도 포함된다.

048 신용조사를 의뢰할 수 있는 자에 대하여는 큰 제한이 없다.

☐ O ☐ X

043	×	044	O	045	O
046	O	047	×	048	O

049 5단계는 자아실현의 욕구이다.

049 매슬로우의 욕구단계 중 미래지향적 욕구는 5단계에 해당한다.
　　 ○ | ×

050 레드칩은 1990년대를 전후해 홍콩 주식투자가들이 만들어 낸 용어이다.

050 레드칩은 1980년대를 전후해 중국 주식투자가들이 만들어 낸 용어로, 현재는 중국 정부와 국영기업이 최대주주로 참여해 홍콩에 설립한 기업들 가운데 우량기업들의 주식만을 가리킨다.
　　 ○ | ×

051 옐로우칩은 골든칩까지는 이르지 못한 중저가 우량주를 말한다.
　　 ○ | ×

052 고객에 대한 개념은 일반적으로 고객지향 → 고객제일 → 고객만족 → 고객감동의 시대적 변화과정을 거치고 있다.
　　 ○ | ×

053 경영자, 관리직원, 생산직원, 판매직원 등 재화나 용역의 공급자 측 구성원들을 일반적으로 내부고객이라 한다.
　　 ○ | ×

054 상호 비례 관계이다.

054 내부고객의 만족과 외부고객의 만족은 상호 반비례 관계이다.
　　 ○ | ×

| 049 | × | 050 | × | 051 | ○ |
| 052 | ○ | 053 | ○ | 054 | × |

055 TA이론에 의하면 사람의 자아상태는 특성에 따라 부모(P), 성인(A), 어린이(C)의 유형으로 분류할 수 있다.
○ | ×

056 CP(엄격한 부모의 마음)가 높은 담당자는 목소리를 크게 하면 상대방도 같이 목소리가 커지므로 목소리가 너무 커지지 않도록 유의해야 한다.
○ | ×

057 AC(순응하는 어린이 마음)가 높은 담당자의 경우 지나치게 관용적인 태도는 고객의 습관적인 연체를 불러일으키기 쉬운 부분이므로 취하지 않도록 한다.
○ | ×

> **057** AC(순응하는 어린이 마음)가 높은 담당자의 경우 목소리가 작고 말끝을 흐리는 경향이 있으므로 큰 목소리와 분명한 발음으로 이야기할 수 있도록 노력해야 한다.

058 신용조회업이란 신용정보를 수집·처리하는 행위, 신용정보주체의 신용도·신용거래능력 등을 나타내는 신용정보를 만들어 내는 행위 및 의뢰인의 조회에 따라 신용정보를 제공하는 행위를 말한다.
○ | ×

059 신용조회업무는 신용조회회사만이 영위할 수 있는 것이 원칙이지만 신용정보집중기관도 신용조회업무를 영위하고 있는 기관으로 볼 수 있다.
○ | ×

060 개인이든 법인이든 자신이 채권자로서 채권을 추심할 경우 법원의 승인이 필요하다.
○ | ×

> **060** 자신이 채권자로서 채권을 추심하는 것에는 전혀 문제가 없다.

055	○	056	○	057	×
058	○	059	○	060	×

061 금융자산은 토지, 건물, 기계, 설비, 원료, 제품 등의 실물자산에 대한 현금이나 유가증권, 보험, 기업 간의 신용 등을 말한다.

061 실물자산은 토지, 건물, 기계, 설비, 원료, 제품 등의 금융자산에 대한 현금이나 유가증권, 보험, 기업 간의 신용 등이다.
○ ×

062 연 2천만 원을 초과하는 경우 누진소득세율로 종합과세하는 것이다.

062 금융소득종합과세란 연간 개인 금융소득이 연 3천만 원을 초과하는 경우 누진소득세율로 종합과세하는 것이다.
○ ×

063 금융소득종합과세에서 말하는 개인 금융소득이란 이자 및 배당소득이다.
○ ×

064 고객만족은 미리 알 수도, 조절할 수도, 신뢰할 수도 없는 과정이다.
○ ×

065 고객서비스는 지속적인 프로그램이다.

065 고객서비스란 일회성 프로그램이다.
○ ×

066 고객서비스는 제품과 마찬가지로 하나의 상품이다.

066 고객서비스는 상품이 아니다.
○ ×

061	×	062	×	063	○
064	○	065	×	066	×

067 MOT 서비스가 중요한 이유는 고객이 경험하는 서비스 품질이나 만족도에 덧셈의 법칙이 적용되기 때문이다.
☐ O ☐ X

067 덧셈의 법칙이 아닌 곱셈의 법칙이 적용된다.

068 MOT 서비스는 고객이 조직의 일면과 접촉하여 그 서비스 품질에 관하여 인상을 얻을 수 있는 모든 사건이다.
☐ O ☐ X

069 기업과 고객이 직접 만나는 짧은 순간마다 최선을 다하여 고객을 만족시키는 것은 상품 요소와 함께 고객만족의 양대 요소이다.
☐ O ☐ X

070 어음의 경우에는 어음금을 수령한 후 반드시 어음을 지급인에게 반환하여야 하므로 당연히 어음을 반환하여야 채권추심이 가능하다.
☐ O ☐ X

071 추심채권이 아닌 채권을 추심하거나 등록되지 아니한 위임직채권추심인, 다른 채권추심회사의 소속으로 등록된 위임직채권추심인 또는 업무정지 중인 위임직채권추심인을 통하여 채권추심업무를 한 자는 2년 이하의 징역 또는 2천만 원 이하의 벌금에 처한다.
☐ O ☐ X

071 1년 이하의 징역 또는 1천만 원 이하의 벌금에 처한다 (「신용정보의 이용 및 보호에 관한 법률」 제50조 제4항 제8호).

072 세련되고 경쟁력 있는 직장인이 되려면 자신의 일상생활을 통해 교양 있는 예절을 몸소 실천해야 한다.
☐ O ☐ X

067	×	068	O	069	O
070	O	071	×	072	O

073 채권추심회사는 의뢰인의 주소와 성명 또는 정보제공·교환기관의 주소와 이름 등의 기록을 3년간 보존하여야 한다.
☐ O ☐ X

074 채권추심회사는 전화 녹음시스템을 구축하여 채권추심업 종사자의 채권추심 내역을 녹음하고, 녹음기록을 일정 기간 보존하여야 한다.
☐ O ☐ X

075 「개인채무자보호법」은 개인금융채무자의 권익을 보호하고 개인금융채권·채무와 관련된 금융업의 건전한 발전에 이바지하기 위하여 제정되었다.
☐ O ☐ X

076 신용관리담당자는 회사의 규정을 준수하며 단정하고 예의 바른 태도로 업무에 임한다.
☐ O ☐ X

077 맡은 바 임무에 최선을 다하지 않는 불성실한 행위는 신용관리사의 부정 중 광의의 부정에 해당한다.
☐ O ☐ X

078 횡령, 유용, 회사물품의 절도 및 무단반출, 사내정보의 유출 등은 신용관리사의 부정 중 협의의 부정에 해당한다.
☐ O ☐ X

073	O	074	O	075	O
076	O	077	O	078	O

079 텔레마케팅에서의 인바운드 상담은 첫인사 → 발신자 파악/전화 건 이유 → 반론극복 → 입금약속 → 고객분석 → 끝인사 순으로 진행된다. ☐ O ☐ X

079 첫인사 → 발신자 파악/전화 건 이유 → 고객분석 → 입금약속 → 반론극복 → 끝인사 순으로 진행된다.

080 근저당이란 특정 채권을 현재 결산기에서 일정한 한도까지 담보하려는 저당권이다. ☐ O ☐ X

080 근저당이란 불특정 채권을 미래 결산기에서 일정한 한도까지 담보하려는 저당권이다.

081 듀레이션은 채권의 액면이자율(표면이자율), 시장이자율(할인율)이라는 두 가지 요인에 의해서만 결정된다. ☐ O ☐ X

081 듀레이션은 채권만기, 채권의 액면이자율(표면이자율), 시장이자율(할인율)이라는 세 가지 요인에 의해서 결정된다.

082 직장은 각자 다른 사람들이 모여 공동의 목표 아래 서로 협력하여 조직적으로 일하는 곳이다. ☐ O ☐ X

083 직장은 각자 맡은 업무를 원활하게 수행하고 통제하기 위하여 직위에 따라 횡적·종적인 관계를 맺어 질서 있는 생활을 영위하는 곳이다. ☐ O ☐ X

084 모든 직장은 그 직장을 선택한 구성원들에게 경제적 가치를 제공하는 중요한 수단일 뿐이다. ☐ O ☐ X

084 모든 직장은 구성원들에게 경제적 가치를 제공하는 수단 그 이상의 가치를 지닌다.

079	×	080	×	081	×
082	O	083	O	084	×

085 같이 인사를 하여 답례를 하는 것이 좋다.

085 잘 모르는 타 부서 사람이 먼저 인사를 하는 경우에는 그냥 쳐다보기만 해도 상관없다.
| O | X |

086 인사말을 곁들여 인사하는 것이 좋다.

086 출·퇴근 시 인사를 할 때에는 인사말을 곁들이기보다 가벼운 목례를 하는 것이 좋다.
| O | X |

087 악수는 선배가 후배에게, 기혼자가 미혼자에게, 상급자가 하급자에게, 연장자가 연소자에게 청한다.
| O | X |

088 고객서비스는 생산과 소비가 동시에 발생하는데, 이를 고객서비스의 동시성이라 한다.

088 고객서비스는 생산과 소비가 별개로 발생하는 특징이 있는데, 이를 고객서비스의 분리성이라 한다.
| O | X |

089 고객서비스는 모든 사람에게 동일한 형태로 제공되지 않으며, 이를 고객서비스의 이질성이라 한다.
| O | X |

090 고객서비스는 제공하는 동시에 소멸하는데, 이를 고객서비스의 소멸성이라 한다.

090 고객서비스는 한 번 제공하면 소멸하지 않는다.
| O | X |

085	×	086	×	087	O
088	×	089	O	090	×

091 까다로운 고객과 상담할 경우 신용관리담당자는 순간적으로 당황하거나 함께 흥분할 수 있으므로 특별한 주의가 필요하다.
O X

092 까다로운 고객은 대체적으로 급하거나 흥분을 잘하며, 두뇌회전이 빠르고 따지기를 좋아한다.
O X

093 까다로운 고객과 상담할 경우 특히 부드러운 어조로 이야기해야 한다.
O X

094 기업연금의 특징은 기업은 직원들의 퇴직금에 대한 자금부담을 덜 수 있는 반면, 근로자는 회사가 도산할 경우 퇴직금을 지급받을 수 없다는 점이다.
O X

095 기금은 출연금, 부담금 등을 주요 재원으로 하고, 특정수입과 지출의 연계가 약하며, 합목적성 차원에서 상대적으로 자율성과 탄력성이 강하다는 특징이 있다.
O X

096 고객만족경영을 위해 고객의 소리에 대하여 지속적이고 반복적인 피드백을 한다.
O X

---

094 기업연금의 특징은 기업은 직원들의 퇴직금에 대한 자금부담을 덜 수 있으며, 근로자는 회사가 도산하더라도 제3의 금융기관으로부터 안전하게 퇴직금을 지급받을 수 있다는 점이다.

095 기금은 특정수입과 지출의 연계가 강하다.

091	O	092	O	093	O
094	×	095	×	096	O

097 문제에서 설명하는 고객은 NP(보호적인 부모 마음) 유형의 고객이다.

097 교류분석(TA) 이론에 따른 A(성인의 마음) 유형 고객은 친절하다는 장점이 있는 반면, 잔소리가 많고 간섭이 지나치다는 단점이 있다. [O | X]

098 아랫사람이 먼저 건네는 것이 기본이다.

098 명함은 일반적으로 윗사람이 먼저 건네는 것이 기본이다. [O | X]

099 상대방 국가의 언어가 위로 가게 하여 전달한다.

099 2개 국어로 제작된 명함은 상대방 국가의 언어가 아래로 가게 하여 전달한다. [O | X]

100 고객은 경영의 요소가 아니므로 회사의 조직도에 포함되지 않는데, 이는 피라미드형 CS 조직의 특징이다. [O | X]

101 역피라미드형 CS 조직의 특징에 해당한다.

101 관리자는 제1선 사원을 지원하고 최고경영자는 관리자를 지원해야 하는데, 이는 피라미드형 CS 조직의 특징이다. [O | X]

102 역피라미드형 CS 조직의 특징 중 하나는 고객대응이 신속하다는 점이다. [O | X]

097	×	098	×	099	×
100	O	101	×	102	O

103 채무자 주소지를 방문할 때에는 우발적 사고 예방을 위해 2명 이상이 한 조를 구성하여 행동하여야 한다.

☐ O ☐ X

103 채무자의 주소지를 방문할 때에는 우발적 사고 예방을 위해 2명 이상이 한 조를 구성하여 행동할 수도 있으나, 반드시 2명 이상이 한 조를 구성해야 하는 것은 아니다.

104 채권추심업무 수행 시 민원예방과 관련해 증표(직원 신분증)를 반드시 패용해야 한다.

☐ O ☐ X

105 채권추심업무 수행 시 정보원, 탐정 기타 이와 유사한 명칭은 사용 가능하다.

☐ O ☐ X

105 정보원, 탐정 기타 이와 유사한 명칭을 사용하지 않는다.

106 고객수요 및 불만예측은 VOC(Voice of Customer) 시스템과 밀접한 관련이 있다.

☐ O ☐ X

106 VOC(Voice of Customer) 시스템은 고객의 소리를 통합하여 기업활동에 활용할 수 있도록 설계해 주는 시스템으로, 고객수요 및 불만예측과는 거리가 멀다.

107 대주란 자금을 융통하는 일로 자금 대출과 동일한 뜻이나 대출보다 넓은 개념으로 사용한다.

☐ O ☐ X

107 대주란 증권사로부터 주식을 빌리는 것을 말한다.

108 방카슈랑스는 은행 등 금융기관이 보험상품을 판매하는 것을 말한다.

☐ O ☐ X

103	×	104	O	105	×
106	×	107	×	108	O

109	채권추심이 허용된 민사채권이 아니다.	109	차용증을 인증한 사서증서에 기초한 채권은 「신용정보법」 제2조에 따라 채권추심이 허용된 민사채권에 해당한다. ○ ×
		110	가집행의 선고가 있는 종국판결에 의한 채권은 채권추심이 허용된 민사채권이다. ○ ×
111	채권추심이 허용된 민사채권이다.	111	소송상 화해에 의한 채권은 채권추심이 허용된 민사채권에 해당하지 않는다. ○ ×
112	채무자의 의사를 제압함에 족한 유형적·무형적인 힘을 말한다.	112	위력이란 채무자의 의사를 따르는 유형적·무형적인 힘을 사용하는 행위이다. ○ ×
113	협박이란 상대방의 반항을 불가능하게 하거나 곤란하게 할 정도는 아니더라도 상대방이 현실로 공포감을 느낄 수 있을 정도의 해악을 고지하는 행위이다.	113	협박이란 채권추심을 위하여 채무자에게 오인, 착각, 부지를 일으키도록 계략을 사용하는 행위이다. ○ ×
		114	체포는 사람의 신체에 대하여 직접적·현실적인 구속을 가하여 그 신체활동의 자유를 박탈하는 행위이다. ○ ×

109	×	110	○	111	×
112	×	113	×	114	○

115 "만일 아래 기한 내에 채무가 변제되지 않거나 귀하의 연락이 없을 경우에는 채권자인 ㈜○○에서 법적 회수절차를 진행할 예정입니다." 라는 문구는 채권추심회사의 변제 독촉장 금지문구(예시)에 해당한다.
☐ O ☐ X

115 채권추심회사는 채권추심업무를 행함에 있어 채무자 또는 그의 관계인에게 채무에 관한 허위사실을 알리는 방법을 사용하지 못한다. 문제에 제시된 문구는 허위사실을 알린 것이 아니므로 금지문구에 해당하지 않는다.

116 "채무를 변제하지 않는 것은 사기죄에 해당되며 통보해 드리는 날짜까지 입금이 되지 않을 경우 고소장을 접수할 예정입니다."라는 문구는 채권추심회사의 변제 독촉장 금지문구(예시)에 해당한다.
☐ O ☐ X

117 채권추심회사는 채권추심업무를 행함에 있어 심야방문 등과 같이 채무자 또는 그의 관계인의 사생활 또는 업무의 평온을 심히 해치는 방법을 사용하지 못한다.
☐ O ☐ X

118 독촉장 발송 시 채무자에게 공포심을 일으키는 문구나 단어를 사용하는 행위는 협박과 관련된 행위이다.
☐ O ☐ X

119 혼인, 장례 등 채무자가 채권추심에 응하기 곤란한 사정을 이용하여 채무자 또는 관계인에게 채권추심의 의사를 공개적으로 표시하는 행위는 채권추심 관련 금지행위 중 거짓 표시의 금지에 속한다.
☐ O ☐ X

119 불공정한 행위의 금지에 속한다.

120 채권추심 관련 금지행위 중 거짓 표시의 금지에 해당하는 행위로 소재 파악이 곤란한 경우가 아님에도 채무자의 관계인에게 채무자의 소재, 연락처 또는 소재를 알 수 있는 방법 등을 문의하는 행위를 들 수 있다.
☐ O ☐ X

120 불공정한 행위의 금지에 해당한다.

| 115 | × | 116 | O | 117 | O |
| 118 | O | 119 | × | 120 | × |

121 채무자에 대한 소재파악을 실시할 때에도 불공정한 행위는 금지된다.

121 채권추심 목적 달성을 위해 최대한의 범위 안에서 채무자에 대한 소재파악을 실시하여야 한다.
[O | X]

122 대상채권이 「신용정보법」에서 채권추심이 허용된 채권인지 여부를 사전에 철저히 확인한 후 수임하여야 한다.

122 채권추심회사는 채권추심 수임 시 별다른 확인 없이도 대상채권을 수임할 수 있다.
[O | X]

123 채권추심회사가 채권추심을 할 때에는 채권추심회사의 명의로 채무자에게 연락하거나 우편물을 발송하여야 한다.
[O | X]

124 배드뱅크는 금융기관의 부실자산을 인수하여 전문적으로 처리하는 기구를 말한다.

124 배드뱅크는 채무자가 갚지 않은 빚을 채권자의 위임을 받은 업체가 일정비율의 수수료를 받고 대신 받아내는 것을 말한다.
[O | X]

125 자유로운 어린이의 마음(FC)의 자아상태인 고객은 다른 유형의 고객에 비해 약속을 잘 지키지 않는 경우가 많으므로 고객을 지나치게 신뢰하지 말고 입금 약속에 대해 고객이 직접 다시 한번 언급할 수 있도록 유도하는 것이 좋다.
[O | X]

126 불법 채권추심 대응요령 중 입금단계에서는 채무변제확인서를 반드시 보관해야 한다.
[O | X]

| 121 | × | 122 | × | 123 | O |
| 124 | × | 125 | O | 126 | O |

127 아파트는 동당 건축연면적이 6백 60m²를 초과하는 5층 이상의 주택이다.
　　　　　　　　　　　　　　　　　　　　　　　　　　　| O | X |

127 아파트는 5층 이상의 공동주택으로 반드시 동당 건축연면적이 6백 60m²를 초과해야 하는 것은 아니다.

128 연립주택은 동당 건축연면적이 6백 60m²를 넘지 않는 4층 이상의 주택이다.
　　　　　　　　　　　　　　　　　　　　　　　　　　　| O | X |

128 6백 60m²를 초과하는 4층 이하의 주택이다.

129 다세대주택은 동당 건축연면적이 6백 60m² 이하인 4층 이하의 주택이다.
　　　　　　　　　　　　　　　　　　　　　　　　　　　| O | X |

130 할부금융은 일시불로 구입하기에 가격 부담이 큰 제품을 구입하고자 할 때, 필요한 자금을 일시에 융자받고 장기간에 걸쳐 조금씩 분할 상환하는 방식의 금융 형태이다.
　　　　　　　　　　　　　　　　　　　　　　　　　　　| O | X |

131 고정금리란 대출을 받거나 예금을 가입할 때 정해지는 것이 아니라 이자지급 시점이나 만기 때 정해지는 금리이다.
　　　　　　　　　　　　　　　　　　　　　　　　　　　| O | X |

131 대출을 받거나 예금을 가입할 때 미리 그 해당 기간 동안 금리가 고정되어 변하지 않는 금리이다.

132 현금서비스는 신용카드회원이 은행창구나 현금인출기를 통하여 현금 이용한도 범위 내에서 현금을 제공받고 후불 결제하는 거래이다.
　　　　　　　　　　　　　　　　　　　　　　　　　　　| O | X |

127	×	128	×	129	O
130	O	131	×	132	O

133 담보채무 10억 원 이하, 무담보채무 5억 원 이하이다.

133 개인워크아웃 지원대상자의 요건 중 하나는 담보채무 5억 원 이하, 무담보채무 10억 원 이하이다.
　　　　　　　　　　　　　　　　O ｜ X

134 실업급여란 피보험자인 근로자가 실직한 경우 재취업할 수 있도록 지원하는 제도이다.
　　　　　　　　　　　　　　　　O ｜ X

135 보험료 산정의 근거로는 예정위험률, 예정이율, 예정사업비율 등이 있다.

135 예정사업비율은 보험료 산정의 근거에 해당하지 않는다.
　　　　　　　　　　　　　　　　O ｜ X

136 모든 업무를 공정하고 합리적인 기준에 따라 투명하게 수행한다.

136 신용관리담당자는 모든 업무를 항상 채무자의 편에 서서 수행한다.
　　　　　　　　　　　　　　　　O ｜ X

137 업무상 취득한 정보를 외부에 누설하지 않는다.

137 신용관리담당자는 업무상 취득한 정보를 공공기관에 한해서 공개할 수 있다.
　　　　　　　　　　　　　　　　O ｜ X

138 신용관리담당자는 불법·부당한 채권추심 행위를 하지 않는다.
　　　　　　　　　　　　　　　　O ｜ X

133	×	134	O	135	×
136	×	137	×	138	O

139 서면독촉(최고)은 동시 쌍방향 의사소통이 가능하다.
　　〇　✕

139 서면독촉(최고)은 일방적 의사소통이다.

140 서면독촉(최고)은 증빙자료로 활용할 수 없다.
　　〇　✕

140 증빙자료로 활용할 수 있다.

141 서면독촉(최고)은 채무자에게 변제의지를 고취시킨다.
　　〇　✕

142 고객의 항의 내용을 차분히 경청하고 적절한 반응을 보여야 한다.
　　〇　✕

143 항의의 원인을 즉시 파악할 수 없을 때는 책임자나 담당자와 의논한다.
　　〇　✕

144 우선 항의 내용을 확인하고 변명을 하기보다는 정중히 사과한다.
　　〇　✕

| 139 | ✕ | 140 | ✕ | 141 | 〇 |
| 142 | 〇 | 143 | 〇 | 144 | 〇 |

145 사람에 따라 대응반응이 다르게 나타나는 것으로 보았다.

145 미국의 심리학자 다니엘 골먼은 다섯 가지 차원의 감성지수(지능)에 대해 모든 사람이 공통의 대응반응을 나타내는 것으로 보았다.
☐ O ☐ X

146 감정이입은 타인의 감정을 이해할 줄 아는 능력이다.

146 미국의 심리학자 다니엘 골먼이 나눈 다섯 가지 차원의 감성지수(지능) 중 감정이입은 자기 감정을 이해할 줄 아는 능력을 말한다.
☐ O ☐ X

147 미국의 심리학자 다니엘 골먼이 나눈 다섯 가지 차원의 감성지수(지능) 중 사회적 기술이란 타인의 감정에 적절히 반응하여 인간관계를 원활히 할 수 있는 능력을 말한다.
☐ O ☐ X

148 실전에 임하는 것처럼 연기자나 관찰자 모두가 신중하게 임해야 한다.

148 역할연기법은 재미있는 교육훈련 방식이므로 연기자나 관찰자 모두가 신중하게 임하는 것은 바람직하지 않다.
☐ O ☐ X

149 역할연기법은 채권회수 담당직원이 직접 상황을 재연함으로써 채무자의 습성 및 상황에 대한 이해를 돕는다.
☐ O ☐ X

150 역할연기법은 역할연기를 통하여 연체고객의 다양한 환경과 특성에 따른 신속하고 적절한 대응능력을 체득하게 한다.
☐ O ☐ X

145	×	146	×	147	O
148	×	149	O	150	O

2026 시대에듀 신용관리사 기출문제해설 한권으로 끝내기

개정7판1쇄 발행	2025년 10월 15일 (인쇄 2025년 08월 28일)
초 판 발 행	2018년 10월 05일 (인쇄 2018년 08월 24일)
발 행 인	박영일
책 임 편 집	이해욱
편 저	시대시험출제연구회
편 집 진 행	노윤재・장다원
표지디자인	김지수
편집디자인	장성복・김기화
발 행 처	(주)시대고시기획
출 판 등 록	제10-1521호
주 소	서울시 마포구 큰우물로 75 [도화동 538 성지 B/D] 9F
전 화	1600-3600
팩 스	02-701-8823
홈 페 이 지	www.sdedu.co.kr
I S B N	979-11-383-9766-7 (13320)
정 가	24,000원

※ 이 책은 저작권법의 보호를 받는 저작물이므로 동영상 제작 및 무단전재와 배포를 금합니다.
※ 잘못된 책은 구입하신 서점에서 바꾸어 드립니다.

나는 이렇게 합격했다

자격명: 위험물산업기사
구분: 합격수기
작성자: 배*상

나는 할 수 있다 69년생 50중반 직장인 입니다. 요즘 자격증을 2개정도는 가지고 입사하는 젊은 친구들에게 일을 시키고 지시하는 역할이지만 정작 제자신에게 부족한 점이 많다는 것을 느꼈기 때문에 자격증을 따야겠다고 결심했습니다. 처음 시작할 때는 과연되겠냐? 하는 의문과 걱정이 한가득이었지만 시대에듀 인강을 우연히 접하게 되었고 잘 차려진 밥상과 같은 커리큘럼은 뒤늦게 시작한 늦깎이 수험생이었던 저를 합격의 길로 인도해주었습니다. 직장생활을 하면서 취득했기에 더욱 기뻤습니다.

합격은 시대에듀

감사합니다! ♥

당신의 합격 스토리를 들려주세요.
추첨을 통해 선물을 드립니다.

QR코드 스캔하고 ▷▷▶
이벤트 참여해 푸짐한 경품받자!

베스트 리뷰	상/하반기 추천 리뷰	인터뷰 참여
갤럭시탭/ 버즈 2	상품권/ 스벅커피	백화점 상품권

합격의 공식
시대에듀

시대에듀와 함께

신용관리사
자격시험 합격에 도전하세요!

신용정보협회 주관 및 시행 · 국가공인 자격시험

신용관리사
한권으로 끝내기

- 2025년도 기출문제 수록
- '기출' 표시가 짚어주는 출제 포인트
- 이해력과 실무적응력 향상을 돕는 사례 제시
- 학습을 돕는 'OX 마무리', '적중예상문제' 수록

신용관리사
기출문제해설 한권으로 끝내기

- 최근 4개년(2022년~2025년) 기출문제 수록
- 최신 법령과 판례를 반영한 명쾌한 해설
- 체계적인 복습을 돕는 기출문제 OX마무리

※ 도서의 명칭 및 세부구성은 변경될 수 있습니다.